JN255332

質的テキスト分析法

基本原理・分析技法・ソフトウェア

ウド・クカーツ 著

佐藤郁哉 訳

新曜社

日本語版への序

　本書のドイツ語版の初版は、今から5年以上前の2012年夏に出版された。その2年後には、英語版が、研究方法と方法論に関する書籍の出版で世界的によく知られている出版社であるSAGE社から刊行されている。そして、初めての日本語版が本書である。本書の刊行は、著者にとって何物にも代え難い喜びとするところである。というのも、欧州の社会科学者の書いた本が日本語に翻訳されるのは近年ではかなり稀なことだからである。

　拙著の邦訳がこうして出版されることになったのは非常に幸運なことである。より正確に言えば、同志社大学の佐藤郁哉教授との友情という幸運に恵まれたことによって、本書の刊行が可能になったのである。佐藤教授は、コンピュータを活用した質的データ分析についてかねてより関心を持たれており、教授自身がこの方法についてこれまで2冊の書籍（『質的データ分析法』『実践質的データ分析入門』）を出版されている。

　本書の企画が著者と佐藤教授の会話を通して最初に持ち上がったのは、2014年に横浜で開催された世界社会学会議（「不平等な世界に直面するグローバル社会学への挑戦」）の席上である。世の常ではあるが、様々な事情によって企画が現実のものになるためには多少の時間がかかることになり、それから4年の歳月を経てようやく刊行の運びとなった。社会科学的な素養を持つ翻訳者を見つけることが非常に困難であることが判明したこともあって、結局、刊行企画の当初から深く関与されていた佐藤教授自身に翻訳を引き受けていただくことになった。この4年のあいだに様々な点において佐藤教授にいただいたご厚誼と教授がおこなわれた素晴らしい翻訳に対して、改めてここに感謝の念を捧げたいと思います。

　著者としては、この本が日本における質的研究の進展に対して貢献していくことを期待したい。質的研究は、これまで長いあいだにわたって、方法論のスタンダードや研究の質に関する基準が存在しないという点について批判されてきた。その後の展開によって、近年では若干事情が変わってきてはいる。しかし、現在もなお**体系化された質的方法は発展途上の段階にある**と言える。本書では、そのような点を念頭において、実践的なアドバイスとステップ・バ

イ・ステップ式の解説を盛り込むように心がけた。

　質的データ分析法とMAXQDAのようなソフトウェアとのあいだには明白な関係がある。本書で解説しているように、QDAソフトウェア（QDAはQualitative Data Analysisの略語）は質的データを集中的かつ効果的に分析することを可能にしている。しかし、質的方法それ自体の発展という点では、コンピュータ・テクノロジーの目覚ましい発展と比較すれば遅々たるものがある。事実、質的方法に関する教科書を見てみると、鉛筆、ペン、あるいはタイプライターのような道具以外には特別な技術を用いなくても質的分析が可能であるかのような書き方がなされている例が少なくない。しかし、現実の世界におけるテクノロジーの急速な進展には目を見張るものがある。実際、たとえば、今日フィールドワーカーはスマートフォンを使って質の高い動画を記録し、インタビューの音声データをその文字起こし記録と同期させながら再生することができる。また、複雑なコーディングの枠組みでデータをコーディングした上で、様々な角度からデータ検索をおこなうこともできる。このような点も含めて、次代の社会科学者たちは、研究法とソフトウェアとの関係についてこれまで以上に認識を深めていくものと思われる。

　さて、質的方法は、今後どのような方向に進展していくであろうか？　このグローバル化した社会におけるコミュニケーション・メディアの急速な発展、特にソーシャル・メディアの発展は、質的テキスト分析法にとっての大きな挑戦課題になっている。ソーシャル・メディアについては、とりわけ2つの展開が注目に値する。1つは、比較的大きなサンプルサイズという点である。たとえば、ツイッターのデータを分析する場合がその典型である。この場合、サンプルが1万を越える例も少なくない。注目すべき2点目のポイントは、このような種類のデータの場合はネットワーク的な側面が非常に重要な意味を持っているという点である。本書で解説されている分析法についても、今後このような方向性に注意を向けていく必要があるだろう。これは、取りも直さず大量サンプルのデータとネットワーク分析とを組み合わせていくことを意味する。これら2つの展開は適切なソフトウェアの使用なくしては考えられないものである。これが、質的研究法が将来たどっていくであろう方向性に関する3つ目の重要なポイントである。つまり、分析法とソフトウェアとのあいだには、今後より強固で密接な関係が築かれていくと考えられるのである。社会科学的研究法のデジタル化はさらに進展していくであろう。また、ここで指摘した3つの

傾向は、グローバルな規模でネットワークが形成されていくことにともなって世界中で急速に展開を遂げていくことは確実であると思われる。

Udo Kuckartz（ウド・クカーツ）

ベルリンにて　2018 年 1 月

序

　本書は、質的データの体系的な分析に関する実践的なガイドブックを書こうという、著者が長いあいだあたためてきた計画にもとづくものである。著者は、大学教師の1人として、大学院生や博士候補生が質的データの分析をおこなう際に、どれだけ深刻な不安にかられるものであるかを見てきた。途方に暮れた彼らは、何らかの適切な分析法、特に、できるだけ正確であり、かつ実際に自分で分析をおこなう際に適用できるような技法を切実に求めていた。本書は、そのようなニーズに応えるものである。この本では、質的なテキスト分析の本質的な要素となっている幾つかの手順について簡明に示す一方で、① テーマ分析、② 評価を含む分析、③ 類型構築式分析、という3つの主要な方法について詳しく解説している。

　本書で解説を加えている質的テキスト分析は、以下にあげる非常に多くの伝統を受け継いでいる —— テーマ分析、グラウンドデッド・セオリー、古典的内容分析、その他。つまり、本書で見ていくのは、一種の解釈学を基本に置いた体系的な分析法なのである。

　ヨーロッパ諸国では、「質的データ分析（qualitative data analysis）」という用語がその種の分析法に対してあてられることが非常に多い。もっとも、英米圏の場合は、「内容分析（content analysis）」という言葉が、量的分析の方法論との連想で取り上げられることの方が圧倒的に多い。したがって、英米圏では、「質的内容分析（qualitative content analysis）」というのは根本的な矛盾を含む言葉のようにとらえられてしまうだろう。

　その種の誤解を避けたいということもあって、本書では「質的データ分析」にかえて「質的テキスト分析」という用語を使うことにした。本書では、それぞれが独特の特徴を持った3種類の質的テキスト分析法について詳しく解説していく。特に、複雑なタイプの分析法と調査結果の提示法に重点を置いて見ていくことにする。質的テキスト分析の可能性は、近年顕著に見られるコンピュータ・テクノロジーの進歩によって大幅に拡大している。したがって、本書では、QDAソフトウェアを使用して分析する実践的な可能性についても解説していくことにする（QDAは、Qualitative Data Analysis（質的データ分析）の略

語である）。

　本書で解説していく3つの分析法（テーマ中心のテキスト分析、評価を含むテキスト分析、類型構築を目指すテキスト分析）は、それぞれ独特の特徴を持つアプローチであるが、一方では2つ以上の分析法を組み合わせて使用することもできる。Uwe Felick（2006, pp. 295-298）は、質的データ分析法の分類について、「コーディングとカテゴリー構築」と「シークエンス分析」（これは、さらに会話分析・ディスコース分析とナラティブ分析・解釈学的分析に分けられる）という二分法を採用している。本書で解説している3つの方法は、このうちの前者のグループに属するものである。つまり、3つとも**カテゴリーを中心にして質的データを体系的に分析していく方法**なのである。

　Clive Seale や他の論者（Seale, 1999b; Seale & Silverman, 1997）と同じように、本書では、質的社会調査に関する方法論的な厳密性を重視している。著者は、社会科学における他の分析法と同じように、質的テキスト分析の場合も、分析法に関する正確な記述を心がけること、また明確な評価基準が存在するという点について認識しておくことは、本質的に重要な事柄であると考えている。コンピュータを利用した新しい分析法が開発されてきたことによって、現在では、コーディングに関する様々な方法や分析上の覚え書きを書いて他の要素にリンクさせる方法に始まり、複雑なモデルの構成や質的データ分析の図解法にいたるまで、分析の質を向上させる上で非常に有効で強力なツールが利用できるようになっている。データにより密着した分析と説明可能性・透明性・記録性の向上は質的分析の信憑性を高め、したがってまた、学問の世界一般での適用可能性を広げていくものであろう。このような理由から、本書における解説は、最新の情報処理技術の利用を前提にしている。また、それぞれの技法に関する解説でも、コンピュータを不可欠の分析ツールの1つとして想定している。

　本書の目的は質的テキスト分析の実際の手順を紹介することにあり、分析例としては質的インタビューの例、より具体的に言えば一定のガイドラインに沿っておこなわれたインタビューの資料を使用している。理論的に言えば、本書で解説されている分析法は、他のタイプのデータ、たとえば、ナラティブ・インタビュー、観察プロトコル、視覚的データ、画像、文書等についても適用できるものである（もっとも、それらのデータの場合には、本書の解説内容に対して若干の調整が必要になるだろう）。本書で紹介されている3つの方法は、決して厳格な「お作法」のようなものではない。これら3つの方法は、実際の調

査プロジェクトで分析作業を実施していく際には、それぞれの研究で採用されている基本的なアプローチに沿って適宜変更や拡張を加えたりしても構わない。また、特定のテクニックだけを採用しても一向に差し支えないのである。この点に関しては、評価的分析法を柔軟に適用していくことについて述べた、Huberman と Miles による以下のような主張をあげておきたい。

> データ分析というのは、既製品というよりは特別注文品であり、また状況にあわせて改訂したり、適宜「振り付け」を施されたりするものである。(Creswell, 2003, p.142 に引用)

したがって、この本は、質的データ分析に関する「万能サイズ（one-size-fits-all)」のアプローチを提示するものではない。むしろ、本来、個々の調査プロジェクトの個別事情にあわせて調整が必要となる方法を示しているのである。

本書の構成を以下に示す。「質的データを分析する —— さて、いかにおこなうべきか？」と題された第1章では、分析法に関する基礎知識について解説するとともに、調査におけるリサーチ・クェスチョンというものが持つ重要性およびその中心的な役割について強調する。ついで2章と3章では、厳密な意味での質的テキスト分析の特徴について扱う。2章では、質的テキスト分析法の様々な「ルーツ」を、たとえばグラウンデッド・セオリー、テーマ分析あるいは古典的な量的内容分析から質的テキスト分析に至るまでの経緯をたどって見ていく。続く3章では、質的テキスト分析の基本概念と一般的な手順について解説する。4章は本書の中核を成す部分であり、3つの分析法について詳しく解説する。5章は、インタビュー内容の文字起こし（書き起こし・テープ起こし）から調査結果の提示や図解による表示の方法にいたるまで、分析の手順全般にわたってコンピュータ・ソフトウェアがどのように有効な補助手段になり得るかという点に焦点をあてる。続く6章は、調査研究の質（クオリティ）について評価する基準、調査レポートの作成、そしてまた、分析プロセスに関する記録法の解説にあてられる。

本書の当初の構想では、調査研究の質の評価基準に関する章は「コンピュータを用いた質的テキスト分析」と題された章の前に置かれる予定になっていた。しかし、これは結果としては、あまり実践的ではないことが分かった。なぜなら、ソフトウェアの使用それ自体が質の評価にとって関係が深いことが明らか

になったからである。実際、もし当初の構想どおりの章立てだった場合には、読者は、後に続く章ではじめて解説される内容を頻繁に参照しながら前の章を読まなければならなかったであろう。したがって、最終的には、順序を逆にして、評価基準についての章をコンピュータの活用に関する章の後に置くことにした。

　インターネット時代には、テキストというものが順序を追って読むもの、あるいは全体を通して読むものであるというよりは、一種のハイパーテキストとしてとらえられることが多くなってきた。実際、人々は必要な情報だけをピンポイントで選択して検索しがちである。本書は、そのような風潮とは一線を画している。つまり、本書で採用しているリニアな構成の場合には、個々のセクションは相互の内容を前提としており、したがって順番どおりに読み進んでいくことが想定されているのである。

Udo Kuckartz

マールブルクにて　2013 年 4 月

謝　辞

　この本は、私が 10 年以上から教えているフィリップ大学マールブルクやそれ以外の世界中で行った数限りないセミナーとワークショップをもとにしている。その点に関連して、私は、「体系的な質的テキスト分析」という概念を練りあげ、またその実践的な応用の可能性について検証していく際に助力してくれた多くの学生と同僚から恩恵を受けている。本書の原稿の様々な段階で建設的な議論という点に関して、私は特に以下の人々に感謝を捧げたい ── Stefan Raediker、Claus Stefer、Thomas Ebert、Uta-Kristina Meyer、Julia Busch、そして私の妻の Anne Kuckartz。Mailin Gunkel、Gaby Schwarz、Patrick Plettenberg は、本書のレイアウト、参考文献、図表の作成にあたってサポートしてくれた。

　いつものようにこの本についても、書籍の執筆というのは、最初に浮かんだアイディアを書き留めることから始まって最終的な版下にいたるまでの長期にわたるプロセスであった。それは大いなる楽しみであり、また挑戦でもあった。このプロセスにおいて私を支えてくれた全ての人々に対して感謝の念を捧げたい。

目　次

装幀＝新曜社デザイン室

1章　質的データの分析
── さて、いかにおこなうべきか？

この章では、以下の点について解説していく。

- 質的データと量的データの違い
- 「質的データ分析」という用語の曖昧さ
- 質的研究、量的研究、混合研究法の関係
- 調査研究におけるリサーチ・クェスチョンの重要性
- 質的調査で方法的な厳密性を追求していくことの重要性

1.1　質的・量的の区別に関する論点整理

「質的データ」と「量的データ」という用語は、それぞれ、どのようなことを意味するのだろうか？　これが「量的データ」であれば、一般の人々の場合であっても、数や統計、経済領域では経費などが連想として浮かぶだろう。それに対して、質的データというのは、それほど自明な言葉ではない。というのも、この用語は、日常生活だけでなく学問の世界でも分野の違いによってきわめて多様な意味を持っているからである。人的資源マネジメントとの関連では、質的データは、たとえば人件費、人数などのように量的な（ハード）データとは対照的に、従業員満足度、動機づけと労働環境のような事柄を指す。一方、地理学者にとっては、様々なコミュニティの住民数などは量的データの典型である。それに対して、特定の自治体を幾つかのゾーンに区分けしていく作業では質的なデータを扱うことになる。心理学においては、質的なデータとは、

尺度タイプの分類で名目尺度ないし「カテゴリカル・データ」を指す。つまり、標準化された（量的な）研究の分野で実際に用いられるデータのことである。また心理学の教科書の中には、「質的データ」という言葉がタイトルに含まれているにもかかわらず、実際には、カテゴリカル・データを量的に分析するための方法について扱っている例さえある。

　本書では、量的データと質的なデータの区別に関して、以下の実践的な定義を採用する。

> 　数値データまたは数を量的データと見なす。それとは対照的に、質的なデータは、より多様であり、文字テキストならびに画像、映画、音声記録、人工物などの他にも多くのものが含まれる

　この10年ほどのあいだにマルチメディア革命が進展し、また私たちの文化や生活において視覚メディアが優勢になってきている。それにもかかわらず、社会科学や心理学あるいは教育関連の学問領域では、質的データと言えば文字テキストがいまだに優位な位置を占めている。以下で解説していく質的データ分析法は、もともと「文字テキスト」と呼ばれるタイプのデータを想定して開発されてきたものである。また、本書でこれ以降取り上げる分析例についても、主として文字テキストをデータとして扱っている。しかし理論的には、本書で紹介する方法は、画像、映画、音声記録その他のタイプの質的なデータに対しても応用可能なものである。なお、著者は、社会学の方法論に関する教科書において往々にして見られる論調とは対照的に、質的データが他の種類のデータ（量的な）よりも劣ったものだとは考えていない。

　実際、実際の分析に関しては、尺度水準の場合のような階層関係が存在するはずもない。尺度水準に関しては、名目、序数、間隔と続いて最後に最高レベルとして比率尺度が位置づけられる。しかし実際には、「本当の科学」というものは必ずしも数値化ないし定量化と統計分析に終始するものではない。この点は、他の学問分野の例を眺めてみても明らかである。事実、地球物理学と医療を含む科学の多くの分野では、科学者は非数値的なデータを大いに活用している（たとえば先進の医学映像技術、MRI［磁気共鳴画像］、NMRI［核磁気共鳴画像］等の分野の例がある）。したがって、質的データは、決して「劣った形式」

のデータなどではないのである。質的データは、むしろ、数値データとは「異なる形式」のデータなのであり、また、それにふさわしい複雑かつシステマティックな分析が必要とされるのである。

この点に関する興味深い指摘が、Bernard と Ryan（2010, pp. 4-7）によってなされている。彼らは、「質的データ分析」という用語が持つ特有の曖昧さについて指摘しているのであるが、これは、「質（quality）」、「データ（data）」、「分析（analysis）」という 3 つの言葉を様々な形で組み合わせてみれば即座に理解できるだろう。「質的データ**分析**」が上で述べたように、テキスト、画像、映画などという意味での質的データについての分析を指す場合には、「**質的**データ分析」はあらゆる種類のデータ、つまり、質的データと量的データの両方を含むデータに関する定性的な分析を含むことになる。データの種類と分析法という 2 つのものを区別することによって、表 1.1 に示した 2 × 2 の表（Bernard & Ryan, 2010, p. 4 による）ができることになる [1]。

この図式は、容易に思い浮かべられる 2 つのセルが存在するだけでなく、想定外の 2 つのセルがあり得ることを示している。左上のセル A と右下のセル D は、私たちにとって非常になじみ深いものである。セル A には、解釈学的分析法、グラウンデッド・セオリー、あるいは他の質的分析のテクニックを使っておこなう「質的データについての質的分析」が含まれる。セル D、つまり、「量的データの定量分析」も、私たちにとって馴染みがあるものである。これには、通常の統計的方法（すなわち数値データを分析する際の典型的な方法）を使用する場合が含まれる。

この表には、通常必ずしも想定されない 2 つのセル、つまり、量的データの質的分析（セル B）と質的なデータの量的分析（セル C）が含まれている。後者には、単語の出現頻度と単語の組合せに関する分析が含まれる。量的データの質的分析（セル B）は、量的データに関する解釈という作業が含まれている。つまり、量的データについての統計分析が実施された後で、その解析結果が表や係数あるいはパラメーターの推定などの形式で示されるのであるが、この時点で、解析結果の意味について改めて確認し解釈をおこなうことになる。この「解釈」という手順がともなわない場合、生データとしての数値に関する量的分析は、不毛で文字通り**無意味**なものとなる。Marshall と Rossman が以下で強調しているように、量的分析であっても解釈は必要不可欠な行為なのである。

表1.1　質的／量的データ・質的／量的分析（Bernard & Ryan, 2010）

分析	データ		
質的	質的 A テキストに関する解釈的な研究 解釈学、グラウンデッド・セオリー等		量的 B 量的分析の結果に関する検索 と意味の表示
量的	C 言葉の数値への置き換え 古典的内容分析、単語の合計数、 コンコーダンス（用語索引）等		D 数値データについての統計的・ 数学的分析

　質的データ分析、量的データ分析のどちらの場合も、いまだにそれらに含まれる解釈的な行為については謎の部分が多い。研究者が使用する言葉の中で「標準偏差」とか「平均値」が中心的な位置を占めているか；それとも、日常的な出来事に関する詳細な記述が中心であるかにかかわらず、解釈という行為は、無表情な生のデータに対して意味を吹き込む上で不可欠となるプロセスである。実際、生データそれ自体には、固有の意味などというものは存在しない。解釈的な行為はそれらの生データに対して意味を吹き込み、また、その意味を、文字で書かれた報告書を通して読者に対して提示するのである。（2006, p.157）

　上の表に示した Bernard と Ryan の区分法では、分析のタイプは必ずしもデータのタイプによって決められるものではない、という点が明瞭に示されている。実際、いったん〈データの種類と分析の種類とのあいだには厳密な関係があるはずだ〉とするような固定観念から自由になれば、量的データの質的分析だけでなく質的データの量的分析も可能であることが明らかになってくる。また、質的パースペクティブと量的パースペクティブとのあいだに深い断絶があるなどと考える必要もなくなってくるはずである。科学的研究の場合と同じように日常生活についても、人間には本来、異なる方法を組み合わせていくという自然の傾向が備わっている。したがって、常に両方の視点 ── 社会現象の質的側面と量的側面 ── に対して目配りしていきたいものである。

1.2　質的研究法、量的研究法、混合研究法

　本書は、質的データ分析に関する解説書である。したがって、ここでは、「質的データ」と「量的データ」という用語について明確に定義するだけでなく、「質的研究」という用語についても、「非数値的データの収集と分析」というような範囲を超えて定義を明確にしておくべきであろう。「質的研究」に関しては、これまで幾つもの定義が提案されてきた。また、量的研究と質的研究それぞれの特徴について比較しようとする試みも頻繁になされてきた。

　Flick による『質的研究入門（*An Introduction to Qualitative Research*）』（2006）という教科書は、質的研究のダイナミックな性格に関する以下のような解説から始まっている。

　　　質的研究は、新しいアプローチと方法が続々と出現している現在進行中のプロセスである。また、ますます多くの学問分野において、中核的なカリキュラムとして位置づけられてきている。(p.xi)

　Denzin と Lincoln は、質的研究に関するハンドブックの最新版で、質的研究の多様性について強調した上で、それらの多様なアプローチの全てに対して適用できるような「万能サイズ」的な定義を示すのが非常に困難であるという点を強調している。

　　　質的研究のプロジェクトには開放的な性格があるため、その全領域について唯一の包括的なパラダイムを押しつけるような試みに対しては常に抵抗がなされてきた。複数の解釈的なプロジェクトがあり、その中には、次のようなものが含まれている —— 現地の学者による脱植民地化を目指す方法論的な研究プロジェクト、批判的教育学理論、パフォーマンス的な自分語りのエスノグラフィー、当事者視点の認識論、批判的人種理論、批判的・公共的・詩的・クィア的・唯物論的・フェミニスト的・リフレクシブ的なエスノグラフィー、英国のカルチュラル・スタディーズとフランクフルト学派との関連が強い研究プロジェクト、何種類かのグラウンデッド・セオリーとエスノメソドロジー。(2011, p.xiii)

質的研究にはそれぞれ独特の特徴を持つ様々な方法や分析技法があり、その中には、エキゾチックなものも含まれている。1990年代初期に、Teschはマインド・マップ風の表を使って質的研究におけるアプローチの多様性について整理を試みた。その結果として、およそ50個の異なる質的なアプローチあるいは傾向ないし形式が見出された。それらは、「アクションリサーチ」から「現状変革志向の研究」にまでわたっていた（Tesch, 1992, pp. 58-59）。Teschはそれら多様なアプローチを認知地図（cognitive map）的な形式で配置してみた結果として、それらのアプローチを主要な関心が以下に示すうちのどの点にあるかによって分類した —— a）言語の特徴、b）規則性の発見、c）文字テキストまたは行為の意味の理解、d）内省的直観。

　質的方法を扱った教科書の著者たちには、どうやら誰もが「質的アプローチについて独自の新しい整理法を考案しなければならない」と考えたがる傾向があるようである。そのような独特の整理の結果として、実に多様な分類法が生み出されてきた。たとえば、Teschのほぼ10年後に、Creswellが採用した分類法はTeschのものとは完全に性格が異なるものである。Creswellは、質的研究について、（主として）以下のような5つのアプローチのあいだに区分を設けている —— 「ナラティブ研究」、「現象学」、「グラウンデッド・セオリー」、「エスノグラフィー」、「ケース・スタディ」（Creswell, in Miller & Salkind, 2002, pp. 143-144）。Teschの分類の場合には、主に研究者の関心を中心にしている。それに対して、Creswellは認識論や実践的な面に対して焦点をあてている。したがって、Creswellは包括的な分類法を提示しようとしているわけではない。むしろ、彼は研究実践上で最も頻繁に使用されているアプローチについて検討した結果を示しているのである。

　ここでの解説は、質的研究に関する分類法に見られる多様性について検討することを特に目的とはしていない。しかし、質的なアプローチにこれだけの多様性が見られるという点は、理論面でも方法論の面でも、基本的な点で統一見解が存在していないという事実の背景となっている重要な理由について説明してあまりあるものがある（Flick, 2007, pp. 29-30参照）。このように、「質的研究」の定義には、かなりのバラエティがある。一方で、若干の要素、たとえば、事例への志向、真正性（本物らしさ）の追求、開放性と完全性などといった要素は、ほとんど全ての定義において見出されるものである。ここでは、Flick、 von Kardorff、Steinke（2004, p.9）があげる、実際におこなわれてきた質的調査に見られる 12 の特徴をあげてみるだけで事足りると思われる。

1. 単独の方法ではなく多様な方法の併用
2. 方法の適切さ
3. 日常的な出来事や日常的な知識への注目
4. 中心原理としての文脈性
5. 参加者の視点の重視
6. 調査者の反省能力
7. 発見原理としての理解
8. 開放性の原則
9. 出発点としての事例分析
10. 理解の基礎としての社会的な現実構成
11. テキストを重視する学問領域としての質的研究
12. ゴールとしての理論の発見と生成

　一方で、研究法に関する教科書には、質的研究と量的研究の関係に関する議論が見られる場合もある。たとえば、Oswald は、あるハンドブックに所収された「質的研究は何か？」（Oswald, 2010）という論文において、質的研究法と量的研究法は連続体上に置かれると主張している。つまり、これら 2 つのアプローチのあいだには類似点や共通の部分があり、また様々な点で有効な組合せの仕方が存在するというのである。Oswald によれば、量的研究には質的な特徴（通常カテゴリカル・データと呼ばれるもの）があり、統計分析の結果の分析に際しては解釈の手続きが必然的に含まれるのだという。この議論は、先にあげた Bernard と Ryan の議論と非常に似ている。一方で、質的研究の方にも定量化に類似した手続きが含まれている場合も多い。それはたとえば「しばしば」、「通常」、「まれに」、「典型的には」などの言葉の使用に示されている。以下にあげる Oswald による解説は、この質的研究と量的研究の違いについて考える上で非常に参考になる。

　　質的研究はデータ収集に際しては非標準化された方法を用い、データ分析にあたっては解釈的な方法を使用する。分析の際の解釈は、大部分の量的方法の

場合のように、一般化と結論に関連するだけでなく、個々のケースにも向けられている。(Oswald, 2010, p. 75)

　Oswald によるこの議論の段階で既に明確にされていたポイント、つまり、質的研究と量的研究が互いに対立するものではないという点は、「**混合研究法をめぐる議論における 1 つの焦点でもあった**。混合研究法は、アングロサクソン圏、とりわけ、米国では過去 10 年以上にわたって一種の運動となっている。混合研究法のアプローチは —— その主たる提唱者たちの主張によれば —— 新しくてモダンな方法論的アプローチであり、旧来のアプローチの二元性を克服しようとする第 3 のパラダイムだとされる。Creswell、Plano Clark、Tashakkori、Teddlie やその他の多くの研究者たちは、混合研究法の性格について詳細に規定した上で、混合研究法の発想にもとづく研究について様々なリサーチ・デザインを提唱していった[2]。

　これらの著者たちが研究プロジェクトの**実践**について提案してきた内容は、多くの学問分野における研究に関して非常に興味深く、また有効なものでもある。**方法論に関して言えば**、様々な方法をまとめ上げようとする Udo Kelle の仕事は (Kelle, 2007b) この点との関連において考慮されなければならない。混合研究法のアプローチが実践的関心に根ざしたものであるのに対して (Creswell & Plano Clark, 2011, pp. 22-36 参照)、Kelle のアプローチ (2007b) は認識論的である。つまり、彼は、100 年以上にもわたって人文科学と自然科学それぞれの学問分野を形づくってきた、研究における説明と理解の役割をめぐる論争と理解から説き起こしているのである。方法の統合に関する Kelle の考え方は方法論に重きを置いており、彼はかなり深いレベルで複数の方法のあいだの組合せの可能性について明らかにしようとしている。実際、Kelle は、実証的な社会調査の起源と質的－量的研究の対立をめぐる初期の論争にまでさかのぼった上で、どのようにすれば社会科学において実証的根拠を持つ理論を発展させることができるか、という点について問題提起をおこなっている。その結果として、原理的には既に Max Weber による研究 (Kuckartz, 2009 参照) で明らかにされていた、「因果的説明」の概念にまでたどり着いている。

1.3 実際の研究において質的データを分析していく際の課題

　社会科学、教育学、健康科学、政治学、またそれらの分野よりは顕著ではないものの心理学においても、1990 年代の初めになって方法論的な面で顕著な変化が見られるようになってきた。つまり、質的研究は 1980 年代でもまだ発展途上の段階にあったのだが、1990 年代以降は次第にその立場を確固たるものとしていったのである。この傾向は、特に若手の科学者のあいだで一般的になりつつある。各種の集会や学会（たとえば、研究法に関するベルリン集会 [3] や質的研究に関する国際会議 [4]）が開催されてきたという事実は、質的研究が今日世界中で大きな共感を呼んでいることの確かな証拠だと言えよう。

　この質的調査方法へのシフトとともに、方法論関連の文献の数が増加していった。それは特に、英語で書かれた文献において顕著な傾向であった。一方で、質的方法と混合研究法に関する文献の多くがデータ収集とリサーチ・デザインを取り扱っているのに対して、質的データ分析に関する問題に対しては、それほど注意を向けられてこなかった。たとえば、Denzin と Lincoln が編集した『質的研究ハンドブック（*SAGE Handbook of Qualitative Research*）』（2011）の最新版を見てみると、データ管理と分析モデルの問題を中心に扱っている論考は 3 点だけに過ぎない [5]。

　一方、ドイツにおける博士課程生のオンライン・フォーラムには、最近、アドバイスを求める大学院生の次のような訴えが掲示されていた。

> こんにちは。
> 　修士論文を書くためにインターネット調査をしようと思っています。調査課題は、成人後の子供たちとその両親とのあいだの親離れ・子離れに関するものです。この課題について私が採用している構成概念は少し難解なところもあるということで、指導教員から最近、次のようなアドバイスをいただきました —— 研究プロジェクトに質的な観点を取り入れて、インタビューをしてみたらどうかな？

うーん。いま、かなりの数の文献（大部分は社会科学系のものですけど）を引っくり返してチェックしています。でも、今のところ、そのうちのどれ1つとして、質的データの具体的な分析法について書いていないんですね。本当に漠然としたことしか書かれていないんです。とにかく、最終的には何とか分析結果を報告したいんですが。いま少し絶望的になってます。どなたか、どんなものでも結構ですからヒントお願いできませんか？

よろしくお願いします、

ダナ

たしかに、この院生（ダナ）が言う通りなのである。実際、質的データの分析法に関する分かりやすくて具体的な解説というのは、なかなか見つけられない。それこそが、この本の狙いとするところである。つまり、本書の狙いは質的データの分析を方法論的にも首尾一貫したものにするための方法について解説していくところにあるのである。

質的データの収集は、それ自体が面白くて刺激的な作業である。また、その作業それ自体は、通常、方法論的な問題についてはそれほど気にかけなくてもとりあえず実施することができる。実際、研究者がプロジェクトの初期段階で直面するのは、狭い意味での情報収集の方法をめぐる問題などではない。むしろ、どのようにして現地にアクセスすればよいかとか、研究者自身が調査現場でどういう風にふるまえばよいのか、といった問題なのである。しかし、たとえば何らかの機器を使って録音したインタビュー記録を収集した後の段階、あるいはインタビューの内容を文字起こし（テープ起こし）したり、フィールドノーツを書いたり、あるいはビデオ機器で動画データを記録した後、それらのデータを分析する際には、どのようにして作業をすればよいのだろうか？

実は、このような点に不安を感じて、質的研究という、少なからぬリスクをともなう調査法を避けようとする傾向は学生に限ったことではない。実際また、既存の文献では、現実に実施された分析作業の手続きやデータの評価における各ステップについて正確にかつ詳細にわたって記述されているわけではない。したがって、その種の文献を読んだとしても、実際に質的研究をおこなう際のヒントとしてはあまり役に立たない。政府機関の助成を受けた大がかりな研究プロジェクトの場合でさえ、データ分析にあたって採用したアプローチに

関しては、かなり曖昧な説明だけで済ませている例が多い。研究者たちによって実際によく使われている説明には、たとえば、次のようなものがある ——「グラウンデッド・セオリーに分析の基礎を置いた」、「Silverman による先行研究をモデルにして解釈をおこなった」、「質的な内容分析にもとづいて」、「種々の方法を組み合わせた」。一方で、分析の際に採用した実際の手順に関する詳細かつ容易に理解できる形での解説は省略されがちである。

　他方、質的データの分析法に関する議論においては「何でもあり（エニシング・ゴーズ）」[6] 的なスタンスの解説も少なくない。質的方法に関する教科書を読んで、そのようなスタンスが許容されていると考える研究者たちは、何でもやりたい放題のことをして、華麗な解釈を下したり想像力や連想の翼を自由に広げたりしても構わないと思っている。仮にそのようなことをしても、方法論に関して厳格な人たちから咎められることもなければ、「分をわきまえるように」などと言われることもないだろうと思って高をくくっているのである。

　彼らはまた、質的研究の質（クオリティ）に関する基準について扱った文献の中で見つけた構成主義者たちやポストモダニストたちの議論までをも引き合いに出して、自分たちの立場を正当化したりする。それらの立場をとる人々は、社会世界そのものが認知的に構成されているのであり、また、その多元的な世界ないし世界観が並列的に存在しているのだと主張する。その種の発想に従えば、普遍的で客観的な質の基準に関する事柄など、時代遅れの問題だということにもなってしまう。

　本書では、そのような見解は採用しない。著者は、Seale が「中庸のリアリズム（subtle realism）」と呼ぶ考え方（Seale, 1999b）には説得力があると考えている。Seale は質的研究の質に関する論説において、実践上の観点から、2 つの両極端のあいだの折衷案を提唱した。すなわち彼は、Hammersley（1992）の議論をもとにして、より実践的な立場から、一方の、（客観性・信頼性・妥当性等を中心とする）研究の質に関する古典的な考え方と、他方の、一般的な基準や標準を拒絶するという極端な立場とのあいだでバランスをとることを目指しているのである。質について適切な基準を設定し、また分析上の手続きに関して正確な説明と記録を心がけることは（6 章参照）、所属する研究機関だけでなく「懐疑的な読者」（Seale, 1999b, p.467）の信頼を獲得し、また研究者の評価を高める上でも効果的であると思われる。

1.4　リサーチ・クェスチョンの重要性

　いかなる研究プロジェクトの場合であっても、最も重要なポイントの1つ
は**リサーチ・クェスチョン**である。研究プロジェクトを通して何を成し遂げ
ようとしているか？　具体的な研究課題は、どのようなものか？　なぜ、また、
どのような実際的な目的を念頭においてその課題に関する研究をおこなってい
くのか？　そのリサーチ・クェスチョンに関する情報を得るためにはどのよう
なタイプの調査を実施しなければならないか？　どのような方法が最も適切な
ものであるか？

　Miller と Salkind は、基本的な研究のタイプには次の3種類のものがある
としている —— 基礎的研究、応用研究、評価研究。また、それぞれタイプの
研究にはそれに対応するリサーチ・デザインが存在するとしている（Miller &
Salkind, 2002）。基礎研究にとっては実験法や仮説検証が理想的であるが、一般
的には、以上の3種類の研究はどれについても質的方法と量的方法の両方が有
効である。Miller と Salkind は、リサーチ・クェスチョンのタイプが違えば方
法も違ってくるという点を前提にして、次のように述べている。

　　　異なる方法というのは、単に、同じ問題に対する答えを求めるために使える
　　もう1つの方法に過ぎない、というわけでない。そうではなくて、違う方法は、
　　それぞれタイプの異なる質問に対する答えを提示するために用いられる比較的
　　新しい方法なのである。その新しい方法の前提には、人や集団の行動に関する
　　最良の研究法はどのようなものか、という点に関する異なる世界観が存在して
　　いる。（Miller & Salkind, 2002, p. 143）

　中には、研究の基本的な方向性を4つに分類している教科書もある —— 探
索的、記述的、仮説検証的、評価的（Diekmann, 2007, pp. 33-40 参照）。質的方法
と量的方法のどちらもが、これら4種類の研究で使用できる。また、特定の1
種類の研究において両方の方法を組み合わせて使用することも可能である。一
方で、全体の作業の中で質的方法が占める比率は研究のタイプによっておのず
から違ってくるものである。質的方法は、一般に探索的研究において用いら

れる傾向がある。一方、可能な限りの一般化を目指す記述的研究の場合には、サーベイ調査を用いる例が多い。

　4種類の研究のどれであっても、その出発点はリサーチ・クェスチョンである。実際、リサーチ・クェスチョンが存在しない研究というのは考えにくい。修士論文や博士論文の執筆を計画している場合でも、あるいは外部の資金を獲得した上でおこなう研究の申請書を書いている場合であっても、最初にまず研究計画書や申請書を作成しなければならない。それらの文書では、リサーチ・クェスチョンを提示し、またその中味について解説することが非常に重要な意味を持つことになる。

　リサーチ・クェスチョンの定式化の際には常に理論的な背景について確認し、また、自分自身が事前知識として持っている情報について改めて考えてみる必要がある。つまり、次のような点について自問してみるのである —— これまでこの研究の分野についてどの程度突き詰めて考えてきたか？　この問題については、どのような先行研究が存在しているか？　リサーチ・クェスチョンに関して説明力がある理論にはどのようなものがあるか？　自分自身にはどんな先入観があるか？　どのようなタイプの先入観が、自分が属している学問の世界では一般的であるか？

　そのように自問することは、決して質的研究の特徴の1つである「開放性」という発想と矛盾するものではない。事前知識なしで完全に研究対象に対して向き合うことができるというような意味で、研究者が「白紙の状態」ないし「まっさら」であり得ると考えるような一般的な想定は、単なる幻想でしかない（Kelle, 2007a, 2007b 参照）。

　研究者の脳が決して「無」の状態ではあり得ないのと同じように、事前知識というのは常に重要な要因としての意味を持っているのである。中には、十分な根拠にもとづいて検討を重ねた上で、「偏見なしに」リサーチ・クェスチョンや調査現場に対して接近したいと考えており、したがって、先行研究の研究結果を参照しない、というアプローチをとるような場合もあるだろう。しかし、その場合であっても、そのようなアプローチを採用する理由について改めて検討してみた上で、その検討の結果について明記しておかなければならない。つまり、いかに「開放性」を重視しているからと言って、ただ単に理論や偏見から自由なアプローチを推奨している研究者の名前をあげて済ませるだけでは、到底十分だとは言えないのである。まず、理論というものについて禁欲的なス

タンスで臨むそのようなアプローチこそが、設定したリサーチ・クェスチョンに対する答えを求めるためには適切であるということを明示しなければならない。また、そのようなアプローチを採用することによって、より良い研究結果に結びつくはずだ、という主張を正当化できるだけの根拠があるかどうかについて確認しておく必要がある。

　グラウンデッド・セオリーに関する議論の中には、基本的な方法論的発想の1つとして、〈研究テーマに関して書かれた先行研究を読むことは逆効果である〉というような主張を展開しているものが少なくない。このような考え方がいまだに存在しているというのは、質的アプローチ全体の信用を落としかねない事態だと言える。今日では、グラウンデッド・セオリーと関連のある様々な研究アプローチでは、グラウンデッド・セオリーについて書かれた最初の教科書（Glaser & Strauss, 1998）の記述内容をめぐる解釈について初期に見られた、この種の誤解は修正されている（Cisneros-Puebla, 2004; Kelle, 2007a, 2007c）。

　もちろん、まず調査現場を直接経験してみることが必要とされる社会調査の領域というものはたしかに存在する。たとえば、ホームレスの人々の生活実態について観察しまたその生活を実際に体験したいと思う場合には、単に図書館に行ってホームレスの人々に関する社会学ないし心理学系の文献を読むだけで済むはずなどない。他方で、若者たちが右翼的な思想傾向を持つことになる背景について調査しようとしている場合、その問題を取り上げている研究文献の全てを一貫して無視するような態度というのは考えにくい。本書では、社会現象に関する調査をおこなう際には、先行研究の検討から始めることが賢明であり、またそれが必要であるという立場をとる。この点において、著者はChristel Hopf の見解に賛同する。彼は、次のように述べて、研究対象として選んだテーマの現状について徹底的に調べることを奨励したのである。

　　したがって、自分自身の判断の独創性が失われてしまうのではないかなどと早まって悲観的に考える理由などは特にないのである。そんな無用な心配にとらわれてしまうと、先行研究と理論を踏まえた上でおこなわれる実証研究から洞察を得る機会をみすみす失ってしまうことになりかねないだろう。（Hopf & Schmidt, 1993, p. 17）

1.5 方法面での厳密性の必要性

　体系的な方法を用い、また厳密な規則に従って質的データを分析するような
アプローチを正当化する理由は、どのようなものであろうか？　そのようなア
プローチは、質的な方法の特徴である創造性と開放性にとっては、むしろ妨げ
になるのだろうか？　質的研究に関しては、1990年代半ばから、研究の質と
妥当性をめぐる問題が集中的に議論されてきた。量的研究の質について適用さ
れてきた既存の基準が質的研究に対しても同様に適用可能であるか否か、とい
う点に関しては、主に以下のような3種類の見解がある。

　　a）一般性：同一の基準が量的研究と質的研究に関して有効である
　　b）選択性：質的分析に関しては独特の基準が定式化されるべきである
　　c）拒否：質的研究の場合、質に関する基準は一般的に拒絶される

　一方で、Flick（2006, pp.379-383）は、これら3つのものに対して4つ目の見
解を加える。つまり彼は、研究者は、単なる基準や標準の定式化の範囲を超え
て研究の質に関する問題に答えることができなければならない、とするのであ
る。その一例としては、全研究プロセスを考慮に入れる形での、総合的な質
保証の発想があげられる。ここでは、質的研究の質をめぐる基準についての一
般的な議論に関しては、それに関連する文献（Flick, 2007a; Seale, 1999b; Steinke,
2004）をあげておくだけでとどめておきたい。
　本書では、質に関する問題については特に質的テキスト分析の方法に焦点を
合わせて検討していく。この点との関連では、上記の2番目の見解が議論の基
礎的な前提として用いられる —— すなわち、質的研究のためには独特の基準
を設定すべきであり、単に量的研究に対して適用されてきた基準を流用して済
ませるべきではない、というものである。量的研究に関しては、心理学にお
けるテスト理論の影響を受けて、客観性・信頼性・妥当性のための基準が確立
されてきた。また、それらの基準に関する解説は、社会調査法に関するほとん
ど全ての教科書に見られる。これらの質基準は測定法についての科学的論理に
もとづいており、測定可能な変数（たとえば信頼性係数）をもっぱら対象にし

ている。しかし、質的研究の質に関する基準の場合には、計算や測定値という発想を基礎に置くわけにはいかない。というのも、そもそも、その種の計算のために必要となるデータが存在していない場合が多いからである。したがって、Flick（2006）にしたがえば、標準それ自体がよりプロセス志向でなければならないということになる。

　近年では、これまで以上に、質的方法および混合研究法における手順について、その典型的な模範例を示し、また、より正確なものにするための努力がなされてきた [7]。また、研究の質という面が頻繁に議論されるようになってきた（Flick, 2006, pp. 367-383）。この点では、特に Clive Seale の仕事が注目されている。

　上で見てきたように、Seale と Silverman（1997, p. 16）は、質的研究の質を保証することや研究の質に関する基準について厳密に規定していくことを提案している。これは、量的研究の質に関する基準の背後にあるロジックを継承して、既存の技術的評価ツールを使用しなければならない、ということを意味するのだろうか？　Seale の「中庸のリアリズム」の見解は、古典的な質基準を大枠で継承するような方向性とそれを完全に拒絶するような方向性のどちらをも越えた折衷案だと言える。つまり、彼は、量的研究の中で適用されてきた標準は、そのままの形では質的研究に対しては適用できないとしているのである。

　質的研究の多くは日常的な社会生活の文脈において実施されるものであり、仮説演繹的なモデルによる研究とは性格が異なるものである。仮説演繹法の場合には仮説検証が中心となっており、そのゴールは相関関係を見つけ出し、また一般化できる因果モデルを構築することにある。一方、質的研究の場合もたしかに一般化は可能ではある。しかし、だからと言ってそれが主要な目的だというわけではない。特に、仮説演繹モデルの研究ロジックにおける本質的な要素である「広範囲にわたる一般化可能性」という前提は、質的分析にとっては馴染みにくい概念である（Seale, 1999b, p. 107）。結局のところ、仮説演繹モデルの目標は一定のパターンを見つけることにあり、また、ある場合には、普遍的かつ長期にわたる妥当性を持つ一般法則の発見を目指すことさえある。それに対して、質的研究、特に理論構築を目指すグラウンデッド・セオリーの場合には、中範囲の理論を確立することがその目標になっている。

　それにしても、質的データの分析にあたって方法的な厳密性を目指す際の理由にはどのようなものがあるのだろうか？　これについては、以下の5つの側

面がシステマティックな分析および特に質的テキスト分析については重要であると思われる。

- エピソード中心主義の回避：体系的な分析をおこなうことによって「エピソード中心主義」を避けることができる。というのも、特定の引用部分を示すだけでなく、分析の際には全てのデータが対象になるからである。
- 透明性：分析プロセスについて詳細にかつ隠し立てをせずに記述することによって、学術界の関係者やその他の関心のある読者の理解が得やすくなる。
- 信憑性：特定の基準に従って研究がおこなわれた場合には、研究者自身と研究者がおこなった研究の結果に対する信頼感が増す。
- 評判：方法論的な標準があることによって、質的研究をおこなう者が自分たちの仲間内の範囲を超えて高い評判が得られるようになる。
- 研究助成機関の関心が高まり、また助成金の申請が受け入れられるようになる。

方法論的な厳密性は、質的研究における数値化という問題とも密接に関連している。

> しかし前章で述べたように、数値は質的研究の中でも一定の役割を果たし得るものである。たとえば数値は、ある特定の事例で得られた知見を他の事例に対しても適用することによって一般化していく、というデリケートな問題が含まれる試みの裏付けとして用いることができる。これ以外にも、数値は質的研究の質を向上させる上で様々な使い方ができる。(Seale, 1999b, p. 120)

Seale は、質的研究における数値の有効性と実際の活用法に関する非常に有益な解説（Seale, 1999b, pp. 119-139 参照）を提示した上で、それを踏まえて「数えられるものは数える」という原理を定式化している。それによれば、数値は質的研究においても様々な機能を果たし得るものである。たとえば、数値は、単純な頻度やパーセンテージを示すだけでなく、カイ二乗検定を含むクロス集計やクラスター分析のように、より複雑な統計計算のために利用することができる。それによって議論の内容を明確なものにし、また理論構築や分析結果を一般化していく際にその裏付けとして用いることができる。Seale が強調する「エピソード中心主義の回避」という原則は、数値を使用することの重要性を

端的に示すものだと言える（Seale, 1999b, p. 138）。

2章　体系的な質的テキスト分析の源流

この章では、以下の点についてやや詳しく解説していくことにする。

- テキスト理解をめぐる基本的な問題
- 文字テキストの解釈が中心となる解釈学の伝統
- コードとカテゴリーを用いておこなわれる質的テキスト分析における様々な方法

　　これには、以下のものが含まれる

　　　　―コードとカテゴリーが中心的な役割を果たす方法としてのグラウンデッド・セオリー

　　　　―古典的な内容分析とその起源（20世紀前半のドイツの社会学者 Max Weber にまでさかのぼることができる）

　　　　―古典的内容分析に対する批判と質的内容分析について概念化するための方法

- 質的テキスト分析について社会調査法関連の教科書で解説されている他のアプローチ

　テキストを分析し解釈するための作業に関わる様々な方法と技術は、様々な分野 ── 社会学、政治学、心理学、教育学など ── で開発されてきた。これらのアプローチは、それぞれ多かれ少なかれ一定の成果をあげてきた。それらのアプローチの中には、グランデッド・セオリーのように広く知られており国際的に認められているものもあれば、主として1つの専門分野だけ、あるいは1つの国だけで使われているものもある。

本書では、これら様々な方法に含まれている発想を、体系的な質的テキスト分析のアプローチを構成するための基本的な構成要素として使用していく。

　以下の節では、そのような構成要素としての4つの基本的なアプローチについて、そのあらましを紹介していく。

- 古典的な解釈学
- グラウンデッド・セオリーにおけるコーディング
- 古典的内容分析および質的内容分析
- 各種の教科書等で解説されている研究法

　これらのアプローチは、それぞれが独自の理論的仮定にもとづいており、また互いに異なる形式のコーディングが採用されている。それらのバリエーションの全てについて詳細に紹介して議論することは、本書における解説の範囲を超える。もっとも、この章に示される方法は全て、コードとカテゴリーを用いておこなわれる作業を前提としている。この点に関する唯一の例外は古典的な解釈学である。これは、テキストの解釈に関する科学とアート（技・職人芸）であり、通常コードによる分析作業は含まれていない。本章は、この解釈学に見られる幾つかの基本的なアイディアに関する解説から説き起こす。これらのアイディアと、社会科学におけるあらゆる種類のテキスト分析とのあいだには密接な関連がある。もっとも、解釈学は、グラウンデッド・セオリーや内容分析と同じような意味での「方法」ではない。一方で、解釈学は分析と解釈のプロセスの全てに関わるものである。その中には、今後、体系的な質的テキスト分析法を発展させていく上での貴重な示唆と刺激になる発想が含まれている。

　本章の後半では、解釈学の基本的発想に関する紹介に続いて、グラウンデッド・セオリーについて解説していく。特に、グラウンデッド・セオリーがコードとカテゴリーというものをどのように扱っているかについて見ていく。これは、単純な「オープン・コーディング」から始まり「中心的なカテゴリー」の発見と理論構築を終着点とする多段階的なプロセスの中でコードを作り上げていく際の方法を示す好例となっている。

　「（カテゴリーの）発見」という点に関するグラウンデッド・セオリー・アプローチに対してある意味で対応するのが、次のセクションで解説する「内容分析（content analysis）」である。これは、テキスト分析に関する古典的な考え方

であり、100年以上の歴史がある。内容分析の場合、分析プロセス全体の中で
コードやコーディングの枠組みが中心的な位置を占めてはいるわけではない。
この場合は、むしろあらかじめ明確に設定された数のテキストに対して、既存
のコーディングの枠組みを適用していく作業が中心となる。実際、内容分析で
は、カテゴリー・システムを利用してテキストを数値的なデータマトリクスに
変換していくことに焦点が置かれる。このような発想は批判の対象となること
も多く、その結果として、内容分析に質的な側面を取り込んでいくことが求め
られるようになってきた。この「質的内容分析」という考え方は、古典的な内
容分析の弱点を克服し、解釈の手続きを分析プロセスに統合することを目指し
ている。

　本章の最終節では、本書の場合と同じように質的テキスト分析のための方法
について扱っている幾つかの教科書について検討していく。これらの教科書で
は、優れた研究の実践例が紹介されており、また質的なインタビューと質的
データ分析に関する一般的なアドバイスが提供されている。

　本章の目的は、様々な方法が持つそれぞれの特徴について概説していくこと
にある。もっとも、本章では、各種の方法を漏れなく列挙するようなことは目
指しておらず、むしろ関連する文献を紹介する程度にとどめておいた。読者は、
それらの文献情報を手がかりにして、必要に応じて個別の方法についてさらに
詳しく検討することができるだろう。

2.1　古典的な解釈学

　社会調査の場合、どのようにすればテキストを分析することができるのだろ
うか？　たとえテキストの内容についてほとんど「理解」していなくても、文
字や単語あるいは統語的な特徴についてだけであったならば分析は可能である。
実際、その目的が、テキストの長さ、テキスト内の語数やテキストで使われて
いる言葉の総数、文の平均的な長さ、従属節の数などについて知るという程度
のものであったとしたら、比較的容易に分析することができる。要するに、こ
れらは分析とは言っても、ワープロ・ソフトのメニューで「特性＞統計」を
使った時に得られる程度の情報に過ぎない。しかし、テキストに含まれる「意
味」について分析することが本来の目的なのだとしたら、テキストをいかに理

解し、また解釈すべきかという問題に取り組んでいかなければならない。

　日常生活における身のまわりの人々とのやりとりを通して私たちは、人々は生まれながらにして互いに「理解」し合うことができるものだと素朴に信じ込んでいる。つまり、新聞を開いてユーロ危機やヨーロッパ諸国のユーロ危機に対する対応を扱った記事の内容について理解することができるように、他人のことも理解できると思っているのである。しかし、もう一度よく考えてみると、本当の意味での理解に達するためには、相当量の前提知識やその他の情報が必要であることが明らかになってくる。まず第1に、人々がコミュニケーションする際に使っている言語が理解できなければならない。同じ新聞記事がKinyarwanda語で書かれているとしたら、ごく少数の人しか理解できないだろう。実際、大部分の読者は、Kinyarwandaがどんな言語であるかという点についてさえ、おそらくは何も知らないだろう[1]。

　もっとも、たとえ言語自体については知っているとしても、上記の例で言えば、「ユーロ」はどういうものであり、EUにはどのような国が加盟しており、また他の貨幣にはどのようなものがあるかなどに関してかなりの量の前提知識を持っていなければならないだろう。それに加えてユーロ危機について本当の意味で理解するためには、ユーロ自体の歴史に関する知識がなければならず、またEU内において単一の通貨を持っていることの意義についてよく知っていなければならない。

　背景に関する知識が蓄積されればされるほど、テキストには異なるレベルの意味が含まれているという点について認識できるようになる。たとえば、ヨーロッパの状況に関する前提知識を持っているからこそ、新聞記事で取り上げられている政治家が、以前はギリシャに対する財政援助に対して激しく反対していたのに対して、今や驚くほどバランスのとれた説得力ある議論をしているという事実を確認することができる。また、その同じ政治家が政府の現役閣僚であるという事実を知っているならば、その政府自体がその問題に関して同様にスタンスを変えている可能性があることを仮定することができる。

　要するに、テキストそれだけでは、帰納的な理解を得ることなど不可能なのである。中世に書かれた聖書に含まれている図像をめぐる解釈は、この点について考える上での好例となる。その聖書が作成された当時の図像をめぐる慣習、あるいはまた、キリスト教のシンボリズムに関する知識が多ければ多いほど、特定の図像に関する理解が進むことになる。その種類の理解は、特定の図像そ

れだけからは推測できないものである。というのも、キリスト教をめぐるシンボリズムは、個々の図像の範囲を超えるものであるし、聖書の内容についても、聖書に含まれている様々な場面の画像をもとにして帰納的なやり方で構成するわけにはいかないからである。

　質的データの分析作業に入る以前の段階で、「理解」というものに関わる幾つかの一般的な想定について考察しておくことが重要である。特に、テキストに関する理解と解釈に関して考えてみることが必要となる。これが、「解釈学」と呼ばれてきたものである。しかし、そもそも「解釈学」はどのようなものであろうか？

　解釈学という言葉の起源は、ギリシャ語の$\varepsilon\rho\mu\eta\nu\varepsilon\acute{v}\varepsilon\iota\nu$（hermeneutike）にある。その意味は、説明する、通訳する、翻訳するというようなものである。つまり、解釈学は、解釈の技（アート）であり、書かれたテキストの理解に関わる技術を含んでいる。解釈学の歴史は非常に長く、理解の理論としては、中世における聖書あるいはプラトン哲学の解釈にまでさかのぼることができる。学問的思潮という範囲に限定すれば、解釈学は19世紀後半に、Schleiermacher やDilthey を含む主要な哲学者が、自然科学の説明的な方法とは対照的な人文学における科学的なアプローチとして解釈学を提唱したことに始まる。当時の解釈学の場合には、テキスト、図像、音楽作品のような文化的な産物あるいは歴史的出来事でさえ、それを取り巻く文脈との関係において検討され理解されるべきだとされていた。たとえば、Dilthey は、自然については「説明」がなされるのに対して、人文学の場合には、理解と解釈（Verstehen）を基礎に置いた異なる方法論的基盤を確立しなければならないと主張している。

　説明と理解の違いについては、これまで理論的文献や科学に関わる文献において盛んに議論されてきた。したがって、本書ではその点についてこれ以上詳しく扱うことはしない。この点に関して参考になる文献としては Kelle（2007b）があげられる。この文献では、「説明 対 理解」という古くからある対立図式をめぐる議論に対して新しい観点からアプローチしようとしている。なお、Kelle は、オーストラリアの哲学者 John Mackie の多元因果（multiple causality）という考え方をその主張の根拠としている（Kelle, 2007b, p.159; Mackie, 1974 参照）。

　時を経て、解釈学は Schleiermacher と Dilthey の時代から Gadamer、Klafki、Mollenhauer その他による、より近代的な思想にまで発展していった[2]。今日、

解釈学的アプローチに関する統一的な見解というものは存在しない。なお、近年になって、英米圏の哲学者たちも Richard Rorty（1979）の著作を通して解釈学というものを明確に認識するようになっている。本書では、解釈学の歴史的・理論的・哲学的な側面に対しては、それほど興味を持っていない。より関心があるのは、解釈学が、質的な研究プロジェクトにおいて収集されるデータの分析と解釈に対してどのようなガイドラインを提供できるか、という点である。解釈学的アプローチは、テキストの内容を分析する際にどのように活かすことができるだろうか？　この点に関して、Klafki は、リトアニアの市立学校制度（Klafki, 2001）の創設に関する Humboldt によるテキストの解釈にもとづいて分かりやすい例を示している。1971 年に最初に刊行されたテキストにおいて、Klafki は、彼の解釈学的なアプローチのために 11 の方法論的な洞察を定式化した。それらは、今日でも適用可能である。以下にあげるのは、Klafki があげたポイントのうちの 4 つのものであるが、これらのポイントは質的テキスト分析の場合にも重要であると思われる [3]。

第 1：テキスト作成時の状況

　分析対象となるテキスト（たとえばオープンエンドの形式でおこなわれたインタビューの記録）が作成された状況に対して注目する必要がある。たとえば、以下のような点である —— 誰が誰とどのような状況でコミュニケーションしているのか？　インタビュー以前の段階で、研究者は調査現場の人々と、どの程度、またどのようなタイプのやりとりをしていたのか？　インタビュアー（聞き手）と研究対象者（話し手）とのあいだのやりとりにはどのような特徴があると考えられるだろうか？　両者はどのようなことを期待していたであろうか？　研究者と研究対象者のあいだのやりとりにおいて、社会的な望ましさや建前という要素はどのような役割を果たしているだろうか？

第 2：解釈学的循環

　解釈学的アプローチにおける中心原理は、〈テキストの意味は、その部分からなる総体としてのみ解釈され得るものであり、また、部分の意味は、テキスト全体が理解できた時にのみ理解し得るものだ〉という点にある。テキストの解釈に取り組む際には、そのテキストが意味し得るものに関するアイディアや前提について前もって想定しておく必要があり、その上で、テキストをその総

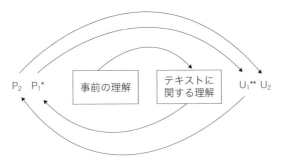

*P: 事前の理解（Prior Understanding）
**U: テキストに関する理解（Understanding of the text）

図2.1　解釈学のアプローチ（Danner, 2006 による）

体として読み解いていかなければならない。テキストに対して柔軟な態度で取り組むことによって、より深い理解が可能になる。また、それによって、当初の想定が変わっていくことも多い。

　テキストを理解しようとする際には、解釈者の側が、そのテキストについて何らかの事前理解を持っていることが前提となる。Klafki は、テキストやテキストの一部を何度も読み通す作業が結果として循環プロセスを形成することになる、という点について指摘している（Klafki, 2001, p.145）。しかし、このプロセスにおいては最終的に出発点へ戻っていくというわけではない。その点を考え合わせてみれば、比喩としては「循環」というよりは「螺旋」がより適切であるように思われる。実際、このプロセスを通して、テキストに関する理解が深まっていくことになる。

　解釈学的循環ないし解釈学的螺旋は多くの場合、図2.1 のように図示できる（Danner, 2006, p.57）。

第3：解釈学的相違

　解釈学的相違という概念は、あらゆるタイプの言語的コミュニケーションに含まれる中心的な問題を示している。つまり、この概念は、私たちは解釈プロセスを通してのみテキストやコミュニケーションについて理解する（あるいは理解していると思う）ことができる、という事実を指しているのである。もともと私たちとって全ては未知の対象であり、そこから始まって次第に様々な程

度の理解を得ていくのである。したがって、解釈学的相違には様々なバリエーションが存在することになる。その相違は、たとえば、私たちが外国を訪問して、そこで使用されている言語が全く理解できないというような時に頂点に達する。異国の文字システムについても無知である場合は、解釈学的相違はさらに高まる。その場合は、未知の単語を辞書で調べることさえできないのである[4]。それに対して、日常的なコミュニケーションの場合、解釈学的相違は、かなり少ないようにも思える。ほとんど存在していないようにさえ思われることもある。実際、Schleiermacher は、天気に関する会話やパン屋で「ロールパン5つください」というような場合には、解釈学的な発想は一切必要がないとしている。もっとも、日常的なコミュニケーションにおいてでさえ、予想外の行き違いは頻繁に起こるものである。たとえば、方言やアクセントの違いが問題になってくるような場合である。Gadamer が指摘したように、解釈学プロセスというのは、不可解なものと日常的なものとのあいだのグレーゾーンで生じるのである ――「解釈学はこの中間的な領域に位置づけられる」(Gadamer, 1972, p.279)。

第4：正確性と適合性

　解釈学的アプローチでは、文化的な産物（たとえばテキスト、絵、芸術作品）について理解しようとする。Mollenhauer と Uhlendorff（1992）が強調するように、解釈学的アプローチはそれらの対象を**正確**に理解しようとする。しかし、いかなる方法であっても、**正確性**を保証することはできない。解釈学の場合には、全てのことは、何かを理解ないし解釈しようとする**人間**にかかっているのであるが、解釈者は常に手元の対象ないし主題についてのある種の先入観を持っていると想定する。Gadamer は、これらが先入「概念」ないし仮定であるという点について強調した。したがって、間主観的一致という基準を満たしている解釈学的解釈については、それ自体を当然のものとして想定することはできない。実際、「正しい解釈」に対する「幾つかの誤った解釈」という厳然たる区別があるわけではなく、適切性の程度が異なる複数の解釈が存在するだけなのである。

　要約すると、以下の5つの解釈の規則が、質的テキスト分析に当てはまる：

　1. 自分自身の先入観あるいはリサーチ・クェスチョンに関して持っているかも

しれない自分の想定について検討してみる必要がある。

2. とりあえずテキスト全体に取り組んでみて、全体についてより良く理解できるまでは、テキストにおける不明箇所についてはいったん棚上げにしておいた方がよい。実際、テキスト全体が理解できた時点になって、最初はよく理解できなかった箇所が明確になってくる場合も多い。

3. 次のような点について自問しながら、解釈学的相違について自覚的になる必要がある ── テキストには、自分にとって馴染みが薄い異言語や異文化的な要素が含まれているのではないか？　その未知の言語について自分で学習したり通訳を見つけたりすることによって、それらの解釈学的差異をできるだけ減らしていくようにつとめる必要がある [5]

4. 最初にテキストを読む時には、自分の研究にとって重要なトピックやテーマに注意を向けて、それらがテキストのどの箇所に出ているかという点に注目する必要がある。

5. 「コードとコーディングの枠組みを適用する際の論理」と「発見の論理」という2つのものを明確に区別すべきである。実際、次の2つのプロセスには明らかな違いがある。1つは、テキストの中に含まれている何らかのテーマやカテゴリーについて確認して、それらに対して既に明確に定義されているカテゴリーを当てはめていくことである。もう1つは、テキストの中に何からの点で新規で予想外の情報が含まれているという事実があることを確認する場合のように、新しいことを発見することである。その場合は、新しい理論的アイディアを開発して新しいコードを定義することになる。

　解釈学については、〈間主観性と妥当性に関する科学研究における要請とはごく一部が一致するだけの方法である〉という想定がしばしば持たれてきた。これは、非常に狭い見方である。というのも、解釈学的方法は実際にはあらゆるタイプの実証的研究にとって不可欠の構成要素になっているからである。特に、仮説を提案したり結果を解釈したりする際には、必然的に解釈学的な作業が含まれている。さらに、純粋に量的な研究の場合でさえ、研究活動は、解釈学的な思考プロセス抜きで実施されることなどあり得ない。つまり、分析結果の意味について考察する作業というのは、まさに解釈学的プロセスそのものなのである。Klafki は、リサーチ・クェスチョンと研究デザインには常に解釈学的な要素が必要不可欠であるという考え方について議論している。

彼は、教育学の分野について、以下のように指摘しているのである。

　　私は、実証的研究において使用される仮説は、何らかの対象の意味や意義を
　明らかにすることを目指すものであるという点に関して言えば、その全てに解
　釈学的な思考プロセスが含まれていると思う。もっとも、これは必ずしも、全
　ての実証的研究者が、仮説の構築にいたるまでに彼ら自身がたどった思考プロ
　セスに解釈学的な要素が含まれているという事実について自覚的である、とい
　うことを意味しない。また、彼らは仮説を定式化する際に、必ずしも解釈学の
　場合のように厳密な手続きを踏んでいるわけでもない。同じ分野の専門家同士
　はある種の先入観を共有しているものである。それが1つの原因となって、研
　究者が実際には解釈学的プロセスを経て実証研究で使用する仮説に到達するの
　だという事実がしばしば見落とされてきた。たとえば、ある一定期間ないし研
　究プロジェクト全体にわたって、特定のリサーチ・クェスチョンに意味がある
　ように思えているのは、実は、単にそのプロジェクトに関わっている研究者た
　ちが特定の研究対象に関して前提知識を共有しているから、という理由による
　のかもしれないのである。(Klafki, 2001, p. 129)

2.2　グラウンデッド・セオリー

Anselm Strauss と Barney Glaser によって開発され「グラウンデッド・セオ
リー」と名づけられたアプローチに対しては、世界中から多くの関心が寄せら
れてきた。単著あるいは共著という形で Strauss と Glaser たち自身が書いた教
科書に加えて、後に Corbin、Charmaz、Clarke らが刊行した各種な教科書など
が、このアプローチの発展に寄与してきた。これらの解説書の中では、カテゴ
リーとコーディングが中心的な位置を占めている（Charmaz, 2006; Clarke, 2005;
Corbin & Strauss, 2008; Glaser & Strauss, 1967; Strauss, 1987; Strauss & Corbin, 1998 参照）。
　グラウンデッド・セオリーは、30 年以上にわたって絶え間なく進化と前進
を続けてきた（Charmaz, 2011 参照）。当初は、かなり帰納的なアプローチとし
て定式化され、多かれ少なかれ無理論的なアプローチを推奨しているように
思われていた。つまり、研究者が分析以前の段階で理論化していたもの（「事
前に設定された理論」）は、分析作業の際に理解を促進するというよりはむしろ、

それを妨げるものだと考えられていたのである。Strauss と Corbin は、このアプローチに対して次第に古典的な実証研究の方法に関する考え方の中から多くの要素を取り込んでいった。もともとグラウンデッド・セオリーは、1960 年代半ばに、行動主義や当時主流であった量的研究の潮流に対抗する政治的マニフェストを提示しようとする Strauss と Glaser の試みから始まった。当時の米国における保守的な時期にあって、これら行動主義と量的研究という 2 つの潮流は解釈的なアプローチを傍流の地位に押しやっていた。

このような時代状況に関する解釈は、Strauss 自身が Legewie と Legewie-Schervier とのインタビューで表明した回顧的な証言からも裏付けることができる。

> 1960 年代中頃に、私たちは方法論に関する本を書くことに決めた。私たちは、既に何らかの変化が起きる兆候を感じていた。私たちは、「子供たち」のために本を書きたかったのだ。というのも、30 歳以上の人々は、あまりにも他の理論に対してコミットしすぎているように見えたからだ。Barney は、そのような本が好評を博すだろうという予感を持っていた。私は年上だったので、彼よりは懐疑的だった。タイトル（「グラウンデッド・セオリーの発見」（1967））は、私たちにとって何が重要だったかを明らかにしている。通常の方法論の教科書の場合とは違って、この本は重要な理論について検討するのではなく、むしろ実証データを使って理論を発見したり練り上げたりしていくことに重点を置いていた。グラウンデッド・セオリーというのは、それ自体は理論でなく、むしろデータの中に潜んでいる理論を発見するための方法論なのである。（Legewie & Legewie-Schervier, 2004, p.51）

Strauss は、その後になって分析法としてのグラウンデッド・セオリーの性格を明確にしていったのだが、これは、このアプローチの 2 人の創設者のあいだに論争を引き起こす原因ともなった。これについては、Kelle（2007c）が、2 人のあいだで繰り広げられた論争の中心的なポイントについて解説している[6]。

Anselm Strauss によると、グランデッド・セオリーはカテゴリーおよびカテゴリーにとって理論的な意味がある特徴と仮説から構成されている。言葉を換えて言えば、グラウンデッド・セオリーは、複数のカテゴリー同士およびカテゴリーとその特性（properties）とのあいだの一般的な関係から構成されている

のである。

　カテゴリーとコーディング・プロセスは、Strauss と Glaser のアプローチに
とって中心的な位置を占めている。データに対して慎重にコーディングをおこ
なっていくこと ── つまり、データに含まれる特定の現象に対してコードを
付与していくこと ── が、グラウンデッド・セオリーにおける中心的なポイ
ントである。グラウンデッド・セオリーでは、次の3つのタイプのコーディン
グを区別している ── オープン・コーディング、軸足コーディング、選択的
コーディング。

> コーディングは、データ収集の作業と、収集したデータについて説明するこ
> とができる創発的な理論を作り上げていく作業とのあいだを結ぶ重要な結節点
> である。コーディングを通して、データの中で生じていることについて定義し、
> その意味について深く掘り下げていくことになる。(Charmaz, 2006, p.44)

オープン・コーディング

　オープン・コーディングは、データに対して検討を加え、相互に比較し、概
念化し、カテゴリー化していこうとする際に最初に実施されるプロセスである。
オープン・コーディングは、文字通り分析作業を「オープン（開始）」するも
のであるが、この時点では、慎重にデータについて検討した上で、初期段階の
概念とその次元（dimensions）を設定していくことになる。

> 最初のコードは暫定的なものであり、相互に比較することを前提としており、
> かつデータに根ざしている（grounded）ものである。(Charmaz, 2006, p.37)

　データに対しては、概念的なコードだけでなくいわゆるインヴィボ・コード
（in-vivo code）も適用される場合が多い。Strauss は、インヴィボ・コードは研
究対象者自身によって使われている言葉をそのまま借用して研究者がコードと
して適用するものだとしている。インヴィボ・コードを使用することによって、
分析者が開発する理論によって邪魔されることなく、研究対象者の認識に対し
て直接アクセスすることができる。実際、データを解釈する際には、そのよう
な言葉は分析者の関心を強く引きつけるものである。たとえば、Strauss の研
究の1つにおいて、婦長はある看護婦を「ナース・ステーションの伝統の守護

神」と呼んだ。というのも、彼女の仕事には、新人看護婦を訓練して、彼女たちをナース・ステーションにおける規則と仕事の一般的な手順に馴染ませることが含まれていたからである*。

Strauss と Corbin は、概念を「特定の出来事、事件およびその他の現象が割り当てられる概念上の識別子ないし付箋」と定義する。そのような識別子の一例に「社会的損失についての評価」というラベルがある。第1段階の分析の結果として概念のリストができあがる。そして、それらの概念は次の段階ではカテゴリーとしてまとめられていく。Strauss にとって、個々のカテゴリーはそのそれぞれが理論における独立した用語としての要素である。つまり、カテゴリーは複数の概念を分類して1つにまとめたものなのである。その分類は、概念同士を互いに比較してみた結果として、複数の概念が類似した現象に言及しているように見える場合に設定されるものである。このようにして、概念は、より高いレベルの概念に統合されていく。これが、抽象的な概念、つまりカテゴリーと呼ばれるものである。たとえば、その一例としては「看護スタッフにとっての介護」があげられる。

カテゴリーには、特性（properties）、次元（dimensions）、サブ・カテゴリー（subcategories）という3つのものがあるとされる。Strauss と Corbin は、これらの用語について次のように定義している。

　　特性：カテゴリーが持つ特徴のことであり、特徴について記述することによってカテゴリーの定義と意味が明らかにされる。
　　次元：カテゴリーの一般的な特性が変化する範囲のことである。その範囲を示すことによってカテゴリーを特定化し理論におけるバリエーションを明らかにすることができる。
　　サブ・カテゴリー：あるカテゴリーに対して関連性のある概念であり、カテゴリーをさらに明確なものにし、かつ特定化していく。(Strauss & Corbin, 1998, p.101)

たとえば、「看護スタッフにとっての介護」というカテゴリーは、「プロとしての冷静さ」と「社会的損失に関する評価」というサブ・カテゴリーを含む。

＊訳注：近年はジェンダー・ニュートラルな「看護師（長）」が使われることが多くなってきた。本訳書では、原著の時代的文脈を考慮して「看護婦」「婦長」という訳語をあてている。

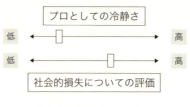

図2.2　カテゴリーの次元

カテゴリー	サブ・カテゴリー	特定の次元		
観察	頻度	頻繁	――――――――――――	皆無
	範囲	多	――――――――――――	少
	強度	高	――――――――――――	低
	持続時間	長	――――――――――――	短

図2.3　「観察」というカテゴリーの次元

Strauss は、かなりの程度、次元とサブ・カテゴリーという 2 つのものを同義語として扱っている。一方で、サブ・カテゴリー自体が次元を含む場合もある。たとえば、「社会的損失に関する評価」というサブ・カテゴリーには、「社会的損失の合理化」という次元が含まれるかもしれない。

　次元を設定する手続きは、カテゴリーを開発する作業における重要な部分である。カテゴリーには次元があり、それを連続体として表現することができる。たとえば、「プロとしての冷静さ」と「社会的損失に関する評価」のレベルには、図 2.2 に示すように高い程度と低い程度のものがあり得る。

　このように、分析プロセスにおけるオープン・コーディングの段階の作業には、データを概念化し、カテゴリーとサブ・カテゴリーの次元を確認し定義していくという手続きが含まれている。オープン・コーディングの作業は、様々な方法で実施することができる。これについて、Strauss はテキストを一行一行ないしセグメントごとに丹念に読み込みながら作業することを推奨している。

　コードは、1 つの単語、完全な文章、テキストの中の一節、あるいは文書全体を単位にして構成することができる。文書が単位となっている場合は、分析上の目的は、複数の文書を全体として互いに比較し、それらの類似点と相違によって文書を分類していくことにある。この場合、コードは「事例変数」とし

ての特徴を帯びることになる。図 2.3 に示した、様々なサブ・カテゴリーと次元を持つ「観察」というカテゴリーをめぐる例は、Strauss が職業タイプに関しておこなった研究にもとづくものである。

軸足コーディング

Strauss と Corbin（1998）は、「軸足コーディング（axial coding）」をオープン・コーディングの手続きが完了した後で実施される、特別な意味を持つ高度なコーディングのテクニックであるとする。彼らは、それを次のように定義している ── 「カテゴリー間で確立された関係にもとづいてオープン・コーディングの際に設定した複数のカテゴリーを新しい方向で統合していく際の一連の手順」。これはコーディング・パラダイムによって達成され、そのパラダイムには、条件・文脈・戦略・結果など幾つかの要素が含まれる（Strauss & Corbin, 1998）。

したがって、軸足コーディングでは、特定のカテゴリーと他のカテゴリーとのあいだの関係性に対して焦点をあてることになる。ヒューリスティックな枠組みがこの作業を進めていく際の一般的な指針になることもある。たとえば、次にあげる、カテゴリー間の関係性を示す 6 種類の分類は、複数のカテゴリー同士の関係について検討を進めていく際の手がかりとして使える場合が多い。

1. 現象
2. 因果関係に関わる条件
3. 文脈
4. 媒介的な条件
5. 行為戦略
6. 帰結

このようにして、分析プロセスはより抽象的なレベルに達し、コーディングの 3 つ目の形態、つまり「選択的コーディング」へと移行する。

選択的コーディング

これは、以下のように定義される ── 「中心的なカテゴリーを選び出し、それを他の全てのカテゴリーと体系的に関連づけた上で、その関連性について

立証し、また十分に検討されていなかったことが判明したカテゴリーについては再度検討した上で深掘りしていくプロセス」(Strauss & Corbin, 1990, p.116)。

　コーディング・プロセスのこの段階では、それまでにおこなわれた全ての分析的作業の結果を統合していくことになる。この段階では、中心的な1つ（ないし複数）のカテゴリーと他のカテゴリーの関係について検討を進めていく。データを幾つかのグループに分けてみると、カテゴリーに含まれる特定の次元についてさらに詳しく検討することができるようになる。これによって、カテゴリー間の関係を示すパターンやモデルを発見することができる場合がある。この作業には、量的分析における多変量解析の発想と似ている点がある。もっとも、ここでの分析の焦点は、何らかの統計的な係数や有意性のある統計量を明らかにするというよりは、むしろ「分析的なストーリー」を構築していくことに置かれる。そして、そのような物語は、中心的なカテゴリーを含んでおり、また、首尾一貫したストーリーラインを備えていなければならない（Strauss & Corbin, 1998）。

　コーディングやコードの生成というのは、実際にはどのような性格や特徴を持つ作業なのだろうか？　この点に関して、Strauss はそれほど教条主義的ではなかった。実際、彼は、グラウンデッド・セオリー的なスタイルの分析について、それを、他にも様々なものがあり得る多くの分析スタイルの中の1つとして見ていた。同様に、彼は、具体的な問題と方法との相性という問題を重視していた。したがって、分析の際に採用される特定の手続きは分析が目指す最終的な目標よりも優先されるものではない、ということになる。その目標というのは理論、つまり理論を生成した上で、その理論について評価するということにほかならない。

　この点で、Strauss の発想は、記述に重点を置くようなタイプの質的な分析戦略とは明確に異なるものだと言える。また、質的研究の役割を探索的なプロセスと理論生成に限定してしまい、理論の検証はもっぱら量的研究の領分だとする見解とも異なっている。Strauss は、これについて次のように明確に述べている――「グラウンデッド・セオリーの枠組みの範囲内でコーディングという場合は、理論的コーディングということを意味している。つまり、私たちは、コーディングの作業を通して理論を構築することを目指しているのである」。

　しかし一方で、上記の引用文は、分析法としてのグラウンデッド・セオリーが抱える問題点を明らかにしている。つまりこの方法には、本質的な点で、あ

る種の曖昧さと不明確さがつきまとっているのである。実際、次のような疑問が湧いてくるだろう。つまり、どのようにしたら、全く同じデータを使って理論を生成した上で、かつそれを評価することができるのだろうか？

　それに加えて理論の生成には、もともと厳密に定式化できるプロセスだとは言えない面がある。実際、理論の生成は、洞察、ハードワーク、創造性、確実な前提知識など様々な条件の組合せがあってはじめて成し遂げられるものである。これに加えて、無視できないのは偶然と運であり、この2つが非常に重要な役割を果たしている場合が多い。これらの点は、グラウンデッド・セオリーによる分析法がかなりの程度の曖昧さや不明確さを抱えているということを明らかにしている。実際、グラウンデッド・セオリーにおけるコーディングというのは、一種の技（アート）である。つまり、現実の理論生成においては、熟練の職人技のようなものが重要な役割を果たしているのである。その技を身につけるためには、実際の職人的な仕事の一部始終について師匠の背中を見ながら学んでいくしかない。この師匠－弟子関係という印象は、Strauss の主著である『社会科学者のための質的分析法（Qualitative Analysis for Social Scientists）』（1987）に収録されている、あるセミナーにおける彼自身の発言記録からも明らかである。

　つまり、グラウンデッド・セオリーによる分析プロセスには、厳密順番が設定される手続きにはどうしても還元できないところがあるのである。実際、Strauss は、方法論的な規則を杓子定規に適用することについては批判的な見解を持っていた。その意味でも、彼は明らかに、方法論的な厳密さを求めるようなタイプの学者などではない。言葉を換えて言えば、グラウンデッド・セオリーは、単に一般的なガイドラインと幾つかの役に立つアイディアを提供しているだけだとも言える。Strauss によれば、コーディングはそれ自体がデータ分析の手続きなのであり、また、分析はデータの解釈と同じものである。これは、コーディングというものが、研究における全てのプロセスを通して常におこなわれる作業であり、決して、特定の時点もしくは分析プロセスの特定の段階のみで実施される手順ではないことを意味する。

　以下では、研究プロセスに特徴的なロジックに沿った形でグラウンデッド・セオリーにおける個々の要素と方法上のガイドラインについて順を追って解説していく。もっとも、この一連の順番については、グラウンデッド・セオリーが特に相性が良いのは循環的な性格を持つ研究上のアプローチである、という

点を念頭において考えてみる必要がある。実際、以下に示す 12 のステップに関する解説は、これらのステップのどれもが、それ以前のステップに「後戻り」していく場合があることを想定している。

　もっとも、そのような循環性はたしかにあるとは言え、グラウンデッド・セオリーは最初にテキスト（たとえばインタビュー記録、プロトコル、グループ討議ないしフィールドノーツ）を読み込むことから始まり、最終的には研究報告の作成で終了する。コーディングの作業は、オープン・コーディング（それによって分析作業が始まり、データのいわば「開封」がなされる）から軸足コーディングと選択的コーディングという、それぞれ複雑な性格を持つ手順にまで進んでいく。このように、コーディングには 3 つの異なる形式があるという事実も、研究プロセスにはある意味で一連の段階があることを示している。もっとも、この場合、「段階」は、古典的な社会調査の場合に想定されているような厳密な意味で連続した段階とは違って、循環的な要素を必然的に含む可能性があるものである。当然ではあるが、選択的コーディングが研究プロセス全体の第 1 段階でおこなわれることはない。まずオープン・コーディングから始めて、それから順を追って一連の作業を進めていかなければならない。

1. まず、全てのテキストを読み込むことから始める。研究チームで作業にあたる場合には、解釈作業に関わる全てのメンバーがテキスト全体に目を通しておく必要がある。
2. 研究テーマに関する前提知識は非常に重要であり、また、必須条件であるとも言える。リサーチ・クェスチョンは、インタビュー記録に目を通して評価する以前の段階ですら、一般的な前提知識をもとにして設定できるものである。原理的には、グラウンデッド・セオリーを用いた分析の場合は、前提知識なしでも実施することができる、しかし、そのような分析の結果はおそらくはあまり信頼できるものではなく、また専門家からは些末なものとして見なされてしまうリスクを抱えることになるだろう。
3. 実際の分析と解釈は、全てのテキストの背景に関する詳細な分析をもとにしておこなわれる。
4. 分析はオープン・コーディングから始まる。これは、以下のような幾つかの問いに対する答えを求めていく作業でもある。（Flick, 2006, p. 300 参照）

何を？ このテキストは、どのような問題を扱っているか？ どんな現象が取り上げられているか？

誰が？ 誰が参加していて、どのような役割を果たしているか？ 様々な人々が、互いにどのような形でやりとりをしているか？

どのように？ 現象のどの面が、扱われている（いない）のか？

いつ？ どれくらいの期間？ どこで？ どれくらい？ どれくらいの強さで？

なぜ？ テキストでどんな理由が示されているか？ テキストから推論される理由はどのようなものか？

何のために？ 目的（意図）は、何か？

何を使って？ どのような手段が目的を達成するために用いられたか？

5. このアプローチは、実際におこなわれる分析の手順に関しては非常に柔軟である。テキストの最初の箇所から行単位で分析を始めてもいいし、インタビューの中でも特に重要な点について体系的に調べていくというやり方を採用してもよい。（例：テキストの最初の4ページに目を通してみよう。「感情の管理」というカテゴリーについて、その4ページ分のテキストから推測できるのはどのようなことだろうか？）どちらの方法を採用する場合でも、テキストの最初の部分から解釈を始めて、行単位で分析をおこなっていく。つまり、最初から何らかのストーリーラインを想定するようなことは避けるのである。分析の中には、テキスト内で言われたことに関して分析者の科学的な知識をもとにして下した解釈や他のインタビュー記録から得られる情報が含まれる。前提知識を背景にして全体的な解釈をおこなう場合は、研究チームで取り組むのが最も効果的である。なぜならば、よく知られているように「寄らば文殊の知恵」ということがあるからである。また、集団作業に特有の修正機能を活用していけば、誤解や明らかに間違った解釈を最小限度にとどめることもできる。

6. 「自然なコード」つまり、参加者の言い回しの中で特徴的なものに対して注意を払う。（たとえば、ある患者はごく普通の癌検診を受けた際の経験について語っていた。彼女は、その時まるで青天の霹靂のように、癌が相当深刻な状態にまで進行していることを告げられたのであった。インタビューで、彼女はその時受けたショックについて「私は気が狂った」という言葉を使って表現した。）

7. オープン・コーディングの段階での解釈の結果が、コード（たとえば「診断経歴」ないし「医療ステーション」）の発見につながることがある。

　この段階のコードには、抽象度が異なる様々なレベルのものが含まれる。たとえば、Strauss は「医療的な漏斗」というコードを設定した。そのコードは、病気を抱えている人々が続けざまに各種の意思決定をしていかなければならないという現象を示している。たとえば、特定の薬を服用するかしないか、手術に同意するか否かなどという点に関わる選択である。病状の進行にともなって、患者自身の意思で決定できる余地は次第に少なくなっていき、通常最終的な決定は医者に委ねられることになる。

　なお、量的研究の場合とは違って、グラウンデッド・セオリーでは、テキストの同じ箇所に対して複数のコードを割り当てることができる。

8. テキスト内のある箇所を読み込んでいく作業の途中で、他の箇所の内容に関するアイディア（あるいは、テキスト全体の中心テーマに関して浮かんできたアイディア）が浮かび上がってきた時には、それをメモとして記録しておく。それらのメモは、後になって、インタビュー記録の該当箇所のページを開いて分析する際の付箋のようなものとして利用することができる。その種のメモを作成しておきさえすれば、そのまま行単位ないしパラグラフ単位の分析を続行していくことができる。

9. テキストの解釈にあたっては、常に何らかの比較を心がける必要がある。たとえば、次のような点について自問していくのである ── 「ページの前半からは何が分かるのか？」、「ここで話題になっているのは、どのような現象なのか？」、「それにはどのような効果があるのか？」、「他にはどのような方法があるか？」

10. 分析作業が進んでいく中でそれぞれのコードはますます確定的なものになっていき、オープン・コーディングの段階で典型的に見られていたような暫定的な性格は稀薄になっていく。これは、コードに新しい名前が付けられたり、特定のコードが削除されたり、複数のコードが集約されてより上位の概念に統合されたりすることなどを意味する。

11. 軸足コーディングは、分析プロセスの中間段階と最終段階のそれぞれの時期におこなわれる。ここでは、個々のコードが主な分析の対象になる。

　上にあげた4つめの項目でリストアップされていた一連の問いは、最初に資料を検討していく際に体系的な分析のために利用されるものであるが、

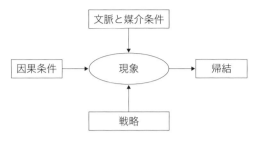

図 2.4 　コーディング・パラダイム

　　Strauss は図 2.4 に示したコーディング・パラダイムの形で、これらの問い
　　同士の関係について図示している（Flick, 2006, p. 301）。
12. 理論建築は、分析プロセスのあらゆる段階で進められていく。分析的な作
　　業は、その作業を通して鍵となるカテゴリーが抽出されていくようなやり
　　方で進められる。理論は、その鍵となるカテゴリーを中心として構築され
　　ていく。軸となるカテゴリーの 1 つが決定的な重要性を持つ鍵カテゴリー
　　として用いられる場合もある。もしそうならば、そのカテゴリーは研究報
　　告の際にその基礎となるものである。また研究報告には特に重要であると
　　思われるメモに含まれていた内容なども盛り込んでおく必要がある。

　要するに、グラウンデッド・セオリー・アプローチは、コードとカテゴリー
を使って分析をおこなっていく際の具体的な手続きやテクニックについてきわ
めて重要な示唆を提供しているのである。第 1 に、このアプローチでは、カテ
ゴリーというものに対して非常に重要な役割が与えられている。第 2 に、実際
の分析に関して、グラウンデッド・セオリーは、様々なカテゴリーの抽象度に
は程度の差があり、一般化可能性や（新しい）理論を構築していく上でのポテ
ンシャルという点に関してバリエーションがあるということを明らかに示して
いる。第 3 に、このアプローチでは、分析プロセスにおけるカテゴリーによる
作業が継続的なものであることが強調されている。実際、複数のカテゴリーの
あいだの区別を明らかにしたり、それぞれのカテゴリーに対して次元を設定し
たりするような作業は分析プロセス全体を通して継続していかなければならな
いのである。最後に、グラウンデッド・セオリーの分析スタイルは、量的研究
の場合に往々にして見られる「指標 → カテゴリー → 統計分析 」という単純

な発想の範囲を超えるような研究アプローチが実際に存在するということを非常に明快な形で示している。

2.3　古典的内容分析と質的内容分析

Max Weber は、1910年に開催された第1回ドイツ社会学会大会の席上で「新聞の内容に関する調査がおこなう必要がある」とする提案をおこなった。この提案は、多くの点で社会科学的な方法としての内容分析の起源となっている。

> ここで明言しておきたいのだが、私は、とりあえずコンパスとハサミを手にとって、この1世代のあいだに新聞の内容が量的な面においてどのような変遷を遂げてきたかという点について測定してみる必要があると思っている。それには、広告欄だけでなく、軽い読み物や主要な記事あるいは社説なども含まれる。つまり、かつて「ニュース」として提示されたものであり、既に新しい情報ではなくなったものの全てについてである（中略）。［もっとも］そのような量的研究は単なる出発点を示すだけに過ぎない。そして、我々は、その出発点を端緒として質的な側面に関する分析に移行すべきであろう。(Weber, 1911, p.52)

Weber の提案には、それ以降におこなわれてきた内容分析の場合もその顕著な特徴となっている、以下に示した4つの側面に関する指摘が含まれていた。

- 第1に、内容分析は何らかのメディアを対象とするものである。Weber は新聞を例としてあげていたが、その後の内容分析の歴史においては、ラジオ、テレビ、マスメディアによるコミュニケーションが研究対象になっていた。特に、1930年代における内容分析の黄金時代には、それらが主な分析対象であった（Krippendorff, 2004, p.3; Schreier, 2012, pp.9-13 参照）。
- 第2に、テーマ分析は古典的な内容分析において典型的な対象であったが、今日でもその状況にはそれほど変化がない。特にマスメディアで取り上げられたテーマの頻度に関する分析がなされてきた。また、内容分析に関する教科書（たとえば Frueh, 2004）や論文集は、具体例としてこの種の分析を取り上げている場合が多い。

- 第3に、伝統的な内容分析においては量的な側面に関する分析が中心となっていた。Weber は、新聞記事を切り抜いてそのサイズを測ることを提案している。今日では、特定のテーマの重要性を測定するための指標としてバイト（byte）を単位とする記事ファイルの情報量を用いる場合がある。
- 第4に、定量分析は、最初の手順つまり分析の第1段階として見ることができる。より重要なのは、量的な側面に関する把握がおこなわれた次の段階で実施される質的分析である。この点からすれば、量的分析というものを質的分析の代用物あるいは質的分析よりも優れたものだと見なすべきではないと言える。

　今後体系的な質的テキスト分析法を開発していく上で古典的な内容分析が非常に興味深いのは、それが、テキストを対象とする体系的な分析という点で、およそ100年にわたる経験の蓄積を踏まえている、という点である。しかも、実際に研究対象となったテキストは、その数や量がかなりのものにのぼっている場合も多い。これは、古典的内容分析に関しては、文字テキストないし言語的データ —— これは、実際のところ質的データなのだが —— を分析していく際に生じる様々な問題が既に取り上げられてきたということを意味する。また、それらの問題の中には、既に解決済みのものも少なくない。

古典的内容分析の沿革

　Krippendorff や Merten のような研究者は、内容分析はかなり以前の時代にまでさかのぼることができる歴史を持っていると主張する。たとえば、Merten は、聖書を対象とする釈義学や Sigmund Freud の夢分析が内容分析の先行例だとする。これを前提にして Merten は、「（内容分析の）「直観的な段階」が西暦1900年前後まで続いていた」と指摘する（Merten, 1995, pp. 35-36）。実際、科学的な内容分析が開始されたのは20世紀初頭前後であったと考えることができる。この点については、先に述べたように、第1回ドイツ社会学会大会における Max Weber の講演とその中における「新聞に関する調査」についてのコメントは、画期的な提案だったと言える。

　この「記述的な段階」の時期には、コミュニケーション研究の分野で非常に多くの研究がなされた。内容分析の黄金時代は、ラジオ受信機の発明とともにやってきた。特に戦争関連の報道が与えた影響に関して1940年代におこなわれた研究が重要な契機となった。有名な研究プロジェクト、たとえば1941年

に発表された「世界各国のメディア・トピックに関するサーベイ」や、戦争報道とプロパガンダに関する Lasswell の研究（調査主体は「戦時コミュニケーションに関する実験調査局」であり、米国政府とフーバー研究所による後援を受けていた）は、その当時、コミュニケーション研究の分野における内容分析が政治的にも非常に重要な意味を持っていたことを明白に示している。また、ロックフェラー財団による助成のもとに、Lazarsfeld が指揮し Adorno も協力しておこなわれた「ラジオ・プロジェクト」は、マスコミュニケーションによる影響を研究対象にしていた（「プロパガンダ分析」と呼ばれていた）。

　最初に「内容分析（content analysis）」という用語が使われたのは 1940 年のことである。同じ時期に、内容分析にとって重要な意味を持つ他の用語、たとえば「サンプリング単位」、「カテゴリー」、「評定者間信頼性」などが、当時内容分析の主な担い手であった Lasswell、Berelson、Lazarsfeld のような研究者によって作り出されていった。その後、内容分析は方法面で飛躍的な進歩を遂げることになった。たとえば、Berelson は 1941 年に内容分析の手法を用いたものとしては最初の学位論文を書き、1948 年には、Lazarsfeld と共著で『コミュニケーション内容の分析（*Analysis of Communication Content*）』というタイトルの教科書を刊行した。その後、多数の出版物が刊行され、また学会が開催されたことによっては、研究者たちは互いにアイディアや方法論に関する意見を交換し合うことができるようになっていった（Frueh, 2004, pp. 11-15 参照）。

　内容分析は、1940 年代末になって定量化が進み、また統計的な性格が強くなっていった。これについては、第二次世界大戦後から 1950 年代ないし 1960 年代初期にかけて社会科学一般に顕著に見られた行動主義へのシフトという文脈との関連で考えていかなければならない。この動向にともなって、実証的研究全般がもっぱら仮説と理論の検証に対して焦点をあてるようになっていった。一方、質的研究は非科学的なものだと見られていき、それにともなって内容分析からは次第に質的な要素が消えていくことになった。そして、この分野の研究の範囲は、コミュニケーションの顕在的な内容に関する定量的な分析に限定されるようになっていった。実際、Berelson は内容分析について以下のように定義している。

　　内容分析は、コミュニケーションの顕在的内容について客観的・体系的・定量的な記述をおこなうための研究技法である。（Berelson, 1952, p. 18）

このような、方法的に限定された内容分析に対しては、既に1952年の段階で批判がなされていた。たとえばKracauerは、Berelsonの内容分析はあまりに表面的であり微妙な意味に関する把握がおこなわれていない、と批判した。

質的内容分析
　「質的内容分析」の重要性を明白な形で提唱した最初の人物はKracauerである（Kracauer, 1952）。彼は、内容分析における質的なアプローチは、客観的な意味や解釈の妥当性ではなく、間主観的に伝達することができる潜在的な意味内容をも含めて分析対象にする必要があると主張した。したがって、この場合、テキスト解釈に関するより一般的な問題が浮上してくることになる。またそれによって、古典的な解釈学の発想を考慮に入れる必要が生じてくることにもなる（Klafki, 2001, pp.126-127参照）。
　この新しいタイプの内容分析、つまりKracauerが「質的内容分析」として提唱したものは、当初から主流の内容分析とは異なる性格を持っていた。つまり、質的内容分析の場合、その研究対象は、支配的な行動科学のパラダイムの影響下にあった内容分析とは違って、もはやテキストの顕在的な内容だけには限定されない。分析の焦点は、むしろ、テキスト内部に含まれている「意味」を見出し、また、テキストのコミュニケーション内容について分析することに対して向けられることになった（Kracauer, 1952参照）。今日ドイツの社会学と心理学の領域でおこなわれている質的内容分析の土台には、Kracauer自身がおこなった研究がそうであるように、必ずしも顕在的な内容やその定量化などに限定されない先行研究の発想がある。それに加えて、今日の質的内容分析は解釈学的な伝統に依拠しており、その伝統がテキストを理解し解釈する際の基本原則となっている。
　ここで注意が必要なのは、内容分析について、これをデータ「収集」の方法であると見なしてしまうような誤解が多いという点である。実際、研究法に関する教科書では、そのような解説がなされている例が少なくない。これは、「内容分析」という用語それ自体が「分析」のための方法であることを明確に示していることを考えれば、実に皮肉な事態だと言える。
　また、質問表サーベイや観察法あるいは実験などとは異なり、内容分析は「非反応的方法」、つまり研究者が研究の研究対象者に対して影響を与えない方法の一種である、というような解説の仕方もなされてきた。このような解説は、

少々混乱を招きかねないものである。その種の解説がなされてきた背景には、上で述べたように、内容分析がコミュニケーション・サイエンスとメディア分析を起源として発展してきたという事実がある。実際、コミュニケーション・サイエンスやメディア分析の場合、研究の焦点は、既に刊行された新聞記事や雑誌記事ないしラジオ放送の内容を分析することに置かれていた。これらの種類の内容分析の場合は、たしかにコミュニケーションの内容それ自体に対して影響を与えることはない。したがって、その点からすれば、非反応的だとは言える。しかし、内容分析は、マスメディアの報道内容から得られた既存データに関する分析のみに限定されるわけではない。むしろ、研究者が自分自身の手で収集するデータ、たとえばインタビュー記録や観察プロトコルのようなデータを分析対象にする場合も多い。そのような場合、もはや分析が「非反応的」なものであるはずもない。このような点から考えてみても、一般論として、社会科学の領域における内容分析は、データ収集の方法ではなくデータ分析の方法として見なされるべきだと言える。

Kracauer から質的な内容分析についての新しい発想まで

　Kracauer は質的内容分析を古典的な内容分析にとって代わるものというよりは、むしろその延長線上にあるものとしてとらえていた。内容分析に関わっていたその当時の代表的な研究者たちは、様々な種類のテキストは1つの連続体の上に位置づけられるはずだという風に考えていた。その連続体の一方の極には、たとえば事実ないし事実と見なされるもののように、解釈を必要としないテキストが置かれ、他方の極には、解釈を必要とするテキストが置かれていた。たとえば、列車事故に関する報道記事は連続体における事実の側の極にあるとされ、一方、現代詩のような例はその反対側の極にあると見られていた。

　しかし、Kracauer はその一方で、社会科学的な分析においては、列車事故の場合のように追加的な解釈が必要とされない事態は非常に稀であると主張した。たしかにそのような稀な例では、記事頻度をカウントしたり統計的な処理をしたりすることは適切であり、また有効な分析の仕方でもある。しかし、現代詩の解釈のような極端な性格を持つ対象ではなくても、テキスト分析は、テキストの内容に関する主観的な理解と解釈なしでは成立し得ない。ここで押さえておくべき重要なポイントは、コミュニケーションの理解という点に関して言えば、量的アプローチは解釈的なアプローチほどには正確なものだとは言えない、

ということである。この点は、たとえば、複雑なコミュニケーションの内容について「非常に肯定的」から「非常に否定的」までの3件法の尺度で評価しようとする場合について考えてみれば容易に理解できるだろう（Kracauer, 1952, p.631）。

Kracauer は当初、質的な内容分析について、それが主流の内容分析の守備範囲を拡張し、さらに補完するアプローチであると考えてそれを積極的に評価していた（主流の内容分析は、当時ますます量的研究としての性格を強めていた）。また、彼は新しいタイプの内容分析、つまり「質的内容分析」を確立する必要があるという結論に到達した。続く数十年のあいだ、次第に多くの研究者が自分たちの研究において質的データを分析していく中で、Kracauer が提案した質的内容分析というアイディアを実践に移していった。その結果として、質的内容分析に関する各種の方法論的なアプローチが発展していった。もっとも、その当時、それらのアプローチが特に質的内容分析としての性格を持つ方法であるという自覚的な認識が存在していたわけではない。Kracauer の論文が刊行されてからおよそ30年後の1983年に、ドイツの心理学者 Philipp Mayring（2000, 2010）が『質的内容分析』というタイトルの書籍を出版した。これが、質的内容分析に関する方法論の教科書としては最初のものになった。

実際、1980年代になって改めて「質的内容分析」という用語を使い始めたのは Mayring であった。彼は、その野心的な試みの一環として、テキスト分析に関する各種の分野における多様なアプローチに関連する様々な文献を参照しながら、質的な形での内容分析に関してより現代的なアプローチを開発していこうとしたのである（Mayring, 2010）。彼は、その試みについて5つのルーツをあげている —— a) コミュニケーション・サイエンス（内容分析）、b) 解釈学、c) 質的社会調査（解釈的パラダイム）、d) 文芸研究および文学研究（体系的なテキスト分析）、e) テキスト処理に関する心理学的研究（Mayring, 2010, pp.26-47）。

Mayring 自身のルーツは心理学、つまりそれまで内容分析が稀にしかおこなわれてこなかった学問分野にある。また、心理学の分野で内容分析が実施される場合には、純粋に量的なアプローチが採用されるのが通例であった。Mayring のアプローチは、上にあげた5つの異なる専門分野の研究にもとづいており、多くの点で古典的な内容分析と似た発想をもとにしてそれに対して質的な分析の要素と解釈学的要素とを追加的に組み合わせたものである。し

がって、それは明らかに Kracauer の伝統の延長線上にあると言える（Mayring, 2000, 2010; Schreier, 2012）。

　以上を要するに、質的テキスト分析は、古典的な内容分析の場合と比べてテキストの内容に関する理解と解釈の作業がはるかに大きな役割を果たすことになる分析スタイルである。それに対して、古典的内容分析の分析対象はいわゆる「顕在的な内容」のみに限定されている。

　一方で、様々な研究者（たとえば Frueh と Krippendorff）が、古典的な内容分析と質的内容分析は互いに正反対の性格を持つものではない、と主張してきた。つまり、彼らは、両者のあいだの違いはそれほど大きなものではないとしてきたのである（Frueh, 2004, p.68; Krippendorff, 2004）。しかし、これらの研究者自身が引用している研究例は、彼らの主張の内容と矛盾している。たとえば、その一例として取り上げられてきた Frueh によるテーマの出現頻度に関する分析のような量的内容分析の焦点は、頻度のカウントやそれにもとづく統計分析に置かれており、質的内容分析とは全く異質のものである。ましてや、1960 年代半ば以降に米国で進展してきたようなタイプの量的内容分析の場合、その重点は、コンピュータを駆使した統計分析に置かれており、質的内容分析とのあいだの類似点はさらに少ない。この新しく主流となった量的内容分析においては、辞書データをもとにしてテキストに対するコーディングが自動的におこなわれ、言葉が持つ曖昧さや相対的な重要性についてはほとんど無視されてしまう。

　それとは対照的に、質的内容分析の場合は、解釈・分類・分析のプロセスを経てはじめてコーディングが完了する分析方法なのである。さらに、この場合、テキスト分析とコーディングはコンピュータのみによってなされるわけではない。つまり、それらの手続きは人間がおこなう理解と解釈に密接に関連しているのである。

2.4　質的テキスト分析に関する他の種類の実践的アプローチ

　質的テキスト分析の手順に関する解説は、多くの教科書や実際の研究例の中に盛り込まれている。これらの記述は、多くの場合、インタビュー記録の分析に関わるものである（Lamnek, 2005; Rasmussen, Østergaard & Beckmann, 2006; Ritchie, Spencer & O'Connor, 2003）。Lamnek（2005, pp.402-407）は、分析プロセス

における以下のような4つの局面について解説している。

1. 文字起こし（テープ起こし）
2. 個々の事例分析
3. 一般的分析
4. 検証段階

Lamnek によると、個々の事例分析の場合、その目標は、テキストの中でも重要な箇所を強調する一方であまり重要ではない情報を削除することによってデータを編集し凝縮していくところにある。その結果として、個々のインタビューの内容を相当程度に要約してまとめたテキストができあがる。その要約を通して各インタビューの独自性が明らかになり、ひいては、「集積されて、それぞれのインタビューの特徴を明らかにする上で用いられる」（同上、p. 404）。

> 個々の事例分析を通じて、当該のインタビューの特徴が明らかになってくる。その特徴というのはインタビュー記録の特定の箇所ないし話し手の発言の要約に対応するものである。要約には、研究者の評価やコメントが含まれており、また、インタビューの独特の特徴にもとづいている。（Lamnek, 2005, p. 404）

次の段階の「一般的分析」では、個々のインタビューの範囲を超えて、より一般的かつ理論的な結論に達することを目指す。Lamnek は、一般的な分析には以下のような手順があるとしている（Lamnek, 2005, p. 404 参照）。

1. 全部のインタビューないし一部のインタビューのあいだの類似点を見つけていく。これが、インタビューをタイプ分けすることによって一般化する手順になることもある。
2. インタビューの内容に見られる違いについて明らかにする。
3. 複数のインタビューのあいだの類似点と違いについて調べて、回答者全員あるいは一部の回答者に典型的に見られる一般的な傾向ないし兆候を明らかにする。
4. 個々の事例を参照しながら、様々なタイプの話し手・発言・情報などを示した上でそれについて解釈する。

Lamnek は、分析プロセスの基本的なデザインを決めていく際には、常にリサーチ・クェスチョンを念頭において作業を進めるべきだとしている。つまり、データの収集と分析の際に採用する方法は、リサーチ・クェスチョンを踏まえた上で選択しなければならない。したがって、決まり切った方法によって分析をおこなうことそれ自体が目標になるわけではない。むしろ、常にリサーチ・クェスチョンを念頭において一連の作業を進めていく必要があるのである。

これとは別種のアプローチが、権威主義と右翼的な過激主義に関する社会心理学的な研究プロジェクトの中で Hopf と Schmidt によって示されている（Hopf, Rieker, Sanden-Marcus & Schmidt, 1995）。この場合の分析プロセスは、以下のような手順になっている（文字起こし作業は既に済んでいるものと仮定されている）。

手順1：実証データにもとづいてカテゴリーを構築する

この手順では、データを集中的に読み込んでいく作業が中心となり、必要に応じてインタビュー記録を何度となく読み直す作業がおこなわれる。テキストを読み通していく際に最も意識しなければならないのは、分析者自身の事前知識とリサーチ・クェスチョンである。つまり、「どのテーマと側面が扱われているか？」という点である。テキストの記述の脇の部分に適宜コメントを書き込んでいくことによって重要な用語ないし概念をチェックしておくようにしたい。この手順1における目標は、調査対象者（話し手）の証言内容について理解することにある。

手順2：分析上のガイドラインを作成する

手順1で作り出された複数のカテゴリーについて明確に定義し、分析を進めていくためのガイドラインを構築するために、それらのカテゴリーを要約する。必要に応じて、カテゴリーを修正したりカテゴリーの範囲を広げたりする。

手順3：データをコーディングする

分析ガイドラインとコードブックの内容に従ってデータについて評価する。データに評価的なカテゴリーを割り当てることによってコーディングをおこなう。この手順では、事例で示されている情報量を縮減していく作業が含まれている。

手順4：一覧表やクロス集計表を作成する

コーディングの結果を評価的なカテゴリーの出現頻度を示す表の形式で示す。2つ以上のカテゴリーの関係を示すために、クロス集計表を作成する。

手順5：個々の事例に関する詳細な分析をおこなう

事例やリサーチ・クェスチョンによっては、個々の文字起こし記録に対して焦点をあてて分析することが有効となる場合もある。それらの事例について詳細に記述しまた解釈することによって、事例を要約してその特徴を明確にすることができるようになる。さらに、仮説を構築して検証することもできる（Schmidt, 2010, pp.482-484）。

質的テキスト分析に関する各種のアプローチについては、研究報告や教科書でも詳しく解説されている（たとえば、Bernard & Ryan, 2010; Boyatzis, 1998; Flick, 2006; Gibbs, 2009; Guest, MaxQueen, & Namey, 2012）。Huberman と Miles による包括的な教科書である『質的データ分析（*Qualitative Data Analysis: An Expanded Sourcebook*）』(1994)）は、様々な分析法と技術について解説した非常に優れた資料集である。

要約

本章では、テキスト・データの分析における様々な手続きとテクニックについて紹介した。これらは、体系的な質的テキスト分析をおこなっていくための基本的な構成要素である。本章の解説の目的は、これら複数のアプローチが持つ強みを組み合わせていく方法を開発することである。つまり、一定のルールに従っており、間主観的でありながら、かつ、同時に解釈的で創造的な方法である。

それにしても、質的テキスト分析の鍵となる要素は何であろうか？　質的テキスト分析と他の質的データ分析法との区別はどのような点にあるのだろうか？　本書では、質的テキスト分析に関して、以下の6つのポイントについて強調していくことにする。

1. 分析作業の中心となるのは、カテゴリーとコード・ブック、そしてコー

ディングのプロセスである。

2. それぞれの手順について明確な規則が存在する体系的なアプローチである。

3. データの中の特定部分だけではなく、データセットに含まれる全てのテキストを分類したりカテゴリー付けしたりすることが要求される。

4. データにもとづいてカテゴリーを構築する際のテクニックを使用する方法である。

5. 解釈学的な解釈と内省を含んでおり、また、データとなる資料は社会的な相互作用にもとづいて生み出されたものであることについて認識している。

6. 研究の質に関する基準を設定し、コーディング担当者*のあいだでの一致を目指す。

＊訳注：coder には通常「コーダー」という訳語があてられてきた。本訳書では、文意をより明確なものにするために「コーディング担当者」とした。

3章 質的テキスト分析の基本概念と 作業プロセス

この章では、以下の点について解説していく。

- 質的テキスト分析に関する基本用語と主要概念
- 個々のテキストを注意深く読み込んでいく作業から始まる分析プロセスの初期段階の手順
- テキストを解釈学的に読み通していく際の方法
- 質的テキスト分析の一般的手順
- メモを、テキストの中に見出された何らかの重要な点ないし特異な点について書き留めておくだけでなく、自分のアイディアを記録するためのツールとして有効利用するための方法
- カテゴリーとカテゴリー・システムが体系的なテキスト分析にとって非常に重要な意味を持つことになる理由
- カテゴリーを帰納法ないし演繹法、あるいはその2つの方法を組み合わせて構成していくための方法
- 個々の事例に関する要旨を作成していくための方法

3.1 質的テキスト分析に関する主要概念

この章では、質的テキスト分析に関連する主要な概念のうちの幾つかについて詳細に検討していく。古典的な内容分析の創始者の1人である Berelson は、あるところで次のように述べている。

内容分析の命運を左右するのはカテゴリーである。（中略）なぜならば、カテ
　ゴリーには研究の実質的な内容が含まれているからである。実際、内容分析の
　質は分析の際に設定されるカテゴリー自体の質を越えるものではない。（Berelson,
　1952, p. 147）

　カテゴリーとコードが中心的な役割を果たすという点に関して言えば、古典
的な内容分析の場合に限らず、グラウンデッド・セオリー、テーマ分析、談話
分析その他についても同様である。カテゴリーは、本書で解説していく質的テ
キスト分析法においても中心的な概念になっている。したがって、質的テキス
ト分析に関する説明は、その中で最も重要な概念である、「カテゴリー」とい
う用語に関する解説から始めなければならない。

カテゴリー

　「カテゴリー」という用語の語源はギリシア語のタイトル κατηγορία
（kategoriai）にあり、当初の意味内容には、類、命令あるいは告発というもの
さえ含まれていた。この言葉は、哲学や社会科学から生物学、言語学、数学
にいたるまで様々な学問分野で使われてきた。社会科学の文脈では、「カテゴ
リー」は、通常、「類（class）」という意味で使われる。つまり、カテゴリーは、
何らかの分類（classification）の結果として得られるものである。分類の対象と
なるものには、人、アイディア、組織、プロセス、談話、物、議論など実に多
くのものがある。各種の知識体系に関しても、カテゴリーというのは馴染みの
ある用語である。たとえば、百科全書、索引、あるいは（動植物等の）分類学
などとの関連でもカテゴリーという言葉は使われる。

　Wikipedia では、カテゴリーという言葉は次のように定義されている ──
「通常名前や番号が付与されるグループであり、類似性ないし何らかの形で
定義された基準によって項目が振り分けられていく」[1]。ここで参考のため
に、カテゴリーという言葉の同義語をチェックしてみてもいいだろう。それ
には、たとえば次のようなものがある ── 類、家族、属、グループ、タイプ。
それ以外に次のような同義語もある ── 部門、エリア、ルーブリック、割当て、
分類、種類。

　カテゴリーの構築は、あらゆる精神活動における基本的な構成要素である。

52

実際、カテゴリーは根本的な認知過程の1つであり、また、カテゴリーそれ自体が、発達心理学や認識論における重要な研究対象となってきた。人は周囲の世界について認識し、また認識した事柄を体系化するためにカテゴリー構築のプロセスを必要としている。たとえば概念を形成したり比較をおこなったり、あるいは特定の観察対象や出来事をどの部類に割り当てるかという点について決める際などである。日常生活と意思決定あるいはまた科学的探求のためには、そのような基本的な認知過程が不可欠である。というのも、私たちを取り巻く世界に存在する事物それ自体は、それらをどのカテゴリーやクラスに割り当てるべきかを決める規則を内包しているわけではないからである。したがって、私たち自身の手で事物や概念を特定のカテゴリーに割り当てていく必要がある。そして、私たちの認識と思考プロセスは、私たちがおこなうあらゆる種類の分類に対して影響を与えることになる。

　Frueh は、内容分析法との関連で、カテゴリーが分類作業として持つ性格について強調している。

　　どのようなタイプの内容分析であってもその実践上の目的は、最終的には、研究の観点に沿って複雑さの度合いを縮減させて（減らして）いくことにある。テキストに含まれるそれぞれの文章や節は、理論的視点から見て興味深いと思われる特徴にもとづいて記述され、また分類されていく。複雑さを縮減させることによって、ある種の情報は失われることになる。まず、元のテキストに含まれていた会話としての特徴については、リサーチ・クェスチョンとの関連がないと判断されたものについては、それ以降の分析の対象から外されていく。それに続いて、会話の特徴それ自体が分類の対象になるような場合には、情報はさらに失われていくことになる。実際、特定の基準に従って会話の特徴について検討してみた結果として、幾つかの特徴については互いにほとんど同じだと判断される場合もあるだろう。その場合は、それらの特徴は同じ部類またはタイプ、つまり内容分析において「カテゴリー」と呼ばれるものに割り当てられることになる。(2004, p.42)

　研究法に関する文献においては、「カテゴリー」という用語が厳密には何を指しているのかという点に関してまともな検討がなされていることは滅多にない。その傾向は、主に質的データ分析法を扱っている教科書でも見られる。そ

れらの文献や教科書は、多かれ少なかれ、読者が、カテゴリーというものが何であるかという点について常識にもとづいて知っているはずだ、という想定のもとに書かれているのである。また、カテゴリーという用語を明確に定義する代わりに、分析の際に使用するカテゴリーが持つべき属性をリストアップすることで済ませている例も少なくない。これは特に、質的データ分析に関する教科書に見られる傾向である。たとえば、カテゴリーは「（内容的に）豊か」で「意味深い」ものであるべきであり、複数のカテゴリーは互いに「区別できる」か相互に「関連性がない」ものでなければならない、とされている。

　Frueh は、日常生活で用いられるカテゴリーと科学的分析において使用されるカテゴリーとのあいだに区別を設けている。彼は、科学的研究におけるカテゴリーについては明確な定義が必要とされるという点に着目してカテゴリーに関する操作的（機能的）定義を提案している。

　　たとえば、固有名詞は特に分類したり区別したりする必要もない。したがって、これについてはカテゴリーとしての明確な定義を設定しなくてもよい。また、あるカテゴリーを作成するために複数の固有名詞を 1 つにまとめるような場合には、定義としては、そのカテゴリーに含まれる固有名詞の数を単純にカウントするだけで十分だろう。一方で、「構造」のような言葉の場合には、それほど簡単には済まない。この言葉にこめられた意味内容は明白であろうか、それとも何らかの説明が必要なのだろうか？　その答えは、以下のような、「構造」との関連を持つ言葉のリストについて考えてみれば明らかになる —— 家、柱、スタジアム、テント、庭の壁、橋、歩道、遊び場（中略）。これらの言葉は（建築されたものであるという単純な基準に従えば）全て疑いもなく「構造」であると見なされる。この点について考えてみれば、「構造」のような一見きわめて単純で明快なカテゴリーの場合ですら明確に定義しておく必要があることが明らかになる。特に、研究者が、自分の研究上の関心を明確化するために、関連する言葉のうち幾つかのものを除外したいと思っている場合にはそうだと言える。
（Frueh, 2004, p.40）

　表 3.1 は、社会科学の文献からピックアップしたカテゴリーの例である。このリストからは、社会科学でカテゴリーとして見なされてきた対象には実に多種多様なものがあるかが分かるだろう。

表3.1　社会科学の文献におけるカテゴリーの多様性

カテゴリー	出所（出典）
1201 社会的側面　＞　福祉手当	古典的な量的内容分析におけるカテゴリー（1201は数値を使った略称）
学生との良好な関係の構築は確実に達成できる	質的内容分析においてテキストを要約するために設定されたカテゴリー
身体への器具の装着	グラウンデッド・セオリーに関連して Anselm Strauss によって設定されたカテゴリー
気候変動によって人々が個人的に影響を受ける程度：（1）かなりの影響、（2）中程度の影響、（3）影響無し、（4）不明	環境問題に関する認識についての研究において設定された評価に関するカテゴリー
パン職人	職業分類のためのカテゴリー
ホワイトカラー犯罪	経済分野に関する評価のためのカテゴリー（量的内容分析）
01310 コソボ紛争	政治学分野の量的内容分析において使用されたテーマに関するカテゴリー
新聞記事の長さ	メディア分析における形式的カテゴリー
露見の回避	グランデッド・セオリーにおけるカテゴリー
感情の管理	グランデッド・セオリーにおけるカテゴリー
潜在的な障壁	青少年研究におけるカテゴリー

　こうしてみると、カテゴリーとして考えられる対象の範囲がきわめて広いことが明らかになる。実際、カテゴリーについては（少なくとも）以下のような5つのタイプを区別することができる。

a）事実に関するカテゴリー

　特定の客観的なあるいは客観的なもののように見える事物や出来事を指すカテゴリーである。たとえば職業を分類するためのカテゴリー（誰かは自分が「政治家」であるとし、もう1人は「私は銀行家だ」と言う）あるいは、特定の場所（「私はスプリングフィールドに住んでいる」「私は再開発地域に住んでいる」）を指すカテゴリーなどがその典型である。

b) テーマに関するカテゴリー

この場合、カテゴリーは特定の内容を指す。たとえばテーマ、特定の議論、ないし人物などの例がある。質的テキスト分析では、カテゴリーは、ほとんどの場合、たとえば「政治的関与」、「消費者行動」あるいは「環境問題に関する知識」のように何らかのテーマないしトピックを指している。インタビュー記録を分析していく際には、あるカテゴリーに関連する様々な文章をチェックしてマークを付けていくことになる。

c) 評価に関するカテゴリー

これらのカテゴリーは、テキストに含まれる情報を評価するために用いられるものであり、一定数の特徴とレベルが設定される。たとえば、「ヘルパー症候群」というカテゴリーについては、「強い」「ほとんど無い」、あるいは、「全く無い」という強度を示す特徴が設定されるかもしれない。コーディング担当者（コーディング作業をおこなう者）は、テキスト内の文章について検討した上で、それらのレベルについて評価し、ふさわしい特徴を割り当てることになる。

d) 形式的カテゴリー

この種のカテゴリーは、日付や分析単位それ自体に関する情報を指す。たとえば、オープン・インタビューの例で言えば、時間の長さ（分数）、インタビューの日付、聞き手の名前、文字起こし記録の長さ（バイト数）などが含まれる。

e) 分析的カテゴリーないし理論的カテゴリー

これらのカテゴリーは分析者がおこなった作業の結果として設定されるものである。つまり、これらのカテゴリーは、記述的なものではなく、むしろより深いレベルでおこなわれる分析の一部を構成することになる。分析的カテゴリーと、テーマに関するカテゴリーや評価に関するカテゴリーとのあいだの区別が明快ではないことも多い。分析の初期段階では、インタビュー記録から「エネルギーの利用」や「自然食品の消費」というような一連のテーマを見出し、それらのテーマについて調査対象者が実際に使った言い回しに近い言葉で表現したカテゴリーを設定するかもしれない。これらは、典型的な記述的カテゴリーである。一方、分析における後の方の段階では、これら2つのカテゴ

リーをまとめて「環境に関わる行動」というものを設定した場合、これは明らかに分析的カテゴリーだということになる。

　学生が社会調査法の教科書を読んでいると、その中で「カテゴリー」という用語が非常に多様な意味で使われていることを知って意外に思うことが少なくない。ある場合には、カテゴリーは分析の際に設定する変数のように思え、様々な特徴を持っている（「人々が個人的に気候変動から影響を受けるレベル」）。それに対して他の例では、どちらと言えば発言としての性格を持っているように見える（「いずれにせよ、我々は学生と良い関係を築くことができる」）。また、「カテゴリー」という用語と他の用語 ── たとえば概念、変数、コード ── との区別が明確に示されていないことも多い。

概念
　「概念」は、カテゴリーという用語に代わる用語として使われる場合も多い。Schnell ほか（2008）によれば、概念というのは、「力」、「アイデンティティ」、「統合」のように、分析の初期段階で一般的な分析の方向性を示唆する用語である。概念は、後に構成概念にまで展開されていく可能性があるが、初期の段階ではその後どうなるかは確定していない。この点で Schnell らが示した例に「民族アイデンティティ」というものがある。Strauss と Corbin の言う次元（dimensions）や特性（properties）に関する分析を適用することによって、対象のどの側面が所定の概念によって言及されているかについて明確に示すことができるかもしれない（Schnell et al., 2008, pp.127-133）。たとえば、上の例では、「民族アイデンティティ」、「民族」、「アイデンティティ」の三者は別個に示されるべきであり、また、それぞれできるだけ正確に定義しておく必要がある。

変数
　「変数」という用語も、カテゴリーという言葉の代わりに使われることがある。変数は、研究対象となる事物によって値が異なっている特徴である。（それとは対照的に、「定数」と呼ばれる特徴の場合は検討対象の全てが同じ値を共有している。たとえば、女子のための学校の学生全員は女性である）。変数は定数とは違って少なくとも 2 つの値を持つことになり、それらの値は「可変的な値（variable values）」とも言われる。実証的な社会調査の場合には、「変数」という

用語は、常に既に測定されたか、あるいは今後測定される可能性のある特徴を指す。「変数」は明らかに量的な研究スタイルと密接な関係があるのに対して、「概念」は理論的な性格が強いこともあって、量的・質的アプローチの両方に対して適用可能である。

コード

Bernard と Ryan（2010, p.87）が指摘したように、「コード」という用語には少なくとも以下のような 3 つの意味がある。

a) 暗号化の手段としてのコード。たとえば、名前や場所は、情報を隠すためにコーディングされることが多い。
b) テキストにタグ（付箋）やインデックスを付けるためのツールとしてコード。
c) 何らかの特徴の程度を示すために使われる数値コード。

コードという用語は、質的データ分析の中でも特にグラウンデッド・セオリーの場合に頻繁に使用される。この場合、コードとコーディングという用語は、幾つかの形式で登場する。その中にはオープンコード、軸足コードおよび選択的コードというものがあるが、それ以外にも他の要素との組合せで登場する場合もある。たとえば、実質的なコード、鍵コード、理論的コードなどである（Strauss & Corbin, 1996, p.43ff 参照）。

コードという用語は、当初は量的な研究アプローチで使われていたものである。グラウンデッド・セオリーにおけるコーディングは、データを分析し、名称を与え、分類し、理論的にまとめていく作業を指す。上にあげた Bernard と Ryan の分類で言えば、2 番目の意味におけるコードを割り当てていく作業だということになる。つまり、コードは分析プロセスの様々な段階で各種の役割を果たすことになる。したがって、ある場合にはコードがカテゴリーとほとんど同じ意味になる。一方で別の場合には、コードは、最初の段階で一時的な目的のために使用される概念を指すこともある。それが後の分析段階では、カテゴリーとして練り上げられていくこともある。

ここで読者には、不思議に思えてくるかもしれない。つまり、これだけ多種多様な用語がみな互いに非常によく似ているのに、なぜそのような漠然とした

区別を設けなければならないのか、と。特に、「コード」という用語と「概念」という用語はほとんど同じような意味を持っているようにも思える。実際、方法論の教科書や研究アプローチの中には、様々な用語が同じものを指すものとして扱われている例もある。たとえば、グラウンデッド・セオリーに関する教科書では、カテゴリーとコードのあいだに明確な区別を設けていない例が多い。本書における以下の解説では、先に述べた実践的な定義を採用して、「カテゴリー」を様々な単位について分類した結果を指す用語として用いる。

　ここでは、カテゴリーは比較的複雑性の度合いが高い概念であると述べておくだけで十分であろう。この意味では、「軍事的対立」、「環境についての知識」、「学習スタイル」、「責任感覚」、「学習戦略」だけでなく「構造」、「コア・エネルギー」、「再生可能エネルギー」、「政治家」もまたカテゴリーであると考えられる。これらの概念は、より正確に定義された時にのみ、内容分析におけるカテゴリーとして採用することができる。

　あるカテゴリーについて定義する際には、その内容について明確に記述した上で、コーディング担当者が終始一貫して、また自信を持ってテキストの該当箇所にカテゴリーを割り当てていくことができるように幾つか指標を設定しておかなければならない。それらの指標のリストやインタビュー記録から取り上げた実例は必ずしも完全なものではないかもしれない。それでも、そのリストや実例はカテゴリーを割り当てる作業を実施していく際のガイドラインとしては役に立つに違いない。したがって、カテゴリーの定義という手続きには、名目的な定義と操作的（機能的）な定義とのあいだの中間的な性格があると言える[2]。伝統的な内容分析（たとえば辞書ベースの内容分析）の中には、カテゴリーについて「リストに含まれている単語」というような操作的な定義を与える場合もある。その種の内容分析では、たとえば、「年金」や「失業手当」のような、リストに収録されている単語が現れる度に「社会システム」というカテゴリーが自動的にコードとして割り当てられることになる。

セグメント

　上で述べてきたように、カテゴリーというのは何らかの分類をおこなった結果として作成されるものである。質的テキスト分析では、カテゴリーはテキストまたはテキストの一部分、たとえば単語、文、段落にリンクされる。特定のページないし章にすらリンクされることさえある。テキストのこれらの部分は、

通常「セグメント（segment）」「チャンク（chunk）」ないし「引用（quotation）」などと呼ばれる。

　一般に、テキストに対するコーディングのプロセスには、2つの方向があり得る。つまり、テキストからコードへの方向、あるいはコードからテキストへの方向である。1番目の方向では、テキストを読み通していく作業を進めていく中で新しいコードを作成することになる。これは創造的な行為であり、2人の研究者ないし2人のコーディング担当者が同じコードに関して全く同じように定義することはむしろ稀である。これとは逆の方向で作業を進めるのが、2番目の方法である。この場合は、一連のコードないしカテゴリーが既に存在しており、テキストのある部分が特定のコードに該当すると判断されれば、その判断に従ってコードが割り当てられる。これら2つの方法の手順は違っていても、最終的な結果は同じものである。つまり、結果としてコードとテキストの一部分とのあいだにリンクが形成されることになるのである。

　なお、カテゴリーを割り当てることができる最小単位は1つの単語である。というのも、個々の文字やシンボルに対してコーディングするのはあまり実際的だとは言えないからである。

単位

　古典的な内容分析に由来するもう1つの基本用語に「単位（unit）」というものがある。この用語は、内容分析では、サンプリング単位、記録単位、分析単位、内容単位、文脈単位など様々な組合せの形で登場する。これらの用語の意味や用法は、内容分析の技法書の場合であれ質的テキスト分析の技法書の場合であれ、必ずしも統一されているわけではない。このような点から、以下の説明 —— Krippendorff（2004）と Roessler（2005）による定義を下敷きにしている —— では、単位という用語や概念について明確にしておくことを意図している。

サンプリング単位（sampling unit）　基本的な分析単位であり、内容分析の実施にあたって何らかの方法でデータ —— 分析対象となる可能性のある事物の全て —— の中から選ばれる。その選択の方法には、たとえば無作為抽出法、割当て抽出法、恣意的な抽出などがある（Diekmann, 2007, pp.373-398; Flick, 2006, pp.122-141 参照）。サンプリング単位には、たとえば、新聞の特定の版、オープンエンドのインタビュー、ナラティブ・インタビュー、児童書、あるいは議

会演説などがある。サンプリング単位は、多くの点で物理的な実体を持つ単位を指すことが多い。たとえば、未就学児向けの児童書の中で祖父母のキャラクターがどのように描かれているか、という点について調べようとする際には、個々の児童書全体がそれぞれサンプリング単位として考えられるだろう。

記録単位（recording unit）　サンプリング単位という場合には、研究対象とすべき単位の選択に関わる。それに対して、記録単位は伝統的な内容分析をおこなう際にデータとして扱うべき範囲の決定に関わる。Krippendorff は、記録単位について次のように定義している。

> ［記録単位］は、それぞれ別個に記述、文字起こし、記録ないしコーディングの対象となる単位のことである。（Krippendorff, 2004, p. 99）

　原理的には、1 個のサンプリング単位が複数の記録単位を含む可能性がある。メディア報道の内容（たとえば政治的対立に関する新聞紙上における報道の仕方）が分析対象である場合には、個々の記事を記録単位として選択することには十分な意味がある。サンプリング単位（特定の日における特定の版の新聞）には、複数の記録単位（記事）が含まれている可能性がある。一方で、記録単位は必然的にサンプリング単位の一部であり、その範囲を超えることはない。中には、記録単位とサンプリング単位が全く同一のものとして見なされる場合もある。たとえば、それよりも下位の単位を含まない質的なインタビューの文字起こし記録などがその一例である。

内容単位（content unit）　古典的な量的内容分析で「コーディング単位」という場合には、1 つの単語や概念についてどのようにコーディングすべきか（どのカテゴリーに割り当てられるべきか）について決定する際の特徴を指す。たとえば、単語ないし名前としての「ビル・クリントン」、「バラク・オバマ」、「ジョージ W. ブッシュ」、「父ブッシュ」、「ドナルド・トランプ」その他は、「アメリカ合衆国の大統領」というカテゴリーに割り当てられるだろう。Krippendorff によると、内容単位は形式的な基準で設定することもできれば、実際に内容を吟味した上で設定することもできる。内容単位を決定するための形式的要件の例としては、データが収集された日付の他にデータの長さ

や幅などが含まれる。また、内容単位を決める際の基準には参照対象（特定の人々、場所などを参照）か、命題（特定の証言または判断に言及）ないし、テーマ（特定のトピックまたは発話に言及）などもある。

　古典的な内容分析の場合には、内容単位とカテゴリーのあいだには一対一の対応がなければならないとされている。たとえば、「ビル・クリントン」は「アメリカ合衆国の大統領」というカテゴリーの指標として使用されるべきであり、「弁護士」というカテゴリーの指標として扱うべきではないとされる。

　一方、質的テキスト分析では、通常、「テキスト・セグメント（text segment）」もしくは「コーディングされたセグメント（coded segment）」が、「内容単位」という用語の代わりに使われる。質的テキスト分析ではカテゴリーとテキストの原文（データ）とのあいだに双方向的な関係があるという点において、古典的な内容分析とはかなり性格が異なるものになっている。古典的な内容分析におけるコーディングの作業は、より高次の分析レベル（データ・マトリクスの一部としての数値データ）に到達した段階で完了することになる。したがって、この後の段階では、もともとのデータ（テキストの原文）を参照することは必要なくなる。一方、質的テキスト分析では、全ての分析プロセスを通じてカテゴリーは元のデータとの関係を維持しており、必要に応じて原文を参照することが非常に有効であることが多い。

　文脈単位（context unit）　文脈単位という用語は、分析者（コーディング担当者）の作業手順に関連するものである。文脈単位は次のように定義される ——〈テキストの特定箇所を正確に記録しカテゴライズするために分析に含まれるべき最大単位〉。文脈単位のサイズは、通常、所定の記録単位を超えることはない。しかし、この原則にも例外はある。たとえば、質的なパネル調査の一環として複数回のインタビューがおこなわれているので、同じ人々を対象にしておこなわれた過去のインタビューを参照することができる場合などである。

　このように内容分析の場合には、原則として文脈単位の範囲に関する制限が設けられている。この点は、解釈学では分析上の文脈に制限が設けられないのとは対照的である。たとえば、政治家の声明について解釈学的に分析するという例を取り上げてみよう。この場合、研究者が持っている政治に関する知識が豊富であればあるほど、分析対象となる文脈はより広いものになっていく。したがって、解釈学における「文脈」は解釈者が持っている知識の内容やレベル

によって変わりうるものであり、形式的要件を基準にして設定される範囲や限界とは関係がないのである。

　古典的な内容分析とは違って、質的テキスト分析の場合はあらかじめ固定的な単位を設定するわけではない。古典的な内容分析の場合には、テキストは最初の段階で一定の基準によって単位に分割され、これらの単位に対しては通常1個だけのコードを使ったコーディングがおこなわれる。一方、質的テキスト分析の場合には、分析の方向が「テキストからコードへ」か「コードからテキストへ」のどちらであるかにかかわらず、分析プロセスの性格は古典的な内容分析のものとは異なっている。つまり、セグメントは最初の段階で設定されてしまうのではなく、コーディング・プロセスの最中に何度か（再）設定されていくのである。これは、蛍光ペンを使って本の特定箇所にチェックを入れていく場合に喩えられるかもしれない。そのような際には、意味的なまとまりとしての単位全体に色を塗った上で、本の余白には何らかの言葉やコメントを書いていくことも多いだろう。その場合、段落全体あるいは事前に設定したテキストの単位だけに限定して色を塗っていく必要など特にないのである。

コーディング担当者および複数の担当者間の一致度

　コーディング担当者というのは、カテゴリーをデータに対して、より具体的には、質的データに含まれている様々なテキストの文章に対して割り当てていく作業を担当する者のことである*。その割当て作業のことをコーディングと呼ぶ。研究チームを組織して分析をおこなう際には、コーディングに際して追加的なスタッフを動員することも多い。特に大量のテキストを処理してコーディングする必要がある場合には、追加の人員が必要になる。質的データ分析法の場合、コーディング担当者には、データ解釈をおこなう上で必要となる十分なレベルの能力がなければならない。それは、取りも直さず、担当者がリサーチ・クェスチョン、理論的構成、カテゴリーの意味のそれぞれについて十分な知識を持っているということを意味する。

　そのためには、コーディング担当者は、実際のコーディング作業が開始される前にトレーニングを受ける。その種のトレーニングは、コーディングの結果に関して複数のコーディング担当者間で一定レベルの一致度（いわゆる「コー

---

*訳注：50ページの訳註参照。

ディング担当者間の一致率」（「コーダー間の一致率」）と呼ばれるもの）が達成されるまで続けられる。古典的な内容分析では、通常、「コーダー間信頼性」ないし「評定者間信頼性」を測定するための係数値が算出されることになる。代表的なものとしては、Krippendorff のアルファ（a）、Cohen のカッパ（κ）、Scott のパイ（π）などがある（Krippendorff, 2004, pp.244-256）。それとは対照的に質的テキスト分析の場合には、コーディングに関する疑問点や矛盾に関する議論を通してコーディングにおける食い違いを最小化したり研究チーム全体として食い違いの解消を目指すアプローチを採用する傾向がある。このアプローチは「合意にもとづくコーディング（consensual coding）」と呼ばれる（Hopf & Schmidt, 1993, pp.61-63 参照）。

　一般的に言って、実際の作業という点に関して質的テキスト分析と古典的な内容分析とのあいだに見られる重要な違いの1つは、コーディング担当者が担うことになる役割の内容である。量的内容分析では、コーディング作業のために特別の訓練を受けたスタッフに作業を任せてしまう。それに対して質的テキスト分析の場合には、研究チームのメンバーないし研究者自身がコーディング作業にあたる。

　質的テキスト分析の場合でも、複数のコーディング担当者が作業にあたるのであれば、コーディング担当者間の一致度についてチェックしておかなければならない。これは、評定者間一致係数のようなものを計算する必要があるということではない。しかし、カテゴリー・システムを適用する際にコーディング担当者のあいだに十分な合意が存在していたという点について保証するためには、たとえば「合意にもとづくコーディング」のような適切な手順を用いなければならないのである。

3.2　質的テキスト分析と古典的な内容分析における分析プロセス

　古典的内容分析では、かなり厳密なモデルを設定した上でそれに従って分析がおこなわれる。様々な教科書でそれぞれ異なるモデルが提示されているとはいえ、それらのあいだには相当程度の共通点がある。実際、古典的な内容分析は、たいてい、以下にあげる5つの局面から構成されている。

1. **計画局面** 研究者がリサーチ・クェスチョンを設定する。当面のテーマに関して既存の理論を踏まえて仮説を構築する場合もある。その上で、データの抽出法やその他の調査テクニックの詳細について決定しておく。分析単位の実例もあげておく必要がある。

2. **構築局面** この局面では、カテゴリー・システムを構築して、それぞれのカテゴリーに関する定義をおこなう作業が中心となる。テキスト内の文章やコーディングの単位に対するカテゴリーの適切な割当てが保証されるように、コーディングに関するルールも決めておく必要がある。

3. **検証局面（サンプル・コーディング）** 研究チームのコーディング担当者に対するトレーニングが実施され、また、複数のコーディング担当者間の一致度が保証されるようにコーダー間信頼性が算出される。データのサンプルを使ってカテゴリー・システムについて検討し、その結果をもとにして必要に応じた修正や改善がおこなわれる。トレーニングは十分なだけの信頼性が保証されるまで継続しておこなう必要がある。

4. **コーディング局面** データセット全体がコーディング担当者に対して無作為に割り当てられる。コーディング担当者は、それぞれ割り当てられたデータの全体に対してコーディングをおこなう。

5. **分析局面** 第 4 局面で作成されたデータ・マトリクスが統計学的な分析にかけられる。

　以上のような、「リサーチ・クェスチョン → データ収集 → データ分析」という一連の手順は、あらゆる種類の実証的研究に見られる特徴でもある。実際、この手順は、古典的な内容分析だけでなく様々な種類の質的データ分析でも共通に見られるものである。もっとも質的テキスト分析の場合には、通常、これに対してさらに繰り返しやフィードバックという手続きが加わる。

　次ページのダイアグラム（図 3.1）では、そのような連続的なプロセスを図示することによって、その循環的な性格を強調している。ここでは、古典的な分析モデルとは違って、質的テキスト分析の手順には非線形的なプロセスが含まれるという点を認識しておく必要がある。そのプロセスにおいては、各種の局面は厳密な意味では互いに分離したものとはなっていない。カテゴリー・システムが確立され、大部分のデータに対するコーディングが済んでしまった後の段階で追加的なデータを入手して改めて分析することも十分に可能なのであ

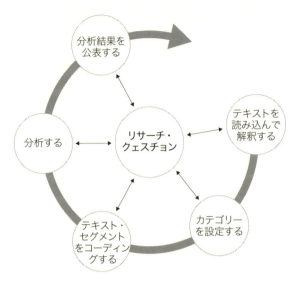

図 3.1　質的内容分析における一般的プロセス

る。

　この5つの局面からなる図では、質的テキスト分析においてリサーチ・クェスチョンが様々な役割を果たしていることが示されている。図ではリサーチ・クェスチョンが研究プロセスの最初の時点に置かれているが、このリサーチ・クェスチョンは、古典的な仮説演繹的方法の場合とは違って最初から最後まで全く同じものであるとは限らない。一方、仮説演繹法の場合は、リサーチ・クェスチョンは一貫して不変のものであり、分析の最終局面になってようやくその答えが得られるのである。それとは対照的に、質的テキスト分析においては、リサーチ・クェスチョンは5つの局面のそれぞれにとって重要な意味を持ち、また（ある種の制約はあるものの）分析プロセスの中でダイナミックな変化を遂げていくことが稀ではない。たとえば、リサーチ・クェスチョンをより明確なものにしたり新しい側面について強調したいと思うことがあるかもしれない。あるいは、予想外の発見があったために、リサーチ・クェスチョンを修正することもあるだろう。

　少し考えただけでは、質的テキスト分析と量的内容分析における分析プロセスは、互いによく似ているように思えるかもしれない。しかしもう少し詳しく見ていくと、これら2つのあいだには相当程度の違いがあることが明らかに

なってくる。たとえば、質的テキスト分析の場合は、最初から特定の理論を前提にしておく必要はない。さらに、テキスト全体を読み通していく作業は全体の分析プロセスの初期段階で実施されるだけでなく、その後の分析局面でも重要な作業の一部になっている。質的分析と量的分析のあいだの違いは、実際の研究手順という点に関してはさらに顕著なものとなっている。したがって、形式的な面では幾つかの類似点があるものの、質的テキスト分析は、以下にあげるような様々な点において古典的な内容分析とは別種のものとして考える必要があるのである。

- 計画段階の初めに仮説を構築することが必ずしも必要でないことも多い。実際、そのような意味における「仮説」が質的テキスト分析の一部であることは、むしろ稀である。
- 質的テキスト分析における様々な局面は、古典的な仮説演繹モデルにもとづく分析モデルの場合ほどには互いに厳密に区別されているわけではない。その代わりに、ある種のデータを収集している最中に、別のデータに関する分析をおこなっても構わない。フィードバック・サイクルや繰り返しの作業というものも、ごく普通に見られる。このため次章では、「局面（phase）」という用語を「段階（step）」という言葉の代わりに使っていくことにする。これは、分析プロセスが固定的な段階から構成されているわけではないことを示すためである。その一方で質的テキスト分析は、他の研究アプローチの場合と同じように、全体としてみれば、〈リサーチ・クェスチョンの構築 → 分析 → 最終的な結果の報告〉という経過をたどる。
- データは文脈に埋め込まれたものとしてコーディングされるのであり、決して自動的にコーディングされるわけでもなければ、小さな単位だけがコーディングされるわけでもない。解釈学的かつ解釈という観点からコーディングされるのである。
- 元のデータ（つまり言語データ）は、コーディングのプロセスが終了した後でも重要なものであり続ける。つまり、コーディング作業が完了した後でもそのデータは「用済み」にはならないのである。むしろ、それ以降の分析の段階でも必要になることも多い。
- 様々なタイプの質的テキスト分析において、カテゴリーは理論構築および体系化の役割を担っており、単に経験的なデータを幾つかの関係性に置き換えるだ

けの役目を果たすわけではない。

- コーディングされたデータの分析は、必ずしも統計分析に結びつくというわけではない。統計分析は、質的テキスト分析においても何らかの役割を果たすことはあり得る。しかし、それは、どちらかと言えばマイナーな役割に過ぎないことが多い。場合によっては、統計分析を完全に省略してしまっても構わない。

質的テキスト分析の全体的な分析プロセスにおいてにおいては、データを繰り返し分析する手続きを通じてカテゴリーを構築したり修正したりする作業が中心となる局面が非常に重要な意味を持っている。特定の理論にもとづいており、また事前に仮説が設定されている質的分析（そのようなアプローチが排除されるわけではない）の場合でも、分析プロセスの最中にカテゴリーを微調整していくことは十分にあり得る。さらに、データを読み通しているあいだに必要であると認められた場合には、新しいカテゴリーを追加することもできる。時には、テーマ的カテゴリーを分析した後の時点で、新規に評価的なカテゴリーを作成したり特定の類型を新たに設定したりすることすらできる。またその場合は、データに対してコードを再設定する必要が生じてくることになる。

質的テキスト分析の場合も古典的な内容分析の場合と同様に、カテゴリーを用いておこなう作業やカテゴリーを設定した後でそれを踏まえて実施する分析は重要な意味を持っている。したがって、ここではカテゴリーを実際に構築していく際の手順について詳しく見ていくことが必要になってくる。

3.3　質的テキスト分析を開始する
── テキスト、メモ、事例要旨による初期段階の作業

質的テキスト分析を開始する以前の段階では、一度次のような点について自問することを通して実証的研究の目標について再確認しておく必要がある。そもそも、何を明らかにしたいのか？　どのような問いに興味があり、特に焦点をあてて取り組んでいくのはどのような問題か？　どのような概念や構成概念が研究にとって重要になるか？　どのような関係性について調べたいのか？それらの関係性について自分は現段階でどのような仮定を持っているか？

このようにして目的を明確にすることは、開放性の原則 ── これは質的研究の特徴として指摘されることが多いのだが ── に矛盾するわけではない。

開放性の前提は、一義的にはデータ収集のプロセスに関わるものである。つまり、サーベイなどの場合とは違って、〈調査対象者は、何らかの事前に決められたカテゴリーを使って答えるのではなく、彼ら自身の見解を彼ら自身の言葉を使って表明すべきであるし、また、個人的な動機や推論について表現する機会を持つべきだ〉というのがデータ収集に関する開放性の原則なのである。なお、「開放性」という用語に関しては、次のような誤解がつきものである ——「研究者は全ての研究プロジェクトについて、事前にいかなるリサーチ・クェスチョンや概念も持たずにアプローチすべきだ」。これは、あくまでも誤解でしかない。というのも、私たちは実際には、どのような観察をおこなう場合でも、その観察のあり方に対して何らかの影響を与えている前提知識や世界観にもとづいて行動しているからである。さらに、あまりに無前提なままに研究をおこなうことは科学者コミュニティの存在を無視してしまうことにもつながってくる。そのコミュニティにおいては、様々な研究課題を扱う上で多くの研究上の伝統が既に確立されていることを忘れてはならないだろう。

テキストに関する最初の作業

　質的データ分析における最初の作業は、本質的に解釈学的ないし解釈的でなければならない。したがって、テキストを慎重に読み込んで理解しようとする作業は不可欠である。時には、何度となく音声データないし動画形式のデータに立ち戻って参照することも必要となる。

> 　データを読み込まない限り分析などできるはずはない。どの程度きちんと読み込んだかによって分析の精度が左右される（中略）。データを読み通していく作業の目的は、分析の基礎固めをすることにある。(Dey, 1993, p.83)

　ここでは、この第一歩の手続きを「テキストに関する最初の作業」と呼ぶことにしたい。文学研究の場合には、テキストを読み通すということは、あるテキストの内容や言い回しに注意を払いながら読み込んでいくことであるとされる。それと同じように、質的テキスト分析の場合も、最初の行から始めて順を追って全てのテキストを読み込んでいかなければならない。その作業の目的は、リサーチ・クェスチョンにもとづいてそのテキストを全体として理解することにある。その際には、まず幾つかのリサーチ・クェスチョンを列挙してみた上

で、インタビュー・データを読み込んでいく際にそれらの問いに対する答えを見つけるように心がけることが効果的である。たとえば著者たちは、気候変動に関する個人的な認識に関する研究においてそれぞれのインタビュー記録を読み込んでいく際に、以下の点に関する答えを求めるように心がけた。

- 調査対象者は、気候変動に関して実際にはどのようなことを知っているか？
- その問題に対してどのような話し方をしているか？
- 一個人としてはどのように行動ないし対応しているか？
- 対象者が自分自身に対して抱いている期待や要請はどのようなものか？
- 対象者は、その話題について友人などと話し合うことがあるか？

　以下のような点について、テキストの形式的な側面について検討してみることが有効であることも多い ── テキストの長さはどれくらいか？　どのような言葉が使われているか（特に目につく言葉はどのようなものか）？　調査対象者は、どのような言い回しをしているか？　個々の文章の長さはどれくらいか？　どのようなタイプの喩えが使われているか？

　それにしても、テキストを一貫して体系的に読み込んでいくという作業というのは、実際にはどのようなことを意味するのだろうか？　読みというのは私たちが習得してきた日常的な技術であり、科学研究の領域でもこれについては各種のテクニックが考案されてきた。ある人たちは単色ないし多色の蛍光ペンでテキストに色を塗っていく。中には、自分自身で考案した略語を使って余白にメモを書き込む人たちもいる。また、別の用紙やインデックスカードあるいは研究日誌を使ってメモを記録する場合もある。その種の、古くから有効性が確認されている個別テクニックの数はかなり多い。また、そのような方法が内容分析には向いていないと考える理由は特にない。もっともその一方で、質的テキスト分析の場合には、比較可能性や理解可能性あるいは方法論的な規律を保証するために従わなければならない一定の厳密な手続きが存在する。以下では、それらの手続きについて順を追って解説していく。さらにまた、上で述べた蛍光ペンなどを使うような定番的な方法がQDAソフトウェア・プログラムでも使えるという点についても注意しておくべきだろう（6章参照）。

　古典的な量的研究のモデルとは違って、質的研究の場合には、データ収集とデータ分析の局面のあいだにはそれほど厳密な区分はない。その点は、質的テ

キスト分析の場合も同様である。標準化されたデータを扱う統計分析とは違って、質的テキスト分析の場合には、全てのデータの収集が完了する時点に至るまでデータ分析を先延ばしにする必要はない。したがって、通常は、追加的なデータを収集する作業と並行して既に手元にあるデータについて分析を開始しても一向に構わない。グラウンデッド・セオリーでは、データ収集とデータ分析の手続きが不可分のものであると主張するが、たとえ同アプローチの信奉者ではない場合でも、全てのデータが集められる以前の段階でテキストの内容について分析する作業を始めるのが効果的である。つまり、たとえば最初のインタビューの文字起こしが終わり次第、それを読み込みながら分析を始めてしまって構わないのである。

テキストに関する最初の作業には、以下のようなものがある。
- リサーチ・クェスチョンを念頭においてテキストを分析する
- テキストを集中的に読み込む
- 中核的な言葉や概念に印を付ける
- 重要な部分にマークを付けてメモを書く
- 理解しにくい文章にマークを付けておく
- 議論の内容や論じ方について分析する
- 形式的な構造（長さ等）について調べる
- 内部構造（段落や話題の変わり目等）について確認する
- テキストにおける議論の全体的な展開に対して注意を向ける

メモに関する作業

　テキスト分析を実施するにあたって直接コンピュータのモニター上で作業するか、紙に印字したものを使うかは各自の好みやスタイルに依存する。テキストを読み込みながら余白にメモを書き込んだり重要な箇所を蛍光ペンでマークできたりするので、印字したものの方が便利だと思っている人も多い。この方式を実際に採用する場合は、印字する際にワードプロセッサの機能を使って段落や行単位で自動的に番号を振っておくと、後でマークとコメントを電子版のものに置き換えていく際に効率的な作業ができる。また、パソコンのモニター上で作業をおこなう場合でも、電子的なマーカー（蛍光ペン機能）を使って重

要な文章を強調することができる。

　テキストを読んでいる最中に浮かんできたアイディアや気になった点などは、どんなものであってもメモとして記録しておく必要がある。

> 　メモには、分析プロセスのあいだに研究者の頭に浮かんできた、考え、アイディア、仮定、仮説など様々なタイプのものがある。実際のメモは、ごく短い覚え書きのようなもの（たとえば、本のページに貼り付けるポストイットのような付箋）の場合もあれば、テキストの内容について慎重に検討した結果を書き留めた長文のコメントの場合もある。後者は、研究報告の基本的な構成要素としての役目を果たすことになる。メモを書くことは、研究プロセスにおける不可欠の部分として考えるべきである。

　グラウンデッド・セオリーは、研究プロセスにおいてメモが果たす役割について詳しく論じており（Strauss & Corbin, 1996, pp.169-192 参照）、また様々な種類のメモのあいだの違いについて解説している。それに比べれば、本書で解説しているようなタイプの質的テキスト分析の場合、メモの重要性はそれほど高くはない。それでも、グラウンデッド・セオリーの場合と同じように、メモは、研究プロセス全体を通して活用できる有効な手段であると考えられる。

事例要旨

　一度テキスト全体を最初から最後まで読み通したら、その段階で事例要旨 —— 事例の特徴について体系的にまとめた要旨 —— を書いておくと、それ以降の分析作業で役に立つことが多い。事例要旨は、リサーチ・クェスチョンにとって重要なポイントに焦点をあてた上で事例の内容について記述したものである。事例要旨には、特定の事例が持つ特徴の中でリサーチ・クェスチョンに関連があると思われる点を全て書き留めておく必要がある。メモとは違って、事例要旨の場合は、テキストを読み通している最中に頭に浮かんできたアイディアや仮説などを盛り込むべきではない。その代わりに、事例要旨はあくまでも事実を中心にして、またテキストの記述内容に即して作成するよう心がけたい。

　以下では、気候変動に関する個人的な認識というテーマで私たち自身がおこ

なった研究の事例を取り上げて、それについてやや詳しく解説していく。その研究の一環として事例要旨を書く際には、次のようなポイントを念頭に置いて作業を進めていった――調査対象者は、気候変動についてどのようなことを知っているか？　どのような言い方でそれについて述べているか？　個人的にどのような行動をとっているか？　自分自身に対する期待や要請はどのようなものか？　その問題について友人や他の人と話すことがあるか？　なお事例要旨の作成にあたっては、事例同士の比較を念頭において次の2点にも配慮した――この調査対象者の特徴はどのようなものだろうか？　この対象者の人柄ないしこの人物の視点は、どのような点でユニークなものであるか？

　事例要旨はあくまでも事実が中心であり、実際に語られた内容にもとづくものである。つまり、ストーリーに関する解釈学的あるいは心理学的な解釈などは事例要旨には含まれないのである。また、可能性としてはありそうに思えるかもしれないが、テキストに盛り込まれている情報だけでは確認できないような想定や憶測は事例要旨の中に書き込むべきではない。

　それにしても、事例要旨は具体的にはどのようなものであり、またどれだけの長さにすべきなのだろうか？　比較的短いテキストの場合には、幾つかのキーワードが中心となる箇条書き程度のものでもいいだろう。インタビュー記録につける事例要旨の場合には、それぞれについて、タイトルないし題字をつけておくのが一般的である。たとえば、私が指導した研究チームが質的な評価プロジェクトを実施していた際には、それぞれの事例に関するキーワードを中心とする箇条書き的な事例要旨を作成していた。そのプロジェクトで調査対象者になったのは大学で統計学の講義を受講していた学生たちである。その学生たちには、授業内の様々なモジュールで経験した内容に関する一般的な見解だけでなく、自分なりに採用していた勉強法と実際の学習行動についても質問した。以下にあげる2つの例は、Kuckartz ほかの評価的研究（2008, pp. 34-35）から引用したものであるが、このプロジェクトでは、受講生であった学生が統計学の講義における経験と評価について質問を受けた。

調査協力者 R1 とのインタビュー ―― タイトル：野心はないが積極的な態度
　彼女は、面白かったのは学期の後半でおこなわれ個人指導モジュールだけだと言っている。

個人指導と実習関連のモジュールは最高だったが、最後の方は詰め込み過ぎだった。

受講生は、自分で講義の前に予習や復習をする代わりに、個人指導モジュールに出席していた。

講義の基本的な構造はよくできたものだった。それは、自主的な学習にとって刺激になるものであった。

彼女には、学習グループには参加していなかった（その代わり、彼女は友人の1人と一緒に勉強した）。

彼女は、少人数の学習グループに入っておけば良かったと思っている。

指示された教科書以外の教材は読まなかったが、彼女自身が書いたノートは役に立った。実習課題のテストの成績は良好で、彼女の最大の目標は合格点をとることだった。

調査協力者R2とのインタビュー —— タイトル：効率的な自習者

講義にはほとんど出席しなかったが、個人指導モジュールには毎回まじめに参加した。

数学はもともと好きな教科だったが、今では統計も好きな教科の1つになっている。

自宅の方が集中して勉強できる。それが、講義に行かなかった理由でもある。

講義は全然理解できなかったので、役に立たなかった。

解答が掲載されているインターネット上でおこなわれた実習が彼女にとっては実際の学習教材だった。

講義で推奨されていた教科書を買ってそれを読んだ。

個人指導モジュールはとても良かったと思っている。

実習が含まれているもう1つの統計の講義にも出席した。

彼女の勉強方法は、講義期間のあいだに基本的に変わった。

彼女は、実習問題を解くための時間をもっと増やし、また、受講生が自分自身でノートをとらなければならないようなタイプの講義資料を増やすことを提案している。

期末試験の準備は万全だと思っている。

事例要旨は、この例のような箇条書き形式のものではなく、より詳しい内容を書き込んだ、ひと続きの文章のスタイルをとる場合もある。事例要旨は個々のインタビューが基本的な事例の単位になる場合だけでなく、集団や組織を事例として扱う研究の場合にも作成することができる。その場合もタイトルが効果的に使える。タイトルには、リサーチ・クェスチョンの特定の面に焦点をあてたものや、特定の発言あるいはテキストからの引用箇所に関するものなど様々なタイプのものがあり得る。また、色々工夫してみてテキストの特徴を明快に示すものを考案してもよいだろう。もっとも、タイトルというのは特定の特徴だけを強調するものでもあるため、どうしても解釈が入り込む余地がある。したがって、タイトルは役に立つこともあれば、そうではない場合も多い。

実際の分析プロセスでは、事例要旨は、研究プロジェクトに関連しておこなわれた全てのインタビューについて作成しておかなければならない。それによって、研究プロジェクトの対象となった複数の事例の相対的な位置づけが分かる見取り図のようなものを作成することができる。このような見取り図は、特に多数の事例を扱う研究の場合には重要な意味を持ってくる。実際、それによって、類似度が最小の事例のペアと最大のペアという基準を使って事例同士を比較すれば、より深い分析ができるようになる。

以上見てきたような種類の事例要旨は、主に次にあげる4つの点で研究プロセスにおいて重要な役割を果たすのことになる。

- 第1に、チームを編成して実施する研究プロジェクトの場合には、事例要旨はインタビュー全体の概要について把握する上で有効である。実際、大がかりなプロジェクトの場合には、必ずしもチームメンバー全員が全てのテキストについて体系的に読み通していくことができない場合も多い（チームプロジェクトという側面）。
- 第2に、事例要旨は、複数の事例について一覧表の形式で概観する際の出発点として有効である（比較分析という側面）。
- 第3に、事例要旨は個々の事例の違いを明らかにしていく上で役に立つ（きめ細かい分析という側面）。
- 第4に、事例要旨は仮説やカテゴリーを構築していく上で有効である。

3.4 カテゴリーを構築する

　質的データ分析を実際におこなっていく際には、次のような点について自問することが多いだろう —— 実際に使用するカテゴリーはどのようにして決めればよいのだろうか？　どれくらいの数のカテゴリーが必要だろうか？　カテゴリーを構築する際には、どのようなルールに従っておこなうべきか？

　研究法に関する文献では、カテゴリーの構築法に関する具体的な情報がほとんど提供されていない。というのも、常識に従ってさえいればカテゴリーは何となく作成できるものだと想定されているからである。また、次のような実に不親切な解説に出くわすことさえある —— 「カテゴリーの構築法に関しては、明確な処方箋などない」(Kriz & Lisch, 1988, p. 134)。一方で、その同じ教科書の別の箇所では、カテゴリーの構築は分析にとって非常に重要なものだと指摘しているのである。さらに著者たちは、内容分析の命運を左右するのはカテゴリーであるとも主張している。ここで、読者は改めて自問することになるだろう、「一体全体どのようにすれば、それだけ大切なカテゴリーというものが作れるのだろうか？」と。

　カテゴリーを構築する上で最も適切な方法は、当面のリサーチ・クェスチョンおよび研究者が特定の研究テーマや研究領域に関して持っている事前知識に依存する部分が大きい。実際、プロジェクトが理論指向であればあるほど、事前知識が豊富であればあるほど、リサーチ・クェスチョンの焦点が絞られているほど、そしてまた、事前の仮説が限定されていればいるほど、収集したデータを読み通している最中にカテゴリーを構築していく作業は容易なものになる。一般的に言って、カテゴリーを構築する上での理論的な方法と経験的な方法は、以下の図に示すように連続体上の両極に位置づけられる。

理論的　◀━━━━━━━━━━━━▶　経験的

図3.2　カテゴリー構築における 2 つの極

カテゴリーを構築するための様々な方法

　経験的データだけにもとづいてカテゴリーを構築するやり方は、「帰納的な
カテゴリー構築法」と呼ばれることが多い。帰納的にカテゴリーを構築する際
のテクニックの1つについてはMayringが詳しく紹介しており、これは「要約
による内容分析」と呼ばれている（2010, pp.67-83参照）。このテクニックを使
用する場合には、元のデータの内容を別の言葉で言い換えたり、一般化したり、
抽象化したりしてカテゴリーを構築していくことになる。

　一方で、研究対象に関する既存の理論と仮説にもとづいてカテゴリーを構築
するやり方は「演繹的なカテゴリー構築法」と呼ばれている。

　幾つかのカテゴリーを構築した上で、それぞれのカテゴリーに対応するテキ
スト内の箇所を確認して分類していくプロセスには、以下の2つの側面がある
と考えられる。

　　a）分類および分類枠への編入の行為
　　b）創造的な行為、つまり、同一の特徴があると考えられる一群の現象のために
　　　新しい用語または概念を創り上げること

　帰納的・演繹的という2つの方法を併用してカテゴリーを構築した上でそれ
らのカテゴリーを質的テキスト分析の際に適用していくことは、一見矛盾した
やり方のように思えるかもしれないが、実際にはそうではない。結局のところ、
質的テキスト分析の場合には、通常、データセット全体に対してコーディング
が実施される。これは、全てのデータがカテゴリー・システムにもとづく体系
的な分析の対象になるということを意味する。カテゴリーの枠組みを使って作
業をおこなう際には、それらのカテゴリーが実際のデータを参照した上で構築
されたものか、あるいは、経験的データなしで構築されたものであるかにかか
わらず、同じルールと基準が適用される。以下本章では、カテゴリー構築にお
ける帰納的方法と演繹的な方法の基本原則について詳しく解説する。その上で、
実際の研究においてこれら2つのアプローチがどのように組み合わされている
かという点や、カテゴリー・システムを実際に適用していく際に配慮すべき点
などについて見ていく

経験的データを参照せずにカテゴリーを構築すること

演繹的なカテゴリーは、経験的データが集められる以前から存在しているカテゴリー・システムにもとづいて作成される。「演繹的」という用語は、「トップダウンのロジックで」ということを意味する。カテゴリーは、理論や仮説だけでなくインタビュー・ガイドや物事に関する既存の体系的な分類法などを元にしている場合もある。

以下の単純な例を見れば、演繹的なカテゴリーであると考えられるのが具体的にはどのようなものであるかという点について理解できるだろう。ある大手新聞では、以下の6つのタイトルで記事を分類した上で掲載している。

1. 政治
2. ビジネス
3. 金融
4. スポーツ
5. 文化
6. 雑報

これら各種のカテゴリーは、日常的な知識や私たちの文化において社会的現実として認識されているものを踏まえているために、非常に現実味のあるものになっている。実際、このカテゴリー区分は、学問分野や省庁の区分けにも見られるものである。したがって、表3.2からも分かるように、ニュース・ティッカー（ニュースの要点を1行見出しなどで表示する装置）に現れるどのような新しい報道内容でも、適切に「コーディングされ」、それにふさわしい編集長ないし担当部局に送付されていく。

言うまでもなく、中には特定のカテゴリーに割り当てる際に判断に迷うような記事トピックもある。たとえば、「NASDAQ（ナスダック）2004年秋以来の最低水準」という見出しのストーリーを「ビジネス」と「金融」のどちらのカテゴリーに割り当てるべきかは必ずしも明らかでない。したがってコーディング担当者には、当初の分類の枠組みで想定されていた複数の内容を含むようなケースについては、どのカテゴリーにすべきかを判断できるような基準を設定しておく必要がある。それによって、コーディング担当者は確実に見出しを割り当ててデータをコーディングできるようになる。

表3.2 既成のカテゴリーによって分類された記事見出し

時間	見出し	割り当てられたカテゴリー
18:48	仲間のせいで起きた雪崩に男性が巻き込まれる	雑報
18:24	NASDAQ 2004年秋以来の最低水準	金融
17:58	アテネで大脱獄	雑報
17:22	オバマとプーチンの反目続く	政治
16:17	ロッキー山脈でまた雪崩	雑報
16:11	GM 経営陣、金曜日に刷新プラン公表の予定	ビジネス
15:52	オバマ、財政赤字半減を決意	ビジネス
15:16	ヴァッテンフォール電気ガス社成長持続	ビジネス
15:10	「スラムドッグ・ミリオネア」アカデミー賞最優秀映画賞	文化
15:08	ドイツの国民減少傾向加速	雑報

　演繹的にカテゴリーを構築していく上で最も難しいのは、それぞれの定義を明確に設定して、複数のカテゴリーのあいだで重複が生じないようにすることである。一方で、カテゴリーは網羅的でなければならない。たとえば、上にあげた報道記事に関する 6 つのカテゴリーの枠組みは、「ビジネス」のようなカテゴリーを設定しておくのを忘れた場合には、ほとんど役に立たないだろう。また、他のどのカテゴリーにも当てはまらないかもしれないテーマのためのカテゴリー（ここでは「雑報」）を含めておくことも重要である。これによって、全てのデータを割り当てることができるようになる。したがって、演繹的カテゴリーの場合の第一条件は、網羅的でありかつ重複が無い（「漏れなくダブリなく」）ということである（Diekmann, 2007, p.589; Krippendorff, 2004, pp.351-352 参照）。これは、カテゴリーを用いた作業をおこなう際に適切な標準を設定しようとする際の必須条件である。また、この点は研究の質（クオリティ）の保証という問題とも関わってくる。カテゴリーを用いて作業をおこなう場合には、信頼性に関する古典的な基準が適用できる。つまり、コーディングの際に複数のコーディング担当者のあいだの一致率がかなり高いものになるように配慮しなければならないのである。実際、コーディング担当者が複数で作業にあたることは作業の質を高めていく上で効果的であり、またより望ましいやり方だと言える。

演繹的に構築されたカテゴリーは、実証的な社会調査のデータに対して「適用される」ということになる。これは、それらのカテゴリーが、データに関する検討がおこなわれてコーディングされる以前の時点から存在しているということを意味する。このようなアプローチは、質的研究ないし量的研究のどちらか一方にだけ関係があるというわけではない。先に述べた「家族と極右思想」という Hopf らによる研究の例では、質的な研究法を使って、十代の青年たちに見られる極右的態度の傾向について心理学の愛着理論がどれだけの説明力を持っているかについて検討している。その研究で使われた「中程度の信頼関係」「強固な信頼関係」などの分析カテゴリーとそれについての定義は、愛着理論に関するよく知られた研究に由来するものである。研究プロセスそれ自体は、複数の生活史的なインタビューを含むものであり、質的研究の質に関する基準（開放性、伝達性など）を全て満たしている（Hopf & Schmidt, 1993）。

　演繹的なカテゴリーを使用してデータを分析している際に、その途中で、カテゴリーの定義がそれほど正確ではないとか、あまりにも多くのデータが「その他」に分類されているというようなことが判明する場合もある。このような場合には、既存のカテゴリーに修正を加える必要が生じてくる。新規のカテゴリーを設定することが必要になる場合さえある。実際、演繹的なやり方でカテゴリーを開発した場合でも、カテゴリーの枠組み（およびカテゴリーの定義）に変更を加えることは十分に可能である。それは、取りも直さず、最初の段階で設定した定義にいつまでも執着してはならない、ということでもある。

　オープン・インタビューの際のインタビュー・ガイドのように、研究の際に採用した特定のツールや方法がデータ収集の方向性について決める上で使用される場合も多い。そのような場合には、研究者は、テキスト分析における最初の段階で、直接そのインタビュー・ガイドにもとづいて主なカテゴリーを設定するというやり方を採用することが多い。そういうケースでは、まず演繹的なカテゴリーを使って分析作業を開始して、その後、実際のデータを使って分析していく中で帰納的なカテゴリーやサブ・カテゴリーを新たに設定していくことになる。このような演繹的カテゴリーと帰納的なカテゴリーの組合せについては、4 章 4.3 節（「テーマ中心の質的テキスト分析」）でさらに詳しく解説する。

　カテゴリーを構築する際の手続きとして質的方法と量的方法とを比べてみると、演繹的な方式でのカテゴリー構築は量的研究で見られることが多い。これ

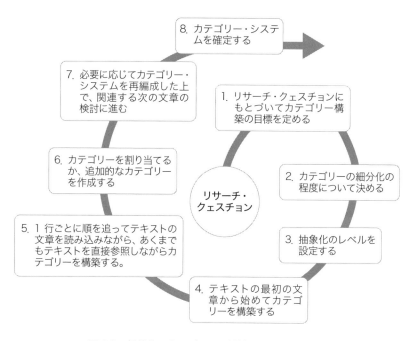

図3.3　帰納的にカテゴリーを構築していく一連のプロセス

は、標準的なツールを使い、また既存の理論をベースにした研究にとってはふさわしいやり方である。しかしその一方で、量的研究の中には記述的な性格を持つタイプのものも存在している。その場合は、カテゴリーを帰納的に構築していくことも多い。また、探索的因子分析に含まれる手法の中には、量的研究をおこなう者が様々な次元について区別した上で帰納的にカテゴリーを見つけ出すのを支援する統計的アプローチさえ存在している。

データにもとづいてカテゴリーを構築する

　帰納的にカテゴリーを構築する作業というのは、直接データを使ってカテゴリーを設定していく手順を指す。つまり、この場合のカテゴリーは理論や仮説から導き出されるわけでもなければ、ある対象分野において一般的に見られる幾つかのテーマを元にしているわけでもないのである。以下にあげる手順は、もともとは Mayring（2010, pp.83-85）によって提案され、その後、拡張されてより具体的になってきたものであるが、カテゴリーを構築する際の一般的なプ

ロセスを示している。

1. リサーチ・クェスチョンにもとづいてカテゴリー構築の目標を定める

カテゴリーを構築する作業を通じて何を成し遂げようとしているのか？　テキストの読み方やカテゴリーの定義の仕方には、定番的な方法というものは存在しない。これについては、次のようなポイントが手がかりになるだろう。つまり、カテゴリーの構築やコーディングという作業を通じてテキストは体系化され、またもともとのデータよりも圧縮された形での分析や可能になる。さて、その体系化や圧縮という手続きを通して明らかにできるのは、どのようなリサーチ・クェスチョンであろうか？

2. カテゴリーの細分化の程度について決める

分析の結果や研究報告をプレゼンテーションするためには、どれくらいのカテゴリー数を設定すべきだろうか？　これは、カテゴリーの正確な数について事前に決定しておく必要がある、ということではない。実際また、帰納的なやり方でカテゴリー構築をおこなう場合、カテゴリーの数をあらかじめ決めてしまうことなど事実上不可能である。もっとも、カテゴリーの数について意識しておくことは、研究プロセス全体に対して目配りし、また、研究報告の目的や報告書の読者について自覚的になるということを意味する。したがって、分析プロセスの初期段階から、次のように自問しながら作業を進めていく必要がある。誰に対して研究の結果を伝えたいのか？　読者のためにはどの程度の細分化が必要であり、また、細分化と集約のあいだでバランスをどのようにとるべきか？　これらの問いに対する答えは、結果としてコーディングの枠組みをどのような構造のものにし、またどれだけ細分化したものにすべきかという点に関わってくる。たとえば、最終的な研究報告ではかなり高度な抽象化と一般化が要求されることが事前に判明している場合は、あまりにも細分化したコーディングの枠組は必要とされないだろう。

3. 抽象化のレベルを設定する

カテゴリーを命名する際に、どの程度、調査対象者の言い回しに近い表現を採用するか、それともより抽象的な表現にするか？　たとえば、研究協力者が、ゴミを分別する時の行動について説明しているケースについては、幾通り

かの表現が考えられる。対象者自身が使った言葉に近い「ゴミを分別する」というような表現でカテゴリーを定義することもできれば、もっと抽象的な表現の「個人のリサイクリング行動」や「環境問題に関する個人の行動」というカテゴリーを使うこともできる。

4. テキストの最初の文章から始めてカテゴリーを構築する

テキストの中における文章の順序それ自体については、それほど神経質になる必要はない。しかし、テキストを読み通していく際やデータから無作為抽出や割当抽出をする場合には、前後関係について混同しないように配慮しつつ、文章の順番どおりに作業しながらカテゴリーを設定していく必要がある。

5. 行単位で順を追ってテキストの文章を読み込みながら、あくまでもテキストを直接参照しながらカテゴリーを構築する。

たとえば、蛍光ペンで印字したテキストの特定部分に色を塗った上で余白にコメントを書いたり QDA ソフトウェアを使って電子的にテキストの特定の文章にコードを割り当てたりする。カテゴリーそれ自体は、1 つないし複数の用語の組合せであったりする。また、たとえばディスコース分析などでは、特定の議論の内容や語句あるいは短めの文章の場合もある。

6. カテゴリーを割り当てるか、追加的なカテゴリーを作成する

もしテキスト内のある箇所が既存のカテゴリーに対応していると判断できるならば、単にそれを割り当てるだけでよい。一方、該当するカテゴリーが存在していないと思われるならば、新規にカテゴリーを構築する必要がある。その新しいカテゴリーが既に定義済みのカテゴリーによく似ているという場合もあるだろう。その場合は、「即座に（速攻で）」、その 2 つを統合して、それらの上位にあるような、より抽象的なカテゴリーを新規に設定してもよい。

7. 必要に応じてカテゴリー・システムを再編成した上で、関連する次の文章の検討に進む

時には作業をいったん中断して、カテゴリー・システム全体を見直した上で適宜修正を加えていく必要がある。たとえば、必要に応じて複数のカテゴリーを 1 つにまとめることによって、抽象的なカテゴリーを作っていくようなこと

もある。こうすれば、カテゴリーの最適数と適切な抽象度という目標を維持することができる。

8. カテゴリー・システムを確定する

　ある程度作業を続けていると、それ以上カテゴリーを追加する必要がないことが分かってくる。その時点になったら、カテゴリー・システムを確定してカテゴリーをテキスト全体に対して適用していく際に使用するガイドラインの最終版を作成する。また、該当する実際の例を使って各カテゴリーの定義について確定することになる。

　それにしても、最適のコーディング・スキームに達するまでには、どれくらいの量のデータを処理しておかなければならないのだろうか？　この点に関して一般的な答えを出すのは難しい。というのも、テキストを何度読み返してみても、それ以上新しい側面が浮かび上がってこないという印象が得られるまで作業を繰り返していかなければならないからである。分析対象となるデータのサイズや複雑さの程度次第で、テキスト全体の1割程度を対象にしてカテゴリー構築の手続きをおこなってみた段階でそのレベルに達するかもしれない。また別の場合には、テキスト全体の半分を処理しなければならないかもしれない。通常は、何度か繰り返してデータを処理する必要がある。中には、何らかの共通点によって同じグループとして統合できるカテゴリーもあるが、一方では、最初は1つのカテゴリーで広い領域をカバーできていたものが複数のカテゴリーに細分化されていくこともある。

　以上のようにして構築されていく帰納的なカテゴリーというのは、一見データから自然に湧き出てくるように思えるかもしれない。しかし、この種のナイーブな想定は避けて、先に述べた解釈学的な視点を忘れないようにしておきたい。つまり、確実な事前知識があり、かつ深いレベルでの理解が無ければテキストについて理解することなど到底できないのである。

グラウンデッド・セオリーにおける帰納的なカテゴリーの構築法

　グランデッド・セオリーの場合は、その40年あまりの歴史を通して、他の多くの研究法の場合にもまして、「カテゴリー構築の作業をさらに徹底的な形でおこなわなければならない」というような主張がなされてきた（Charmaz & Bryant, 2007; Glaser & Strauss, 1998; Strauss & Corbin, 1996 参照）。グランデッド・セ

オリーに見られるコーディングとカテゴリーの構築における手順は、質的テキスト分析の手順とはかなり性格が異なるものである。しかしその一方で、グランデッド・セオリー・アプローチは、質的テキスト分析におけるカテゴリーの構築作業について貴重な示唆を与えてくれる。

　なお、ここで注意が必要になるのは、以下でその概要を紹介するのは、「決定版」のグランデッド・セオリーにおけるカテゴリーの構築法というわけではない、という点である。なぜならば、グラウンデッド・セオリー自体が、その発祥いらい多様な方向に発展してきたからである[3]。スペースの制約もあって、本書では、その様々な方向性と多様な選択肢について詳しく解説することはできない（Charmaz, 2006, 2011; Kelle, 2007a）。

　グランデッド・セオリーは、仮説と理論を生成していくことに明確な焦点を置く研究スタイルであり、様々なプロセスを通してデータから直接カテゴリーを作り出すことを目指していく。オープン・コーディングは、データを読み通して作業を進めていく際の第一歩である。その手続きにおいては、概念について確認したりそれに名前を付けたりしていくことが中心になっている。グランデッド・セオリーでは、概念は現象に対して付けられるラベルまたはタグであり、理論を生成するための基盤となる。Strauss と Corbin（1996, pp. 43-46）があげている例では、概念の名前として次のようなものがあげられている——「注意」、「情報の転送」、「支援の提供」、「モニター」、「顧客の満足感」、「経験」。グランデッド・セオリーの場合、分析プロセス全体がコーディング・プロセスの一部であると考えられている。一方で本書で解説する質的テキスト分析法では、「コーディング」は、それよりも限定した意味を持っており、データの特定の部分に対してコード（カテゴリー）を実際に割り当てていく作業を指す用語として使用される。

　概念は、グランデッド・セオリーでは標準的な量的研究の場合と同じような役割を果たしている。つまり、概念の意味を明らかにする際には、データに対して一歩距離をおく必要があり、それを前提として理論構築の作業に取り組むことになる。Strauss と Corbin はまた、コーディングの作業を「データに飛び込むこと」だとしている。行単位、文章単位、段落、場合によってはテキスト全体について「この文、段落、テキストは、主としてどのようなアイディア（テーマ）を示しているのか？」と自問しながら検討していく。その後、研究者は現象に対して名前を付け、様々な問いかけをし、データの中に見出される

類似点と相違点に注目しながら比較をおこなっていく。

　生のデータは、研究者が概念化することによってはじめて意味があるものとなる。Strauss と Corbin が注意を喚起したように、生のデータそれ自体は何の役にも立たないものである。なぜならば、生データを使ってできることと言えば、単に語数をカウントしたり発言の内容をそのまま書き写したりするようなことだけに限定されるからである。概念は、常に分析以前の時点で名前を付けられるものである。つまり、概念は文献に由来するものであり得るし、研究者自身が作り出したものである必要はない。これが有利な点になる場合もある。というのも、その種の概念の中には、たとえば、「介護者の燃え尽き（バーンアウト）」、「病気のあいだに経験したこと」と「地位の喪失」のように、あらかじめ分析的な意味が含まれているものがあるからである。もっともその一方で、これらの概念の多くは既に特定の理論と強く結びついているために、現在おこなっている研究にとってはむしろ不利な条件になる場合がある。

　テキストに対して最初にオープン・コーディングをおこなう際には、話し手の言い回しや比喩表現に対して注意を払うことが勧められる。グランデッド・セオリーでは、そのような言葉と発言のことを、「インヴィボ・コード（in-vivo code）」と呼ぶ。たとえば、Strauss は「ナース・ステーションの伝統の守護神」という言葉をインヴィボ・コードの例としてあげているが、これは婦長が彼女の部署のもう 1 人の看護婦を指して言った言葉である（Kuckartz, 2010a, p.75）。

　オープン・コーディングの分析手順において、グランデッド・セオリーでは初期に設定した概念からカテゴリーの段階へと移行する。この場合で言うカテゴリーは、より抽象的な概念ないし抽象度の高い要約的な意味を持つ概念のことである（Strauss & Corbin, 1996, p.49 参照）。たとえば、子供たちが遊ぶのを観察していると、「（おもちゃなどを）抱え込む」、「隠れる」、「よける」のような概念が浮かび上がってくる。それから、それらの概念は、より抽象的なカテゴリーである「共有回避戦略」に展開することができる。

　グランデッド・セオリーの場合、概念は可能な限り正確で明確なものでなければならないとされている。また、概念は単なる言い換えでないものの、本来、より抽象的で一般的なレベルのものへと進化していくものであるとされている。以下の概念の例は、Strauss と Corbin（1996, pp.106-107）に見られるものである —— 「キッチンで働く」、「注目」、「情報の転送」、「邪魔にならないこと」、「サービスのタイミング」と「顧客の満足感」。かなりの数の概念が蓄積された

ら、次のステップでは、それらの概念をグルーピングしてカテゴリーという形にまとめ上げることができるようになる。

　以上でその概要について紹介したグランデッド・セオリーは、データに根ざした理論を構築しようとする発想を提唱するものであり、またそのための具体的な方法についての解説であると考えることができる。その、経験に根ざした分析という発想という点は、質的テキスト分析の発想との重要な共通点である。実際どちらの場合も、全てのカテゴリーとサブ・カテゴリー、関係性、構築された類型はデータを踏まえたものである。また、それらのものは、専門家であるか否かにかかわらず研究報告を読む人々にとって理解可能な形で記述されている。その当初から、グランデッド・セオリーの目的は「理論的」なカテゴリーを作り出していくことにあった[4]。一方、質的テキスト分析の場合は、必ずしもそうではない。グランデッド・セオリーでは、全てのデータに対してコーディングをおこなうことは必ずしも必要ではない。というのも、グランデッド・セオリーの場合は、いったんカテゴリーが設定されたら、次の段階ではそれらのカテゴリーを中心して作業をおこなって理論を構築することにもっぱら重点が置かれることになる。したがってその段階では、もともとのデータは置き去りにされることになる場合が多いからである。

複数の方法を組み合わせてカテゴリーを構築する

　質的テキスト分析は一定のルールを前提とするアプローチであり、また「演繹－帰納的なカテゴリー構築」と呼ばれるプロセスを経てカテゴリーを作成するために、多様な方法を組み合わせていくところに特徴がある。このアプローチによる研究事例については、Mayring と Glaeser-Zikuda の論文集『質的内容分析の実践』（2005）に収録されている多くの実践例や、Glaeser と Laudel が採用したアプローチ（2010）、Hopf ほかによる『家族と極右運動』（1995）などが参考になる。また、Hopf らの著書には、研究の際に採用した方法に関する詳細な解説が含まれている。この研究では、最初に愛着理論にもとづいて仮説とカテゴリーが作成され、その後、カテゴリーはデータに割り当てられた結果を元にして必要に応じて修正されたり細分化されたりしている。一方で、データ分析の過程で見出された予想外の知見、たとえば愛着理論だけでは説明できないような知見は、新しいカテゴリーを構築してく上での手がかりとなっている（Schmidt, 2010 参照）。

演繹−帰納的なやり方でカテゴリーを構築していく際のやり方には、リサーチ・クェスチョンの性格や研究プロジェクトのスケジュール次第で様々な方法があり得る。しかし、分析プロセスの全体的な手順については共通のものがある。最初は、リサーチ・クェスチョンや理論にもとづいて構築された比較的少数（通常はせいぜい 20 個程度）の主要なカテゴリーから分析を開始する。純粋に演繹的カテゴリーの場合とは違って、これらのカテゴリーは単に出発点に過ぎないものとして扱われる。それらのカテゴリーは探索的な分析のための手がかりとして用いられることになる。つまり、それらの主要カテゴリーを使ってデータを探索的に検討して、もし該当しそうな内容が見つかったらそれに対してカテゴリーを暫定的に割り当てるのである。一方、第 2 の手順では主として帰納的な方法でサブ・カテゴリーが構築される。この手順では、探索作業はそれ以前の段階で主要カテゴリーが割り当てられたデータに限定されることもある。

次章の 4.3 節ではテーマ中心のテキスト分析を取り上げて解説するが、そこでは、カテゴリーがどのようにしたら帰納的であると同時に演繹的なやり方で構築できるか、という点について典型的な研究事例を引用しながら紹介していく。

3.5　研究例

4 章以降では、質的テキスト分析に関する 3 つの基本的な方法について詳しく解説していく。そこで取り上げる研究事例に関する説明の中心となっているのは、著者自身が関わっていた研究プロジェクト（「気候変動についての個人的な認識 ── 知識と行動のあいだのギャップ」）との関連で収集したデータである。この研究における中心的なリサーチ・クェスチョンは以下のようなものであった ── 世界観・他人の行動や態度についての認識・「グローバル社会」における自分自身の位置づけに関する考え方などから推測される人々の基本的な評価という要因が、どの程度、気候の保全に関する知識と行動のあいだのギャップを生み出すことになるか？（Kuckartz, 2010b）

サンプルは、2 つの年齢グループに分けられた 30 人の研究協力者から構成されていた ── 15-25 歳（「ネットワーク時代の子供たち」）と 46-65 歳（「ベ

表3.3　研究例で使用されたインタビュー・ガイドからの抜粋

インタビュアー：世界観

　あなた自身のご意見では、21世紀の世界が直面している最大の問題は何でしょうか？
　どのようにしたら、私たちはこれらの問題に対処することができるでしょうか？
　もしそれらの問題に対して何らかの影響を与えることができるとしたら、その影響は何あるいは誰によるものでしょうか？
　気候変動と必要な二酸化炭素の削減について考えてみてください。
　先進諸国における人々の消費習慣を変えることは、そのような問題に対して良い影響を及ぼすことができるでしょうか

インタビュアー：他人についての見解

　人はよく態度と行動のあいだのギャップ、たとえば、「(建前としては) あることを言うのだけれど実際には他のことをする」というような傾向について話題にします。
　あなたは、何がこのようなタイプの行動の原因だと思いますか？

インタビュアー：自分自身の見解

　グローバルなレベルでの気候変動は、あなたに対してどのような影響を及ぼすでしょうか？
　あなたは、その状況に対してどのようなインパクトを及ぼすことができると思いますか？
　あなたのどのような行動が、その状況にインパクトを及ぼすことができると思いますか？
　あなたは、実際にそうしますか？
　もっとそのような行動を取りたいですか？
　あなたは、21世紀の問題に取り組んでいくことについて責任感を感じていますか？

インタビュアー：締めくくり

　あなたは、人々がこれらの問題に対する取り組み方について学ぶことができると思いますか？
　できるとするならば、どのようにして、どういう場所での取組みということになるでしょうか？

ビーブーム世代」)。研究は、次の2つの部分からなっていた —— (1) インタビュー形式をとった質的なオープン・サーベイ、(2) 標準化された質問表調査 (協力者の社会的・統計的な属性・気候変動についての一般的な評価 (評価尺度を使用) 等)。私たちは、問題中心のインタビュー (Mackie, 1974) から始めたが、それは、表3.3 に示したようなインタビュー・ガイドに沿っておこなわれた。

　インタビューとともに実施されたサーベイで使用された4ページからなる標準化された質問表には、以下のような質問項目が含まれていた —— 環境保護問題についての個人的な関心、様々な環境問題 (地球温暖化、原子エネルギーな

ど）にともなうリスクに関する評価、気候変動とその原因、環境についての個人的態度、環境に関するコミュニケーション、個人的な関与の程度。それに加えて、性別、年齢、教育レベル、年収のような人口統計学的なデータも収集された。

　質的インタビューの内容は実際に話された言葉どおりに文字起こしされた。また、標準化された質問紙の回答データは Excel の表形式で記録された。その上で、これら両方のデータが質的テキスト分析ソフトウェアを使って分析にかけられた。この研究プロジェクトは、本書における以下の解説にとって恰好の事例になっている。というのも、リサーチ・クェスチョン自体がかなり絞り込まれたものであるし、質的インタビューによって得られたデータも比較的容易に処理できる程度のサイズだからである。これよりも大がかりなプロジェクトから得られたデータを研究事例として使うのはかなり難しいが、なぜそれが困難であるかは容易に想像がつくだろう。特に、印字したデータが読者の手元に無ければ解説の内容が到底理解できないような、数千ページのインタビュー記録を含む研究プロジェクトは、ここで取り上げる研究事例としては明らかにふさわしくない。実際、それは本書の範囲をはるかに超えるものである。

4章 質的テキスト分析における
3つの主要な方法

この章では、以下の点について詳しく解説していく。

- 質的テキスト分析における基本概念としてのプロフィール・マトリクス（テーマを中心とするマトリクス）
- 質的テキスト分析における3つの主要方法のあいだの類似点と相違点
- テーマ分析（thematic analysis）
- 評価分析（evaluative analysis）
- 類型構築式テキスト分析（type‑building analysis）
- 基本的な手続きと初期の分析局面
- 分析結果を整理し発表をおこなう際の様々な方法

　以下本章では、質的テキスト分析における3つの基本的な方法について解説する。これら3つの方法で採用されている分析戦略はそれぞれタイプが異なるが、3つとも実際の研究で用いられてきたものである。特に、最初のタイプの方法（テーマ中心の質的テキスト分析：thematic qualitative text analysis）が頻繁に採用されてきた。

　興味深い点ではあるが、テーマに関する分析は、量的内容分析の領域でも最も頻繁に使われてきた方法である。一方で、「質的」テキスト分析と「量的」分析の違いは、テーマ分析の進め方という点において最も顕著に表れている。

　つまり、要素還元的な発想にもとづく量的分析の場合には、言語データを（数値で表現された）厳密なカテゴリーに変換し、その結果として生じるデータ・マトリクスを統計学的な方法で評価しようとする。それに対して、質的テ

キスト分析をおこなう際に主に関心があるのは、テキストそれ自体、特にテキスト全体に見られる特徴である。質的テキスト分析の場合には、カテゴリーが割り当てられた後の段階でも、テキストそれ自体（つまり、発言や内容や言い回し）はデータとして意味を持ち続けることになり、また、最終的な結論を準備したり公表したりする際に重要な役割を果たすことになる。一方、量的内容分析の場合には、分析結果として解釈され公表されるのは、単なる統計的なパラメータ、係数、因果モデルだけである。量的内容分析における言語データはコーディング・プロセスが完了してしまえばもはや、研究報告において引用すべき対象としてすら何の意味も持たない。というのも、統計分析による結果のもっともらしさを証明する際にテキストの特定箇所を引用することなどあってはならないからである。

　以下で解説する質的テキスト分析の3つの方法は全て、テーマと事例の両方に対して焦点をあてて分析を進めていく方法である。これは、これらの方法がカテゴリー・ベースの分析法としてだけでなく、事例に着目した場合には事例分析として見ることもできる、ということを意味する。たとえば、カテゴリー・ベースの要旨を作成する場合にそれが典型的に現れている。実際、これらの3つの方法の全てにおいて、複数の事例同士あるいは事例のグループ同士を比較する作業は分析プロセスにおいて非常に重要な意味を持つことになる。

4.1　プロフィール・マトリクス —— 質的テキスト分析の基本概念

　質的テキスト分析の基本となっているのは「プロフィール・マトリクス」という考え方である。ほとんどの場合、プロフィール・マトリクスの列にはその構成要素としてテーマがあげられており、したがって「テーマ・マトリクス」と呼ばれることもある。もっとも、一方で、プロフィール・マトリクスには特性、場所、日付などが含まれる場合もある。

　このような形式でデータを体系化するやり方は、量的データを統計学的に分析する際にクロス集計表を作成する手続きに相当する。量的分析の場合には、パラメータや係数が主要な関心事項であり、集計表に情報として含まれている関係は、最終的に1個の係数（たとえばカイ二乗係数、ピアソンのr（相関係数）、あるいはクラメールのV（連関係数））として集約されることが多い。

表4.1 プロフィール・マトリクスの典型例（ここではテーマ別マトリクス）

	テーマ A	テーマ B	テーマ C		
人物1	テーマ A に関する人物1のテキストの該当箇所	テーマ B に関する人物1のテキストの該当箇所	テーマ C に関する人物1のテキストの該当箇所	⇒	人物1に関する事例要旨
人物2	テーマ A に関する人物2のテキストの該当箇所	テーマ B に関する人物2のテキストの該当箇所	テーマ C に関する人物2のテキストの該当箇所	⇒	人物 2に関する事例要旨
人物3	テーマ A に関する人物3のテキストの該当箇所	テーマ B に関する人物3のテキストの該当箇所	テーマ C に関する人物3のテキストの該当箇所	⇒	人物 3に関する事例要旨

以下のテーマに関するカテゴリー・ベースの分析

⇓	⇓	⇓
テーマ A	テーマ B	テーマ C

　一方で、当然ではあるが、質的分析の場合、その目的は情報を数値の形で要約してその統計的有意性について確認するようなことにはない。質的分析の目的は、むしろ、そのような「プロフィール・マトリクス」に含まれている情報を明瞭かつ総合的に解釈できるようにすることにある。実際、マトリクスの個々のセルに含まれているのは数値でなくテキストであり、そのテキストは、分析をおこなっている最中にいつでもアクセスできるものなのである。したがって、テキストはその文脈情報を見失うことなく選択したり、パラフレーズしたり、抽象化したりすることができるということになる。

　プロフィール・マトリクスについては、以下に述べるように、2つの方向での分析が可能である。

　「水平方向」での分析の場合、特定の人物による発言の全体像を把握するために、マトリクスの行を軸にして横方向に見ていく（たとえば、2行目の「人物2」）。これによって、テーマ的なカテゴリーによって構造化された「事例中心」の視点による分析をおこなうことができる。その分析結果は、たとえば、幾つかのテーマないし全てのテーマに関する事例要旨という形をとる。

　一方、「垂直方向」での分析の場合は、特定の列（たとえば、テーマ B）に注目して、「テーマ中心」の視点によって分析することになる。これによって、

特定のテーマに関する全ての話者の発言を眺めてみることができる。

　特定の1つの行または列を中心にして要約を作成することによって、個々の事例要旨（特定個人の人物としての特徴を明らかにする）あるいはテーマ要旨（体系的な方法で特定のテーマに関する発言を記述する）を作成することになる。もっとも、マトリクスは、これよりもはるかに複雑な分析をおこなう際にも利用できる。たとえば、複数の行に含まれている情報を互いに比較することによって、複数の人物のあいだの類似性や相違について明らかにすることができる。また、複数の列を互いに比較することによって、複数のテーマ間の関係を明らかにし、さらに複数の発言がそのテーマ間の関係とどのように対応しているかという点について検討することができる。これに加えて、様々なカテゴリーに含まれる発言を対比させることによって、複数の発言が互いにどのように対応しているかについて見ていくこともできる。

　さらに、行と列は水平方向だけでなく垂直方向にも要約することができる。つまり、特定の特徴を基準にして個人をグループ分けしてみたり、テーマをより抽象的で包括的なカテゴリーによってグループ分けしてみたりすることもできるのである。

4.2　3つの方法の類似点と相違点

　以下で詳述する3つの方法では、そのどれもが「カテゴリー」を基本的な単位として作業をおこなうことになる。1940年代にシステマティックな研究方法として開発された古典的な内容分析の場合、その方法論の根底には、カテゴリーを構築し、それらのカテゴリーによって資料やデータを分析するという発想がある。その後、内容分析は、テキスト分析の質的な側面、つまりテキストの「理解」を軽視ないし無視する場合が多い量的内容分析の方向へと傾斜していった。

　本章で詳しく解説していくテキスト分析に関する質的な方法も、量的内容分析の場合と同様に、カテゴリーに焦点をあてており、カテゴリーが分析における最も重要なツールになっている。本章で見ていく3つの方法は、それぞれ幾つかの点で互いの発想を前提にしている。もっとも、これは、この3つのあいだに何らかの階層的な関係があるということを意味しない。つまり、評価を含

む分析がテーマの分析よりも優れた方法であるというわけではないし、類型構築式の分析法が評価を含む分析より優れているというわけでもない。したがって、そのような優劣関係について考えるよりは、むしろ、あるリサーチ・クェスチョンに対する答えを求めるためには、どの方法が最適であるかという点について検討していく方が賢明であろう。

実際、分析の過程で類型を構築するのは必ずしも得策ではない。方法論の教科書の中には、類型構築が質的研究のゴールであるとするものが少なくない。また、その種の教科書では、類型論が量的研究の場合における層化無作為抽出法や推測統計の手法に該当すると主張している。しかし、研究自体の最終的な目標が研究対象の詳細な記述にあったり、様々な概念間の関連に関する仮説を検証することにある場合には、類型の構築という手続きはおそらくそれほど有効ではない。

また、かなり探索的ないし記述的な性格が強い研究の場合は、問題と議論の分析に集中する例が多く、様々なカテゴリー間の関係について調べることが多い。たとえば、グラウンデッド・セオリーの研究スタイルでは、調査対象となる現場において確認できた現象を理解する上で鍵となる中心的なカテゴリーを構築することを目指す（Strauss & Corbin, 1996, pp. 100-101 参照）。このような場合は、いずれも、評価を含む分析や類型構築式の分析法を採用するのは適切なやり方だとは言えないだろう。実際、評価を含む分析を採用してしまうと、あまりにも初期段階で分析をおこなわざるを得なくなる。また、この分析法と類型構築式テキスト分析が両方とも採用しているのは、グラウンデッド・セオリーの基本的な発想となっている比較研究法的なアプローチとは全く別物の発想である。グラウンデッド・セオリーの比較研究法では、主として最小限ないし最大限の違いに焦点を置いて分析を進めていくことになる。

それでは、質的テキスト分析に関する3つの方法のあいだには、どのような共通点があるのだろうか？　以下には、その共通点について重要なポイントを6つあげておいた。

1. データ分析に関する方法である。つまり、これら3つの方法は、特定のデータ収集法を前提としているわけではないのである。したがって、たとえば、既存の質的データの二次分析に際しては、同じデータに対してテーマ分析と類型構築式のテキスト分析のどちらであっても適用することができる。

2. これら 3 つの方法は、データを圧縮し要約する方法であり、釈義的にそれを解釈するために分析したり拡張したりするための方法ではない。

3. カテゴリー・ベースの方法である。したがって、分析プロセスの中心になるのは分析的カテゴリーである、もっとも、カテゴリーを構築する際の方法という点で違いがある可能性はある。カテゴリーやテーマは、理論ないしリサーチ・クェスチョンから導き出されてデータに対して適用される場合もあれば、データから直接引き出される場合もある。カテゴリーを構築するために色々な方法を組み合わせて使用することもよくある。

4. 体系的な科学的研究法であり、芸術的な解釈の余地は無い。つまり、これら 3 つの方法の手続きについて明確に記述しておけば、研究者や学生にとって修得が可能である。言葉を換えて言えば、これらの方法は、文学や美術史のような領域に特徴的に見られる名人芸的な解釈とは無縁なのである。

5. 3 つの方法は言語に関するものであり、当初は言語的データの体系的な質的分析のための方法として考案された。また、これらの方法は、イメージ、映画等の文化とコミュニケーションの産物に対しても適用できる。

6. 体系的で規則に則っておこなわれる分析手続きであることによって、3 つの方法の全てについてその質を判定するための基準を設定することができる。実際、私たちはテキスト分析の質の善し悪しについて判定することができるのである。

　3 つの方法は、いずれの場合も、データ収集の手続きが完了する前の段階でも分析作業を始めることができる。これら方法は、色々なタイプの標本抽出法との相性が良い。たとえば、伝統的な割当て法（クォータ・サンプリング）のようなやり方とも、グラウンデッド・セオリーでよく使われる理論的サンプリングとも相性があう。もっとも、これら 3 つの方法は、いずれも体系的なプロセスなのであり、全データ資料に関する徹底的なコーディングが要求される。つまり、カテゴリー・システムに関して大がかりな変更が生じた時には、データに対して追加的な処理が必要となる。したがって、その場合には、相当程度の労力を投入しなければならない。このように、全データが体系的な、カテゴリー・ベースの方法による分析にかけられるという前提があることによって、研究者が特定の事例にもとづいて早まった結論を出すことが未然に防止される。なお、どの分析法を採用する場合にせよ、分析プロセスにおける個々のステッ

プについては研究日誌を使ってできるだけ正確に記録しておくことが勧められる。

4.3　テーマ中心の質的テキスト分析

基本的特徴

テーマ中心の質的テキスト分析は多くの研究プロジェクトで採用されてきた定評ある方法である。また、たとえば Lamnek が詳細な「内容を要約する分析法の例」（Lamnek, 1993, p.110）として取り上げたように、この分析は方法論の文献において様々な形で紹介されてきた。テーマ分析をおこなうためのカテゴリー構築の手続きについては色々な方法が提案されてきた。その中には、データを使って帰納的にカテゴリーを構築する方法から、調査現場の状況から示唆される理論あるいはリサーチ・クェスチョンから演繹的にカテゴリーを導き出す方法にまで及ぶ。

もっとも、カテゴリーを構築する手続きの両極端のケース —— 完全に帰納的な手順あるいは完全に演繹的な手順 —— というのは、現実にはほとんど見られない。たいていの場合、カテゴリー構築とコーディングは多くの段階を踏んで実施される。最初の段階では、データはメイン・カテゴリーを基準にしてかなり大まかにコーディングされる。それらのカテゴリーは、たとえば、データ収集の際に使われた一般的なガイドラインに沿ったものである。この第1局面におけるカテゴリーの数は比較的少なく処理しやすいものである。それは、通常およそ 10 〜 20 程度のメイン・カテゴリーから構成される。次の局面では、さらに多数のカテゴリーが作り出され、またデータにもとづいてより細分化されたものになっていく。続いて、データセット全体が改めてコーディングされ、カテゴリーにもとづく分析が実施されて、研究報告の準備へと作業が進んでいく。このようにして、次第により精巧なものとなっていくカテゴリー構造が最終的に公表される研究報告の基本的な骨格を形成することになる。このカテゴリー・ベースの分析は、注目すべきサブグループ同士を比較したり対比したりする作業を通して洗練度・複雑性・説明力を増していく。

原理という点から言えば、このプロセスは、ガイドラインに沿っておこなわれる、問題中心であり、かつ焦点を絞ったインタビューに関するテーマ分析だ

けでなく、他の多くの種類のデータを分析する際にも適用できる。その中には、たとえばフォーカス・グループやエピソード中心ないしナラティブ・インタビューなど他のタイプのインタビューも含まれる（Flick, 2007a, pp.268-278 参照）。多少の修正が、それぞれのインタビューのタイプごとになされることが多い。たとえば、ナラティブ・インタビューの場合には、分析者にとって関心のあるテキストの該当箇所は、インタビュー対象者が何かについて話したり説明したりするテキストの一節ということになる。この場合、分析の焦点は主にそのようなナラティブ・データに置かれることになる。

分析プロセス

テーマ分析の基本的なプロセスは、図4.1 のように図解できる。

詳しい解説

第1局面 —— テキストに対する最初の処理：テキストの重要な箇所にマークを付けてメモを書く

分析プロセスにおける第1段階 —— テキストに関する最初の処理、メモと最初の事例要旨の作成 —— については、既に3章で解説しておいた。したがって、ここではごく短い解説にとどめておく。テーマ中心の質的分析は、テキストを注意深く慎重に読み込んでいき、特に重要だと思われる箇所を選んでマークを付けるところから始まる。紙面ないしモニター上の余白部分にコメントと観察内容を書き込み、特に興味深いか研究テーマと関連のある部分ないし分析に関連して浮かんできたアイディアは、それがどのようなものであってもメモとして書き留めておくことにしたい。このテキスト処理の第1段階の締めくくりとして、ごく短い事例要旨を仮のものとして書いておいてもよい。

次のステップでは、テーマに関連するカテゴリーが確定される。つまり、最初のコーディングのプロセスが始まるのである。

第2局面 —— 主要なテーマ関連のカテゴリーを作り上げる

テキストの実際の内容 —— つまりテキストに含まれるテーマとサブ・テーマ —— は、テーマ中心の質的テキスト分析の際の分析カテゴリーとして用いられる。これらのテーマは、どのようにして生じてくるのだろうか？　どのようにして分析をおこなう上で「適切な」テーマやサブ・テーマを選んでいけば

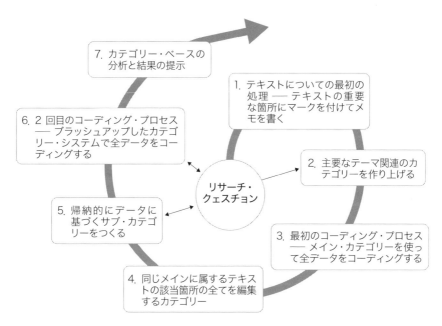

図4.1 テーマ中心の質的テキスト分析プロセスの手順

よいのだろうか？　きめ細かい分析のためには、どれだけの数のテーマを設定すべきだろうか？

　メイン・テーマは、通常はリサーチ・クェスチョンから直接導き出されるものであり、既にデータ収集の段階でその収集の仕方に対して影響を与えている場合が多い。たとえば、私たちの研究事例では、参加者が、オープンエンドのインタビューの際に〈何を世界最大級の問題として考えているか〉という点について質問されているので、「世界最大級の問題」が分析上のメイン・カテゴリーとして用いられるのは至極当然のことだと言える。同じことは、「気候変動に関する一個人としての行動」というテーマについても当てはまる。この点が研究プロジェクト全体にとって非常に重要であることから、このテーマはリサーチ・クェスチョン自体の中に含まれており、分析の際にも主要なテーマの1つとして用いられている。

　当然ではあるが、その一方で、テキストを注意深く読み込んでいく作業を通して、研究者が予想外の新しいテーマを発見することもあり得る。分析上の手続きとしてテキストを処理していく際には、グラウンデッド・セオリーにおけ

るオープン・コーディングと同じような方針を採用するのが最良の方法である。つまり、新規に設定されたテーマについては、紙面やモニター上の余白に書き込むか、別途メモとして記録するのである。原則としては、当初から研究に関連のありそうに見えていたか、何かしら奇妙な印象を持った事柄については、それがどのようなものであっても、とりあえず記録にとどめておく必要がある。そのような形でデータを処理していく中で、異なるタイプのテーマ、つまり、とりあえず取り上げておいたテーマと分析をおこなう上で重要な意味を持つ可能性があると思われたテーマとを区別する上での感覚が磨かれていくものである。

テーマとサブ・テーマを設定していく際には、3章で紹介したような手続きに従ってデータから直接構築していく場合もあれば、かなり演繹的な方法で、リサーチ・クェスチョンに関連する理論的フレームワークないし目下の研究で採用されている一般的なガイドラインにもとづいて設定していくこともあるだろう。いずれの場合にせよ、最初の段階では、幾つかデータを処理してみて、当初設定したテーマとサブ・テーマないしその他の定義が実際にデータに対して適用できるかどうか確認してみる必要がある。具体的にどれだけの量のデータをそのような検証にかけてみるべきかという点は、データセット全体の規模やカテゴリー・システムの複雑さの程度に依存する。データが複雑であればあるほど、また、カテゴリーの数が多くなればその分だけ、そのような検証にとって必要となるデータの量は増えてくる。一般に、初期の段階でテーマやカテゴリーの適用性について確認する際には、データ全体の1割から2割程度をあてれば十分である。一方、直接データにもとづいてカテゴリーを設定しているような場合には、この最初の確認作業は省略してしまって、直接コーディング・プロセスの段階に進んでも構わない。

第3局面 ── 最初のコーディング・プロセス：メイン・カテゴリーを使って全データをコーディングする

「最初のコーディング・プロセス」は、便宜上は最初から順を追っておこなうことができる。つまり、研究者がテキストを最初から最後まで1段落ずつ、そしてまた1行ずつ読み通していき、テキストの特定箇所をカテゴリーに割り当てていくのである。こうして、研究者は、テキストの特定の箇所でどのようなテーマが話題になっているのかという点について確認した上で、それに対応

するカテゴリーを割り当てていく。事前に設定されたテーマとサブ・テーマに関連する情報を含んでいないテキストの箇所は、リサーチ・クェスチョンとは関連がないので、コーディングの対象にすべきではない。

　原則としては、カテゴリーはテキストに関する全体的な評価を基準にして割り当てるべきである。これは特に、研究者がまだ分析の方向性について確信を持てていない場合について言える。解釈学の観点からすれば、テキスト全体を理解するために、まず個々の部分について理解しなければならない。あるテキストの箇所が複数のテーマを含んでいることもよくあるので、1つの箇所に複数のカテゴリーに割り当てていくケースもある。

　　テーマ中心の質的テキスト分析では、同じテキストの一節が、異なる複数のメイン・テーマないしサブ・テーマと関連を持っている場合もある。この場合、1つのテキストの箇所は、複数のカテゴリーに対して割り当てられていく。その結果、コーディング処理された箇所の中には、互いに重複し、また絡み合っているものが含まれることになる。

　古典的な内容分析には、〈カテゴリーを厳密に定義しなければならない〉という決まり事が存在する。これは、よく〈テキストの一節に割り当てることができるのは1つのカテゴリーだけ〉という風に誤解されてしまうことがある。しかし、この原則は、複数のサブ・カテゴリーが相互排他的であることが前提とされるカテゴリー・システムについてだけ当てはまるルールである（これについては、3章3.4節の演繹的なカテゴリーの例を参照）。

　テーマ中心のコーディングにおいて、特定テキスト箇所が複数のテーマについて話題にしている場合も多いことが想定されており、そのような場合には、その箇所は複数のカテゴリーに割り当てられることになる。

　私たちの研究事例では、インタビューにおける一般的なテーマの内容にもとづいてカテゴリーを設定した（表4.2参照）。

表4.2　テーマに関わるメイン・カテゴリーのリスト

略語	主要なテーマに関わるカテゴリー
WP	世界最大級の問題
IP	世界的な問題への影響
CC	消費と世界的な気候変動
CD	態度と行為・行動とのあいだの食い違いの原因
PR	世界的な情勢に対する個人の関係
PB	一個人としての行動
SR	責任感覚
AL	国際問題に取り組んでいく方法について学ぶ能力

　以下にあげる一連の規則は、テーマ分析における最初のコーディング・プロセスに使われるカテゴリー・システムに適用されるものである。

　カテゴリー・システムは、

- リサーチ・クェスチョンと特定の研究プロジェクトの目標と密接な関連を持つべきである
- 範囲は狭すぎず、かつ、広すぎないものにすべきである
- カテゴリーに関して正確かつ詳細な説明がなされている必要がある
- 分析結果の報告を念頭に置いて設定されるべきである。たとえば、カテゴリーの選択にあたっては、分析プロセスが完了した後に研究報告の内容に対して明確な構造を与えられるようなものを選ぶべきである、また、
- あらかじめデータの一部分について検証しておく必要がある

　最初のコーディング・プロセスのあいだに、全データセットがコーディングされることになる。その際には、個々のコーディングの単位、つまり、コーディングの対象とするテキスト箇所のサイズを決めておく必要がある。これについては、次にあげるインタビュー記録の抜粋が参考になるだろう。

> I: あなたのご意見では、21世紀における世界最大級の問題は何でしょうか？
>
> R1: さて、それは随分と広い質問ですね（...）私は、宗教的ないし文化的な問題に関係のある紛争は、明らかに最も困難な問題の中に入ってくると思います。それと、もちろん環境や自然に関係する紛争も。でもまあ、そういう問題のあいだでどれが1番とか2番とかランク付けはできないと思うんですね。だって、そういう紛争はどれも世界全体に影響を与えているし、根深い問題だと思うので（...）。水資源についての紛争から宗教紛争まで、本当に色々な紛争があるんですよね！　でも、現在のところは、環境、文化、宗教紛争が一番深刻だと思うんです。

　この引用部分は、明らかにWP、つまり、世界最大級の問題というカテゴリーに該当するものである。この例に見られるように、コーディングの単位は、その箇所をもともとの文脈から取り出した場合でもそれ自体で理解できる程度に十分に大きなものでなければならない。また、たとえガイドラインに沿っておこなわれたインタビューに対する個別の答えがそれぞれ比較的短いものであっても、もしある質問に対する答えが全体として1つのコーディング・ユニットに対応するものになっている場合は、即座にコーディングをおこなうことができる。したがって、あるテーマに関連していると判断できる該当箇所は、その中に複数のパラグラフが含まれている場合でも、その全体に対してWPというコードを割り当てても構わないということになる。このアプローチを採用すれば、同じカテゴリーが繰り返しテキストの同じセクションないしパラグラフに割り当てられることを防ぐことができる。一方で、そのセクションの中に含まれている特定箇所では他のテーマやカテゴリーが言及されているようなケースもあるだろう。その場合は、それに該当する個別の文章に対して別のカテゴリーが割り当てられることになる。

　コーディング、つまり、テキストの特定箇所を何らかのカテゴリーに割り当てる作業に関しては、以下のルールが設定できる。

1. コーディングの際の単位は、形式的な基準によって規定されるわけではなく、意味的な範囲によって決まる。したがって、そのような意味の単位は、常にそれぞれが完結した思考内容を含み、また完全な文章（フルセンテンス）でなければならない。
2. 意味上の単位が複数の文ないしパラグラフにわたっている場合には、それらは一緒に1つの単位としてコーディングされる。
3. 話し手の発言を理解するためにインタビューにおける質問ないし補足的な説明が欠かせない場合には、それらについても1つのコーディングに含める。
4. カテゴリーを割り当てる際には、関連する情報をその中に含むどの程度のテキストの箇所についてコーディングすべきかという点に関する感覚を磨いておくことが大切になる。この点に関するため最も重要な基準は、周囲の文脈からある箇所を抜き出したとしても、その箇所だけで理解が可能ということである。

チームで作業にあたる：コーディングに関する質保証

　質的テキスト分析を実施する際の重要な問題の1つは、テキストに対するコーディング作業を1人の担当者がおこなうか、あるいは、複数（少なくとも2人）でおこなうか、という点である。この点に関して、HopfとSchmidt（1993）は、「合意にもとづくコーディング」と呼ばれる共同作業のアプローチを推奨している。これは、研究チームの2人以上のメンバーがそれぞれ個別にインタビュー記録をコーディングするというテクニックである。このような手続きで作業をおこなうためには、カテゴリーとサブ・カテゴリーについて適切な解説があり、また具体例が添えられているカテゴリー・システムが必要となる。合意にもとづくコーディングによって、研究プロジェクトの品質とコーディングの信頼性を高めることができる。

　具体的な手続きとしては、最初のステップとして、2人以上のコーディング担当者が、それぞれ別個にデータをコーディングする。それから、2番目のステップでは、コーディング担当者が全員同席して、コードを整理し互いのコーディング結果の類似点と違いについて検討する。コーディングに関するそれぞ

れの理由付けについての議論を通して、最適なコーディングに関する合意を見出す方向で努力する。そうすることによって、研究者は当初見解が分かれていたテキストの該当箇所を例として取り上げてカテゴリーの定義とコーディングの方向性について微調整していくことになる。

　もし合意に達することができないならば —— そういう事態は滅多に生じないのだが —— 研究チームの他のメンバーを加えて議論するか、チームの全メンバーで見解が分かれたテキストの箇所について協議する。このような手続きによって、コーディングと評価における違いが目に見えるようになり、また、それが研究チーム内での建設的な議論につながっていく。量的テキスト分析の作業の場合に生じるコーディングの一致度に関する問題の場合は、主に、コーディング担当者間の信頼性係数（評定者間信頼性）が十分なだけの値になるか、という点が重要になる。それに対して、質的テキスト分析の場合に焦点となるのは、研究チームとしての見解の相違を明らかにした上で最終的な合意を形成することにある。この合意を踏まえたコーディングについては、最初からコーディング作業に関わってきた少なくとも 2 人の研究者が必要となる。

　このように、一般論としては、それぞれ独立してデータを分析する 2 人以上のコーディング担当者が作業にあたることが望ましい。実際、複数の研究者がコーディングを担当することによって、ほとんど自動的にカテゴリー定義がより正確なものになり、また、テキストをカテゴリーに割り当てる作業の信頼性も増してくる。もっとも、複数のコーディング担当者で作業をおこなうことが必ずしも可能ではないケースもある。たとえば、修士論文ないし博士論文を書いているような場合には、他の人によるサポートが得られないことも多いだろう。そういう場合には、研究者は、カテゴリー定義をより明確なものにしていき、また必要な場合には典型的なコーディングの例について常に意識して作業を進めるよう心がけるべきだろう。

　1 人だけによるコーディングは好ましいものではなく、避けるべきであるという点については疑問の余地はほとんどない。もっとも、インタビュー・ガイドに沿っておこなわれたインタビューの文字起こし記録のように、コーディングの枠組みにきちんと定義された少数のカテゴリーしか含まれていないような場合となると、話は別である。そのような場合は、カテゴリーの適切な割当てに関してそれほど悩まなくてもよい。というのも、その場合は、話し手の答えは、ほとんどの場合インタビュー・ガイドに含まれている質問に対応しており、

そのガイドがそのまま最初のコーディング作業におけるコーディングの枠組みとして使えるからである。

第4局面 ── 同じメイン・カテゴリーに属するテキストの該当箇所の全てをリストアップする

第5局面 ── データにもとづいて帰納的にサブ・カテゴリーを作る

テーマ分析の場合は、最初のコーディング・プロセスに続く次の段階としては、通常、一般的なメイン・カテゴリーに対応するサブ・カテゴリーを設定する手続きが実施される。一般に、この手続きには以下のような作業が含まれている。

- さらに細分化したいと思うテーマ的カテゴリー、つまりサブ・カテゴリーを設定したいと思う（新しい）カテゴリーを選択する。
- そのカテゴリーに属するコーディングされたテキストの箇所を全てリストアップして、リストないし表を作成する。これが、「テキスト検索」と呼ばれる作業である。
- データにもとづいてサブ・カテゴリーを構築する。それらのサブ・カテゴリーをリストに加える。この段階のリストについてはまだ何らかの方針に沿って順番が設定されているわけではない。チームで作業している場合、それぞれの研究者は自分が担当するデータセットについてサブ・カテゴリーを設定して構わない。たとえば、チームが4人のメンバーから構成されていて、全部で20のインタビューをおこなったとするならば、それぞれの研究者は平均で5事例についてコーディングを担当して提案をおこなうことになるだろう。
- サブ・カテゴリーのリストを体系化して何らかの方針で順序を設定し、関連のある局面について確認する。必要に応じて、サブ・カテゴリーを要約してより一般的で抽象的なサブ・カテゴリーに統合していく。
- サブ・カテゴリーに関する定義を設定し、典型的な例を使ってそれらのサブ・カテゴリーについて例示する。

第1の例：「WP ── 世界最大級の問題」というカテゴリーに対応するサブ・カテゴリーを設定する

ここで研究事例として取り上げる、著者たちがおこなった研究プロジェクト

では、データをもとにして「WP —— 世界最大級の問題」というカテゴリーに対応する幾つかのサブ・カテゴリーを設定した。私たちは、最初にチーム・ミーティングの場でメンバー全員からサブ・カテゴリーに関する提案を募った。次に、指摘された国際的な問題を全てリストアップし整理した上でグループ分けした。

どのようにすれば、そのような長大なリストを、次のステップにおける分析のために使えるような手段として整備していけるのだろうか？　これについては、一般的な原則としては、分析の最終的な目標を考慮に入れる必要がある。つまり、次のような点について自問してみるのである。後で研究報告の際にこのテーマに関してどのようなことを報告したいのだろうか？　この段階でどれだけ詳細なサブ・カテゴリーを設定できる、あるいは設定すべきなのだろうか？　複数のカテゴリー間の関係を明らかにするためにサブ・カテゴリーは必要だろうか？　サブ・カテゴリーについてどの程度の細分化が有効であり、また必要なのだろうか？

ここで取り上げる研究事例では、私たちは研究チームとして、〈話し手が世界で最も重要な現在の問題としてあげる問題とそれぞれの話し手の個人的な態度とのあいだには密接な関連があり、したがって、人々の日常生活における行動に対して影響を与えている〉と仮定した。研究における主要テーマ、つまり、気候変動に関する個人の認識に関して、私たちは、世界最大級の問題の1つとして世界的な気候変動を取り上げることが個人の日常的な行動に影響を及ぼすどうかについても調査したいと考えていた。

カテゴリーというのは明確かつ簡潔であるべきであり、また可能な限り単純であり、必要なだけ洗練されたものである必要がある。サブ・カテゴリーの数が増えていけばいくほど、それぞれのカテゴリーについての定義はより正確なものにしておくべきである。また、不正確なコーディングのリスクが増していけばいくほど、コーディング担当者の訓練はより複雑なものになり、複数のコーディング担当者間の合意の形成は困難なものになっていく。一般的に、網羅的であるためには全てのカテゴリーについて「その他」という名前のサブ・カテゴリーを付け加えておく必要がある。

私たちの研究事例の場合、サブ・カテゴリーの最終的なリストは以下のようなものになった。

表4.3 「世界最大級の問題」というメイン・カテゴリーに含まれていたサブ・カテゴリーの定義

「世界最大級の問題」のサブ・カテゴリー	定義	データに含まれていた実例
環境	自然環境という意味での環境に影響を及ぼす変化と状況を含む	気候変動 環境汚染
紛争	国家間ないし異なる社会的、政治的、民族的、宗教的なグループ同士の非暴力的あるいは暴力的な紛争を含む。	戦争 テロリズム 宗教紛争
社会問題	社会の様々なレベルで生じる社会変動と社会問題を含む。	社会変動 自己中心主義 社会の道徳的頽廃 移住
病気	病気に起因する広範囲の問題を含む。	疫病
テクノロジー	我々の生活に対して永続的に影響を及ぼすであろう現在の技術的変化を含む。	テクノロジーの変化
資源不足	生存あるいは一定の生活水準を維持するために必要な全ての種類の物資の不足を含む。	飢餓 水不足 資源不足 エネルギー不足
貧困	グローバルな状況あるいは国内での貧困状況について述べている。	子供の貧困
社会的不平等	貧困の側面には焦点を当ててはいないが、富の不公平な分配や富める者と貧しい者とのあいだのギャップを強調している。また、たとえば教育機会のように機会の平等に関するものでもよい。	富める者と貧しい者のあいだのギャップ 不平等：第一世界、第二世界、第三世界その他

第2の例：気候変動に対する態度

　以下で紹介していく2番目の例の場合、次元について確認しテーマに関するサブ・カテゴリーを構築する際に採用した方法は、上で紹介した1番目の例と比べてより複雑なものになっている。このケースでは、「気候変動に関する個人の行動」というメイン・カテゴリーについての検討を経てサブ・カテゴリーを構築することが作業の中心になる。まず手始めに、最初のコーディング・プロセスでコーディングされたテキストの該当箇所を注意深く読み込むことになる。次に、概念やテーマについて吟味して、どうすればそれらの次元を体系化することができるかという点が明らかにできるまで作業を続けていく。こうし

て、私たちは以下のようにかなり長いコードのリストを作成することになった。

- 低燃費車を使う
- ゴミを分別してリサイクルする
- 省エネルギー型の電球を買う
- 屋根の上に太陽光パネルを設置する
- 産業界が模範を示すべきだ
- 私たちはもっと多くのことができるに違いない
- 時間の余裕が無い
- 有機野菜は高くて買えない
- 個人では実質的なことは何もやれない
- エネルギー効率の良い製品を買う
- テクノロジーだけが問題を解決できる
- 政治的公正性
- エネルギーを節約せよ
- 自分は環境問題に関して「意識高い系」ではない
- 古い習慣に戻るのはあまりに簡単だし楽だ
- 環境よりもモラルを向上させることの方が重要だ

　そのような一見際限のないほど項目数が多いサブ・カテゴリーのリストを体系化して集約していくのには若干のテクニックと実践を踏まえた学習が必要になる。しかし、最も重要なのは、そのリストに含まれる項目がリサーチ・クェスチョンと関連しており、また研究の最終成果物（ほとんどの場合は研究報告）を常に念頭に置いて設定されたものであり、かつ、想定される読者にとって意味深いものである必要がある、という点である。カテゴリーの分類体系は、納得感があって分かりやすく、最新の理論的な観点を含んでおり、また理論面でのきめ細かい分析を促すようなものでなければならない。既存の概念とカテゴリーをそのまま利用するやり方を選択する場合には、自分の研究テーマにとって適合するような形にそれらの概念やカテゴリーを細分化したり体系化したりしていく必要があるだろう。

　私たちは、「気候変動を防止するための個人行動」というメイン・カテゴリーについては、以下の4つの次元を確認することができた。

1. **現在の行動**：話し手が積極的に環境保護に関わる意向を示した行動領域については、そのそれぞれをサブ・カテゴリーとして定義した。その中には、たとえば、以下のものが含まれる —— 「エネルギーを節約する」、「ゴミの分別とリサイクルをする」、「エネルギー効率の良い製品を購入する」、「環境にやさしい交通手段を使用する」、「環境保護グループに参加する」、「低燃費車を使う」、残余カテゴリーとしての「その他」。

2. **行動を変えていく意向**：話し手のほぼ全員が、建前としては、これまで以上に気候変動を防止するための行動をとる意向を示している。もっとも、一方ではほとんどが「ええ、でも……」と前置きした上で、それほど徹底した行動はとれないという点について言い訳をしている。私たちは、そのような言い訳と彼らがあげた障害をサブ・カテゴリーとして定義した。その中には、以下のようなものが含まれている。「時間の余裕が無い」、「（これまでの生活スタイルが）あまりにも楽だ」、「1人の努力では効果がない」、「産業界や政府が模範を示すべきだ」、「日常的な慣習が邪魔になっている」、「お金がかかりすぎる」、「社会的インフラが整備されていない」、残余カテゴリーとしての「その他」。

3. **行動原理**：この次元は、多くの話し手が一個人としての行動や今後行動を変えていく可能性について述べた一般的な態度に関連するものである。実際の行為は、主要な2つのポイントのあいだに存在する緊張関係から生じることになる。一方では、人々は「エコロジー的な正しさ（ecological correctness）」という理念が行為に対してプレッシャーとなっており、またほとんど全ての話し手はそれを実際にプレッシャーだと認識している。他方で、人々は、従来の行動傾向をそのまま維持したいという欲求を感じている。それは、特にそれぞれの話し手がそれぞれ独自に定義した生活領域について言える。この緊張関係は、多くの話し手にとって、自分自身の信条にもとづいて一個人としての行動に関して発言をすることを促す。その結果、私たちは、個人のモットーとメンタリティーを示すものをサブ・カテゴリーとして定義した。それにはたとえば次のようなものがある —— 「経営者や政治的リーダーが模範となるべきだ」、「無理の無い範囲で少しずつ始めるべきだ」、「もし他の人が行動を変えないなら、私も変えない」、「テクノロジーでは実質的な効果は望めない」、「そんなことについては考えないようにしている」、「私たち全

員が正しい行動をとる必要がある」。

4. **関連する行動領域**：4つ目の次元は、話し手があげた行動領域を中心にして
   定義された。この次元は、最初の次元である「現在の行動」と部分的に重複
   している。これを独立した次元として設定した目的は、話し手自身が現時点
   で環境保護に関して何かをおこなっているか、もしくは、将来何かをおこな
   う（行動を変える）つもりがあるかどうかという問題とは別に、気候変動へ
   の対応行動と関連のある行動にはどのようなものがあるか、という点につい
   て確認することにある。この点に関してサブ・カテゴリーを設定するやり方
   は、「世界の最大級の問題」というカテゴリーに関連するサブ・カテゴリー
   を設定する方法と類似している。また、この場合のサブ・カテゴリーは、現
   在の行動に関わるサブ・カテゴリーと対応していなければならない。した
   がって、それぞれのサブ・カテゴリーについては正確な定義が必要になって
   くる。

　**第6局面 —— 2回目のコーディング・プロセス：ブラッシュアップしたカ
テゴリー・システムを使って全データをコーディングする**

　サブ・カテゴリーと次元について定義する作業が首尾良く完了した次のス
テップでは、2回目のコーディング・プロセスをおこなうことになる。この段
階では、既にメイン・カテゴリーでコーディングがなされているテキストの該
当箇所に対して、新たに定義されたサブ・カテゴリーを割り当てていく。これ
は、体系的な分析手順なのであり、したがって、もう一度データを読み返すこ
とが必要になってくる。この作業の前提として、複数のメイン・テーマ間の区
別を明確にし、また新しいサブ・カテゴリーを定義していく際に十分な量の
データが使われていたかどうかを確認することが重要なポイントになってくる。
実際、選択したデータがあまりにも少なかった場合には、分析プロセスの後の
段階になってサブ・カテゴリーを追加したり定義し直したりする必要が生じて
くることが少なくない。分析の後半でサブ・カテゴリーを要約したり複数の
サブ・カテゴリーを1つに統合することはそれほど難しい作業ではない。一方、
新しいサブ・カテゴリーについて後の段階で定義をおこなうというのはかなり
問題含みの作業になる。というのも、その場合は、後になって全データを読み
直してコーディングし直していくことが必要になるからである。これは、相当
程度の時間と労力もかかるので、ダメージが大きくなるやり方である。

データ量がかなり膨大なものであるか、あるいは、分析プロセスを既に開始しておりサブ・カテゴリーが設定されている場合には、分析プロセスの前半の数段階にかかる時間を短縮することもできる。この作業時間の短縮は、該当するサブ・カテゴリーを直接テキストに対して割り当てていき、したがって、メイン・カテゴリーを使ってコーディングする最初の手続きを省略することによって可能になる。自分の研究プロジェクトにとってどれだけの数の次元やサブ・カテゴリーを設定すればよいかという点については、実践上の観点からサンプルサイズを念頭に置いて考えてみてもよい。たとえば、話し手の数が比較的少ない研究プロジェクトの場合に、多数のサブ・カテゴリーや特徴を設定することにはあまり意味がないだろう。これは特に、テーマ分析に続いて類型を構築しようとする場合に当てはまる。というのも、類型構築の際に焦点となるのは、複数の話し手のあいだの類似点と相違点にあるからである。類型を設定する際に必要となる定義済みの特徴というのは、サンプルとなる複数の事例について見つかるものであり、個々の事例の独自性には特に関係が無い。

　分析プロセスの「第7局面」は非常に重要であり、また作業量も多い。したがって、これについては、後のセクションで別途詳しく解説する。その以前の段階の手順としては、それぞれの事例に関する体系的な要旨を作成し、それをチェックしてみる作業がある。これによって分析上有効な手がかりが得られる場合が多い。

特定の事例に関連のあるテーマ要旨を作成する

　2回目のコーディング・プロセスが完了した時点になると、データの構造化と体系化の手続きは基本的に終了しているので、質的テキスト分析の次の段階に移行することができる。ここでその前段階となる中間ステップとして、質的テキスト分析の前段階で既に構造化が済んでいるデータに関して、テーマを軸とする要旨を作成しておくことが有効である。これは特に、かなり大量のデータを扱っている場合や、インタビュー記録全体の中で特定のテーマ（たとえば「一個人としての行動」のような）が色々な箇所に散在的に分布しているような場合に有効である。

　この点については、事例に関連するテーマ要旨を作成するというのが ―― 特に要旨をまとめた一覧表によって比較分析をおこなうために ―― 質的分析では一般的な手順であり、また、方法論関連の文献でもしばしば取り上げられ

表4.4　テーマ中心の要旨を作成する際の出発点としてのテーマ・マトリクス

	テーマ WP —— 世界最大級の問題	テーマ PB —— ー個人としての行動	テーマ C・・・		
人物1	世界の問題というテーマに関する人物1のテキストの箇所	個人の行動というテーマに関する人物1のテキストの箇所	テーマ C に関する人物1のテキストの箇所	⇒	人物 1の事例要旨
人物2	世界の問題というテーマに関する人物2のテキストの箇所	個人の行動というテーマに関する人物2のテキストの箇所	テーマ C に関する人物2のテキストの箇所	⇒	人物 2の事例要旨
人物3	世界の問題というテーマに関する人物3のテキストの箇所	個人の行動というテーマに関する人物3のテキストの箇所	テーマ C に関する人物3のテキストの箇所	⇒	人物 3の事例要旨

カ テ ゴ リ ー ・ ベ ー ス の 分 析

⇓	⇓	⇓
テーマ WP	テーマ PB	テーマ C

てきた代表的なアプローチである（たとえば、Miles & Huberman, 1995）。Ritchie と Spencer（1994）および Ritchie, Spencer, O'Connor（2003）は、応用政治学の分野における研究に関してこのアプローチを応用した詳細な分析法の例を紹介している。また、彼らはそれを「フレームワーク分析」と呼んでいる。

　テーマ・マトリクスは分析の出発点としての役割を持ち、その後の体系的な分析プロセスを経て、各セルの中に原資料からの引用ではなく研究者自身が書いた分析的要旨が入る形式のテーマ・マトリクスに変わっていく。このようにシステマティックにテーマ要旨を作成していく手続きを経ることによってデータが圧縮され、リサーチ・クェスチョンにとって密接な関連を持つ形に縮減されていく。具体的な手順は、以下のようなものである。

ステップ1 —— 出発点：テーマ・マトリクス

　体系的なコーディング作業の結果として、テーマ・グリッドないしテーマ・マトリクスができあがってくる。このマトリクスにおけるそれぞれのセルはデータ中の1つの位置、あるいは文章の部分に割り当てられた交差点を意味し、全インタビュー記録の中に散在している。なお、全体のコーディング・プロセスが完了していない段階では、このような一覧表が作れたとしても、単な

表4.5　テーマ中心の要旨を作成するための出発点としてのコーディングされたテキストの箇所

パラグラフ番号○から	パラグラフ番号○まで	テキストの該当部分
26	26	はい、さっき言ったように、僕はもっと資源が節約できるような生活をしていくつもりです。それが唯一の方法だと思うし。大手のエネルギー会社は、当然、これまで以上に原子力に依存しようとするだろうけど、一般市民は絶対それには反対だと思います (…)。その他ではそうですね。さっきクルマの運転について話したみたいに、これまでよりも公共輸送機関を使うようにするとか、短い距離だったら自転車に乗るようにするとか (…)。そうですね。
27	28	I: あなたは、実際にそういうことをしますか？　それとも、本当のところはそうでもないとか？ R2: いいえ、僕は自分としてはそういうことはしないだろうなぁ。まぁ、自分で言うのもアレだけど、僕は結構イージー・ゴーイングだし、気持ちよく生活できればそれでいいと思ってるところもあります。それと前に言ったように、そもそも僕たちが本当に急激な気候の変動に対して責任があるのかって、よく分からないですしね。
32	32	オーケイ、まず最初に、僕たち人間が本当に「犯人」なのかってはっきりさせて欲しいですね。気候変動というのは多分ほとんど自然現象の一部だと思うんです。と言うか、たとえば、ドイツという国はもともと地面の上に厚い氷の層があったのが溶けて、で結局また、気候が変わってきて、っていうみたいなのがあり方なんであって、気候っていうのは絶えず変わるもんだと思うんだなぁ。僕からすれば、気候が今現在こんなに変わってきているのは本当に僕たち人間が原因なのってことをはっきりさせて欲しいと思うんですね。
33	34	I: はい、それで現在はどうお考えですか。たとえば「良心的な消費 (conscientious consumption)」についてはどう思いますか？　つまり、たとえば、有機食品とかフェアトレードの衣類を買うということです。あなたは、それが原則としてよいことだと思いますか？　もし有機食品についてもっと知ることができたらそういう食品を買うことになると思いますか？　それとも、あなたは有機食品は普通の果物や野菜と同じものであって、だからあまり意味がないと思っていますか？ R2: うーん、有機食品ですかぁ。健康のためにいいんだったら、いくらか有機食品は買うでしょうね。でも、そういう食品を買ったとして、それがどれだけ環境に影響あるかは分かりませんね。フェアトレードの衣類ねぇ、うーん、よく分からないですね。私が服を買う時は、その服が気に入ったからなんであって、それがフェアトレードのものであるかどうかはあまり関係ないですね。もし、製品が良さそうなものであったら、多分貧しい人々にチャンスを与えてあげられるって理由で、買うかも知れませんけどね。
36	36	はい、原則ということでは、それについて知ってますよ。詳しくは知らないけど、国民がわずかな給与しかもらえない低所得の国で作られていて、ヨーロッパや西側の国とかで高い値段で売られているものですよね (…)。うーん、もし僕が [そのようなものを買うのを] 止めたら何か変化があるかどうかよく分からないですね。
38	38	はい、まぁ、自分はそういうタイプの人間だと思うんです (…)。そういう国の人たちにはまったく仕事が無かったとしたら、どうなるんだろうって思うんです。もし僕が服を買わなかったら、多分、その国の人たちに仕事は無くなってしまって、今よりもひどい暮らしになると思うんですね。今は、ほとんどただ働きみたいなのだとしてもですね。
49	52	I: それで、たとえば、あなたのまわりの人たち、たとえば、あなたの友達とかよくお付き合いする人たちが何か積極的な行動をしているような場合は、あなたは意見を変気候変動と戦う取り組みに参加しますか？　それとも、ほとんど「ブラックシープ (集団の中で浮いている人)」のままでいると思いますか？ R2: 僕は、それでも「ブラックシープ」のままだと思いますよ。(笑) I: なるほど。それで、それについてはかなり自信があると思いますか？　つまり、誰もあなたの考えを変えるような影響を与えられないと思いますか？ R2: うーん、よく分からないですね。それって何か (…)、と言うか、確かに、グループ・ダイナミクス (集団力学) の効果っていうのはあるとは思うけど、でも、(…)、僕は他の人がそうしてるから自分も同じようにするだろうとは思えないな。完全に納得できたならば、また別の話でしょうけどね。でも、だからと言って、省エネとかは本当に役に立つわけでも無いと思いますよ。

114

る順列組合せ的な形式の表が作成されるに過ぎないことも多い。また、カテゴリー・システムが複雑で入り組んだものであればあるほど、それを（印刷できる範囲の）テーマ・マトリクスの形式で示すのはかなりの困難をともなう作業になってくる。

ステップ2 ── 特定の事例に関連のあるテーマ要旨を作成する

このステップでは、テーマとサブ・テーマの要旨を作成していくことになる。ここで「要旨」という場合には、テキストからの直接的な引用ではなく、研究者の言葉でテキストの内容を言い換えたものでなければならない。この手続きには相当程度の労力が必要となるが、一方で、分析上でかなりの効果が期待できる。というのも、この作業では、ある人物の実際の発言内容をそのエッセンスに凝縮した上で、リサーチ・クェスチョンに沿ってそれをまとめ上げるからである。

この点について、表4.4に示したテーマ・マトリクスの中から1例を取り上げて見てみよう。これは、マトリクスの中で人物R2の「PB ── 個人としての行動」という列に該当するセルをピックアップしたものである。これらのセルの中には、研究事例となったプロジェクトでおこなわれたインタビューにおける7つの箇所についてコーディングした発言が貼り付けてある。実際にコーディングされたテキストの箇所についても表4.5に示しておいた。この表の1列目と2列目には、それぞれの発言に該当する箇所について最初と最後のパラグラフ番号が示されている。

テーマ要旨としては、R2によるこれらの発言を以下のように要約できる。

R2は、彼自身の個人的行動と気候変動の防止との関係について考えてみようとはしない。これについて彼は、気候変動が本当に人間の活動によって引き起こされているかどうかは疑わしいし、たとえば、フェアトレード製品を買うことによって何かを本当に変えられるかという点について疑問を持っているという点を理由にあげている。さらに、彼自身にとっての利便性と快適さは、決定的な要因である。たとえもし、R2のまわりの多くの人々が環境問題について意識的であったとしても、彼自身が行動を変える意味を見出していない。行動の変化の可能性については仮定法の発言で表明されている。たとえば、電気の節

約、公共交通機関の利用、自転車の利用、有機食品の購入（健康上の理由でだけではあるが）についての発言がそれである。

なお、必ずしも全てのテーマとサブ・テーマについて事例に関連するテーマ要旨を作成する必要はない。実際のところ、特に重要であると思われ、また、分析の後の段階で事例要旨を相互に比較してみたいと思っているテーマに焦点をあてていくだけで構わないのである。

ステップ3 ── 事例概要表

テーマ要旨を作成する作業は、最終的に後の段階で（一覧表形式の）事例概要表を作成する上で役に立つ作業となる。事例概要表では、特定のカテゴリーに関連する幾つかのインタビューを互いに比較することができる。表4.4からも分かるように、そのような概要は、テーマ・マトリクスのセルの中に事例要旨を含んでいる。

テーマを中心とする要旨を作成する作業は、分析プロセス全体において非常に効果的な手続きとなる。というのも、その作業によって、もともとのデータを凝縮した分析的な観点からの言い換えをおこなうことが必要になるからである。また、要旨によって、分析結果をそれまでとは異なる方法で提示して比較すること（「データ表示」）ができるようにもなる。実際、事例要旨と事例間の比較（次のセクション参照）はこの分析ステップを経ることによってはじめて可能になる。特に、元のテキストを引用したり該当箇所を使ったりする場合にはスペース上の制限があるためにそのような概要を作成するのは事実上不可能であるという点を考えた場合、それは自明であろう。さらに、凝縮した抽象的な概要には、より大きな分析力と証拠能力がある。こうしてみると、上で解説したアプローチには次のような多くの利点があることが分かる。

- 全ての事例とコーディング単位が同様に取り扱われることからシステマティックな分析法であり、エピソード中心の分析や記述にはならない。
- 要旨自体はオリジナルの発言にもとづいて作成されており、文字通り「経験的なデータに根ざしている（grounded in empirical data）」。
- 分析の際には特定のテーマに関係する全てのデータが含まれるため、分析が全

116

ての領域をカバーすることになる。

- 分析は柔軟かつダイナミックである —— 研究者は分析プロセス中のどの段階でも、必要な情報を追加したり拡張したり編集したりすることができる。
- 分析の内容は文書で十分に裏付けられており、他の研究者にとっても、どのオリジナルの発言がどの要旨と関係があるかが容易に理解できる。
- テーマを中心とする要旨は、それ以降の分析をおこなう上で非常に良い準備作業となる。たとえば特定の個人に関する詳細な解釈（「事例内分析」）あるいは複数の事例の比較分析（「事例間分析」）（次節参照）などがあげられる。
- QDA ソフトウェアを使用して分析をおこなう場合には、要旨とオリジナルのデータのあいだに存在するテーマの構造の範囲内で関係が形成されるために、その両方に対して素早くアクセスすることができる。

カテゴリー・ベースの分析と全体的な分析結果の提示（第7局面）

2回目のコーディング・プロセスあるいはまた事例やテーマ関連の要旨を作成する中間的な手続きステップの後には、分析プロセスの第7局面、つまり、カテゴリー・ベースの分析と全体的な分析結果の提示の作業が続くことになる。テーマ中心の質的テキスト分析の場合には、その作業の焦点は、至極当然なことではあるが、テーマとサブ・テーマに置かれる。分析の仕方には、7種類のものがある。以下の図では、それを時計回りの順番で配置している。

1）メイン・カテゴリーに関するカテゴリー・ベースの分析

テーマに関するメイン・カテゴリーについての最初の分析結果（プロフィール・マトリクスにおける列の部分）は、研究報告の最初の部分で報告しておく必要がある。これについては、次のような点について検討してみるとよい —— 話し手は、このテーマについてどのようなことを発言しているか？　どのような点については無視したり、簡単に触れたりするだけにとどめているか？　このような、分析プロセスにおける記述的な手順では、カテゴリーは、読者がフォローできるような分かりやすい順番で提示すべきである。決して、単にカテゴリー・システムで採用された順番やアルファベット順などで並べて提示するだけで済ませるべきではない。

先にあげた例で言えば「世界最大級の問題」や「気候変動防止に関する個人の行動」のようなメイン・カテゴリーの下に、それらのテーマに関するサブ・

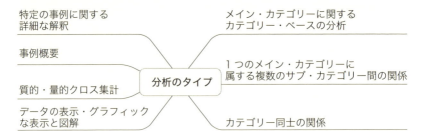

図 4.2　テーマ中心のテキスト分析における 7 種類の分析法と結果の提示法

カテゴリーが設定されているような場合には、それらのサブ・カテゴリーも提示しておくべきである。研究内容にとって重要であったり興味深いものと思われるような数値についても紹介すべきである。

　たとえば、研究報告の読者にとっては、「地球環境と気候をめぐる問題」を今日の世界における最大級の問題の 1 つとして考えていた話し手の割合が、研究対象者中の「39 人中 3 人」なのかそれとも「39 人中 29 人」なのかは重要なポイントになるだろう。また研究報告の中では、インタビューにおいて特定のテーマないしサブ・テーマが言及された頻度を示すだけでなく、その言及の具体的な内容についても質的な方法で解説しておく必要がある。その解説の中には、研究チームの側で立てた仮定や解釈を含めてもよい。たとえば、話し手のうち 9 人が「経済問題および財政問題」を今日の世界が直面する最大級の問題として考えていたという点は読者にとって重要な情報ではある。それに加えて、具体的にどのような経済問題が取り上げられており、また、それらの問題について説明する際に話し手がどのような言葉を使っていたのかという点などはさらに重要なポイントになるだろう。

　たとえば、私たちの研究プロジェクトの場合、話し手は、経済問題と財政的な問題についてはごく一般的に触れているだけであった。つまり、彼らは、ごく一般的な「財政危機」ないし「経済システム」というような言葉を使っていたのである。また、研究報告では、典型的な例と見なすことができるケースを取り上げるべきである。それについては、特定のサブ・カテゴリーに該当する全てのセグメントが読み込まれ、またその内容に沿って構造化された後で明らかになることである。

2) 1つのメイン・カテゴリーに属する複数のサブ・カテゴリー間の関係

テーマ的カテゴリーとサブ・カテゴリーの関係について分析・記述する際の方法には、特定のメイン・カテゴリーの範囲内でおこなう場合と、複数のメイン・カテゴリー間でおこなう場合という2種類のやり方がある。特定のメイン・カテゴリーの範囲内で分析や記述をおこなう際には、複数のサブ・カテゴリー間の関係について検討していくことになる。これは、世界的な問題のうちでも最も頻繁に言及されているものはどれであって、逆にごく稀にしか話題にされていないのはどういう問題か、という点を調べた上でサブ・カテゴリーに何らかの名前を付けていく作業が含まれている。また、次のような点も重要なポイントになってくる —— 話し手はどのような形で質問に対する答えを述べているだろうか？　彼らは、答えの中で他のサブ・カテゴリーに言及しているか？　たとえば、「社会的不平等」に関する発言の中で貧困ないし他の特定のテーマについて言及しているだろうか？　話し手の一連の答えの中には何らかのパターンやグルーピングが確認できるか？

3) カテゴリー同士の関係

複数のメイン・カテゴリー間の関係については、より大がかりな分析をおこなうこともできる。たとえば、最も頻繁に言及された問題と話し手の責任感覚という2つのカテゴリーを比較することが可能である。あるいは、分析の範囲をさらに広げて、複数のカテゴリー間の複雑な関係について検討することもできる。

4) 質的クロス集計・量的クロス集計

クロス集計表は、人口統計学的な属性あるいは特定のテーマを中心にしてコーディングされた発言など様々な特徴のあいだの関係について検討していく際に使用できる。たとえば、集計表を使うことによって男性と女性がそれぞれどのような形で責任感覚を表明しているかについて比較することができる。また、教育や収入という属性に関して話し手の特徴を分析することもできる。クロス集計表によって、言語テキストを中心とする質的データをシステマティックに表示することが可能になるのである。クロス集計表には、数値やパーセンテージに関する情報を盛り込むこともできる。それによって、特定の話し手の

グループがどれだけの頻度で特定のカテゴリーやサブ・カテゴリーに言及したかという点についてチェックできる。たとえば、クロス集計表を使用すれば、特定の話し手のグループがどれだけ頻繁に「世界最大級の問題」というメイン・カテゴリーに関連する様々なサブ・カテゴリーについて発言していたかという点を知ることができる。

5）グラフと図解

グラフや図解表示を使うことによって、サブ・カテゴリーの概要について把握することができる。たとえば、図解の中には、環境にやさしい行動として話し手があげた全ての行動を盛り込むことができる。その種の行動があげられていた頻度や分布に関して興味がある場合には、棒グラフや円グラフでそれについて表示することができる。マインドマップなども、話し手が行動を変えない理由について図解表示する上で使用できるだろう。また、グラフを使えば、特定の個人やグループを互いに比較することも可能になるだろう。

6）事例概要表

事例概要は、特定の複数の事例を選択した上で、特にリサーチ・クェスチョンに関連が深いと考えられる特徴を中心にして相互に比較するものであり、分析上非常に有効なものである。事例概要表を作成する方法については、Huberman と Miles（1995, pp.172-206）、Schmidt（2010, pp.481-482）、Hopf と Schmidt（1993, p.16）、Kuckartz ほか（2008, pp.52-53）などが非常に示唆に富む。事例概要表は、形式という点からだけ言えばテーマ・マトリクスとよく似ている。しかし、事例概要表の場合、そこに盛り込まれるのは特定のテーマやカテゴリーのみである。

事例概要表を作成することによって、分析のために必要となる条件が整うことになる。この点について、Hopf ほか（1995, p.30）と Schmidt（2010）は、次のように前もって事例要旨を作成しておく方法を推奨している。

　　事例要旨は、複数の事例のあいだでの比較を容易にするので、個々の事例の分析を進めていく上で重要な意味を持つ最初の手続きになる。まず、事例要旨は、（理論的サンプリングの原則に従って）今後さらに詳しく分析していく事例を選択していく際の目安として役に立つ。また、事例要旨を作成することによって、

歪曲的な解釈あるいは理論的には一貫しているが憶測に過ぎないような解釈を回避できる。これによって、分析結果に関する厳格に統制された包括的な解釈ができるようになる。さらに、事例要旨をもとにして事例概要表を作成すれば、複数の事例に関する情報にもとづいて仮説検証をおこなうことが可能になってくる。（Hopf & Schmidt, 1993, p. 15）

　事例概要表の縦の列については、特定の分析目的に沿って配置することができる。たとえば、同じような特徴を持つ個人が隣あわせに配置されるように作表してみてもいいだろう。事例概要表には、数値や頻度を表示することもできる。それによって、データに含まれている多くの情報を明らかにすることができる。たとえば、ある現象ないしそれとよく似た幾つかの現象が頻繁に起きているのか、それとも比較的稀な現象なのかという点について明確にすることができるだろう。この点に関して注意しておきたいのは、ここで言う数値というのは、代表的な標本（サンプル）を用いておこなわれる研究で統計的検定のために使用される数値とは本質的に性格が異なるものだ、という点である。そのような研究の場合、その目標は、標準的ないし一般的な発言について確認するところにある。しかし、物事の関係に関する科学的知識を獲得するためには必ずしも代表的な標本が不可欠というわけではない。実際、もしそれが必須条件であるとするならば、医学研究や薬学研究の多くは無意味なものになってしまうだろう。

7）特定の事例に関する詳細な解釈

　スプレッドシート（表計算ソフトで作成される一覧表・集計表）のような形式で配置された事例概要表は、他の対象者と比較した場合のそれぞれの研究対象者の特徴や全体の構造の中での相対的な位置づけについて目安をつける上で役に立つ。したがって、事例概要表は個別の事例について分析していく上での恰好の出発点あるいは基本的な背景情報となる。また、特に興味深い事例については詳細な事例解釈の形で研究報告に盛り込むことができる（Schmidt, 2010 参照）。このように個別事例について詳細な解釈をおこなっていくためには、特定のテーマやリサーチ・クェスチョンに焦点をあてながら文字起こし記録を慎重に読み直していかなければならない。

それぞれの回答は、最終的にこの特定の事例との関連で整理されることになった。当面のリサーチ・クェスチョンによって、これらの回答は詳細ないしごく簡単な説明であったり、特定の関係性に関する文脈上の証拠であったり、あるいは、理論的な結論であったりもする。事例に関する詳細な解釈は、ある場合には既存の仮説または仮定の検証に使われ、別の場合には、新しい理論的な結論を導き出したり、理論的な枠組みに対して疑問を呈し、拡張し、修正したりする上で用いられる。実際に使用されるテクニックは、リサーチ・クェスチョンに関する解釈と研究者が依拠している学問的伝統（たとえば解釈学や精神分析学）によって決まる。(Schmidt, 2010, pp. 482-483)

個々の事例についての詳細な解釈に関するルールは、本章で解説してきた、それより前のステップで作成される一覧表形式での要旨や解釈についてのルールほど厳密なものではない。これについては、上の引用で指摘されているように、研究者は解釈学や精神分析など、様々な解釈モデルの中から自由に選択して構わないのである。

結論を導き出す

分析結果に関する報告は、それがどのような性格のものであろうとも、当初のリサーチ・クェスチョンに立ち戻って改めて検討した上で作成しなければならない。研究は、リサーチ・クェスチョンに対して十分な答えを提供するものになっているだろうか？　何らかの仮定ないし仮説は支持されたのか、それとも棄却されたのか？　手元のデータでは結論が得られなかったのは、どのリサーチ・クェスチョンであったか？　研究の特定部分あるいは研究それ自体に何らかの欠落はなかったか？　研究を通して独自のリサーチ・クェスチョンとして浮かび上がってきたものはなかったか？　研究プロセスを通してどのような新しいリサーチ・クェスチョンや問題が生じてきたか？

分析作業の詳細について記録する

研究報告の中には、分析プロセス全体の詳細について明記しておくべきである。そのためには、分析プロセスにおけるそれぞれの手順の概要について記述し、たとえばカテゴリーがどのように作成されたか、また、カテゴリーとサブ・カテゴリーがどの程度実際のデータにもとづいているかという点などにつ

いて説明しなければならない。作成されたカテゴリー・システムは、読者の目から隠しておくべきではないのである。もしカテゴリー・システムが報告書の本体に盛り込むにはあまりに長大なものになってしまうようであったら、レポートの終わりに付録としてつけておけばよいだろう。コーディングの規則と典型的な例についてもその種の付録に記載しておくか、研究報告に添付されるCD-ROMに記録して提示すべきである。あるいは、方法について解説する章や節で、コーディング規則やカテゴリーの典型例を紹介して方法論的なアプローチについて解説してもよいだろう。

4.4 評価を含む質的テキスト分析

分析法の特徴

評価を含む質的テキスト分析 —— ないし「評価分析」 —— は、体系的な質的データ分析におけるもう1つの基本形である。実際、この分析法は、これまで多くの研究プロジェクトで採用されてきた実績があり、また、方法論関連の文献でもしばしば取り上げられてきた。たとえば、Mayringは『質的内容分析』で、この方法について詳しく解説している（Mayring, 2010, pp. 101-109 参照）。前節で見たように、テーマ分析の焦点は、テーマとサブ・テーマを確定してそれらを体系化し、また複数のテーマ間の関係について明らかにすることに置かれている。それに対して、評価を含む質的分析の場合には、テキストの内容について「判定し分類し評価する」作業が中心となる。研究者やコーディング担当者は、データを評価した上で、カテゴリーを構築する。そして、そのカテゴリーの特徴は、通常順序を示す数値ないし序数レベルの尺度として表現される。

Mayringは、「教師の失業」というテーマに関して彼自身がおこなった研究プロジェクトの例を引用しながら、この方法について詳しく解説している。この研究事例では、それぞれの話し手は「自信」という評価的カテゴリーを使って評価されている。この評価カテゴリーには、「強い自信」、「平均的な自信」と「ほとんど自信無し」という特徴が含まれていた（Mayring, 2010, pp. 105-107）。

中には、評価を含むテキスト分析において名義尺度や間隔尺度が使われているケースもある。というのは、評価を含む分析では、必ずしも特徴を定義する際に順序尺度ないし順序レベルの変数を使用することが不可欠の条件として要

求されているわけでないからである。実際、評価を含むコーディング作業が完了した後の段階で、カテゴリーを使って相関関係について目安をつけたり、クロス集計表を用いることによってデータにもとづいて初期の仮説を検証することもできる。

　評価分析では、テーマを中心とする質的分析の場合以上にコーディング担当者が持つ言語能力と解釈技術が重要になってくる。1940年代にOsgoodが提示した内容分析モデルは、ある程度は、評価を含む質的テキスト分析の前身であったとも言える。しかし実際には、Osgoodが採用した非常に形式的かつ詳細をきわめたアプローチ（それを彼は「評価的主張分析（evaluative assertion analysis）」と呼んだ）は、今日研究者によって実践されている評価的な質的分析とはかなり性格が異なるものである。

　同じように、Mayringの尺度構成と構造化分析のアプローチも、どちらかと言えば量的な分析法としての傾向を持っている。実際この方法では、テキストを厳密な数値に変換して最終的には統計的に分析することを目指しているからである。それとは対照的に、HopfとSchmidtは、統計分析というよりは、むしろテキストの詳細な解釈に対して焦点をあてている（Schmidt, 2010）。

分析プロセス

　全体的な形式という点だけから見れば、評価を含む質的テキスト分析は、次にあげるように、テーマ中心の質的分析と同じ段階を踏んでおこなわれる。

- テキストを読み込む
- カテゴリーを構築する
- コーディングする
- 分析する
- 結果を表示する

　一方で、2つの方法のあいだには違いもある。テーマ分析では、カテゴリーはテーマとサブ・テーマを使って構築され、それが次の時期における分析作業に対して影響を与えることになる。評価を含む質的分析の場合は、それとは違った手順になるが、それを示したのが図4.3である。この図は、1つの評価的カテゴリーを軸にして展開される典型的な分析プロセスを示している。複数

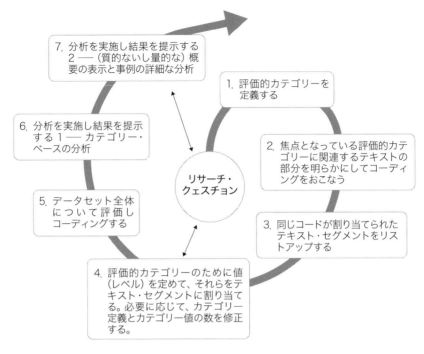

図 4.3　評価に関する質的テキスト分析における 7 つの局面

のカテゴリーについて分析する場合には、それぞれのカテゴリーについて局面
2 から 5 までの作業を繰り返すことになる。

詳しい解説

　以下では、評価を含むテキスト分析プロセスにおける各段階について解説し
ていく。

第 1 局面 —— 評価的カテゴリーを定義する

　分析の第 1 段階では、評価を含む分析の際に使用する 1 個ないし複数のカテ
ゴリーについて決定する。その際に自問しておくべきなのは、次のようなポイ
ントである —— カテゴリーは、どのようにしてできてくるのだろうか？　な
ぜ、それらのカテゴリーを単にテーマ的なカテゴリーとしてではなく評価を含
むものとしてそれらのカテゴリーを設定するのか？

カテゴリー構築に関する一般的なポイントについては、既に3章で提示しておいた。そこでも指摘したように、どのような場合であっても、カテゴリーあるいは特定のタイプのカテゴリーとリサーチ・クェスチョンとのあいだには密接な関係がなければならない。たとえば、ある特定のカテゴリーを設定することが、リサーチ・クェスチョンを定式化しデータを収集する段階で既に重要な意味を持っているということもあるだろう。

　この点について、私たちの研究事例における「責任感覚」というカテゴリーを例にして見ていくことにしたい。容易に想像できるように、世界規模の気候変動に関する個人レベルおよび社会全体の認識について調べている研究者は、インタビュー対象者の発言の中に、人々の「責任」ないし「責任感覚」に関わる話題が登場してくるという点に気がつくことが多い。実際、個人や社会の責任という問題に触れることなしに、そのようなテーマについて議論することはまず不可能だと言ってよいだろう。したがって、データを分析していく中ではじめてそのようなカテゴリーを発見したと主張するのは非常に馬鹿げたことである。実際にそのようなカテゴリーが重要であることはデータによって裏付けられる。もっとも、この点は研究プロジェクトの最中に新たに発見されたり設定されたりした事実だとは言えない。もちろん、問題に関連する他のカテゴリーの中には、分析プロセスを通して研究者自身が発見したものもあるだろう。また、実際それが最終的に新しい発見として認識されることもあるに違いない。

　「責任感覚」というカテゴリーが「評価的カテゴリー」としてふさわしいものであるかどうかという点について判断するためには、あらかじめ2つの点に関して確信が持てるどうかという点について検討しておいた方がいいだろう。1つは、責任感覚について発言することが何らかの点で重要な影響要因になっているという点である。2つ目に、研究プロジェクトにおける作業の中で、そのカテゴリーを他のテーマ的カテゴリーと比較する価値が実際にあるという点である。

　評価的カテゴリーを構築するためには、相当程度の時間と努力が必要になる。したがって、特定のカテゴリーに対して評価的なコーディングをしようとする際には、それだけの時間と労力を費やした上で、実際に作業をおこなう価値があるかどうかについて慎重に検討しておいた方がいいだろう。さらに、手持ちのデータを使って（2、3人の例外はあるにしても）話し手の全員に対してその種の評価が適用できるかどうかという点についても確認しておく必要がある。

126

その意味では、リサーチ・クェスチョンにとって特に重要なカテゴリーだけを選んだ上で評価的コーディングをおこなうというやり方が賢明なのである。

第2局面 ── 焦点となっている評価的カテゴリーに関連するテキストの部分を明らかにしてコーディングをおこなう

この局面では、データセット全体が分析の対象になる。ある特定のカテゴリー ── たとえばインタビュー対象者の責任感覚 ── に関連する情報を含むあらゆるテキストの該当部分をコーディングの対象として扱う必要がある。どれだけの大きさのテキスト・セグメントに対してコードを割り当てるべきかという点については、テーマ中心の質的分析に関して解説した際に述べたものと同じ基準が当てはまる（本章4.3節参照）。あるカテゴリーについては既にテーマ的コーディングがなされているような場合には、その既成のコーディングを土台にすることによって、ここで述べた評価的なコーディング・プロセスの第2局面を省略すれば時間の節約ができる。また、1つの評価的カテゴリーによって複数のテーマ的カテゴリーを集約することもできるだろう。

第3局面 ── 同じコードが割り当てられたテキストの該当部分をリストアップする

テーマ分析の場合と同様に、このステップにはカテゴリー・ベースの分析が含まれている。特定のカテゴリーに属するテキストの該当箇所の全てを、事例単位でリストアップする。これは、テーマに関連する（1人の話し手についての）テキストの該当箇所の全てがリストまたは表の中に整理されていくことを意味する。そして、その結果は次に続く2つの分析局面における作業の出発点として用いられることになる。

第4局面 ── 評価的カテゴリーの値（レベル）を定めて、それらをテキスト・セグメントに対して割り当てていく。必要に応じて、カテゴリー定義やカテゴリー値の数に対して修正を加える

カテゴリーの特徴について確定するためには、十分な数のテキストの箇所を読み込んだ上で、1つのカテゴリーの中にどれくらい細かい区別を設定しておきたいかという点について決める必要がある。少なくとも、以下のような3つの特徴が区別できる。

- そのカテゴリーについて常に特徴的である（高レベル）
- そのカテゴリーについてあまり特徴的でない（低レベル）
- 分類不能。つまり、提供された情報だけでは特定の話し手の特徴について分類することはできない。

　評価を含む質的テキスト分析では、上の例でいえば第3の特徴（「分類不能」）は、どのような場合でも必要になる。というのも、手持ちのデータだけでは対象者のサンプルに含まれる全ての話し手に関する全てのテーマ的な面について十分な情報が得られないことも多いからである。

　分析におけるこの段階では、特定の話し手に関わるテキスト全体について評価したいのか、それとも個々のテキストの該当部分をそれぞれ別個に評価したいのか、という点について決めておかなければならない。結局のところ、評価を含む質的テキスト分析の最終目標は、通常、それぞれの話し手に関わる全てのテキストについて評価するところにある。もし分析すべきテキストの箇所の総数が処理可能な範囲に収まるようであるならば、全てのテキストを対象として一度に評価することを勧めておきたい。

　第4と第5の局面は、それぞれの手順を何度か繰り返して徐々にブラッシュアップしていくようなプロセスとなっている。というのも、特徴について定義した後でそれをデータの一部分に適用してみて実践性と適用可能性について検証しておく作業がどうしても必要になるからである。特徴について確定した上でその妥当性について検証するために必要となるデータ量のサイズについて厳密なルールを設定するのは非常に難しい。多数の事例（100人以上）を扱っている場合には、事例全体の1割から2割程度を選んでおけば十分だろう。もっともその際には、特定の基準に合う話し手だけが選ばれないようにする必要がある。たとえば、女性だけを選んだり、特定の人口統計学的なグループに属する対象者だけを選ぶようなことは避けるべきである。

　サンプルが特定の属性のグループ（たとえば年齢層15〜25歳と45〜55歳）から構成されている場合には、たとえば若いグループから5人、年長のグループから5人という具合にして、それぞれのグループから代表的な事例を選択しておく必要がある。可能であれば、無作為的な選択をおこなうことが望ましい。

研究事例における評価的カテゴリーの作成作業についての解説

　私たちの研究プロジェクトである「気候変動に関する認識」における主なリサーチ・クェスチョンの1つは、〈個人が持つ責任感覚が環境保護に関するその人自身の行動だけでなく、他の人の行動に関する評価に対してどの程度の影響を与えているか〉というものであった。したがってこの場合、「責任感覚」というカテゴリーが評価を含む分析をおこなう際に選択された。ここで注意しておきたいのは、私たちの研究において「ある人の責任感覚」と言う場合には、その人が近い将来の何らかの時点で責任をとる意思があるということを指しているのであって、法律的な意味での説明責任を意味するわけではない、という点である。

　特徴を定義する際の方法については幾つかのバージョンが考案され、その有効性についての検証がおこなわれた。表4.6と4.7には、それぞれ3つないし5つの特徴を含むバージョンを示しておいた。

　表4.6に示したカテゴリーに関する定義法の本質は、「責任感覚有り」「責任感覚なし」という二分法を採用しているところにある。3つ目の特徴は、曖昧であるか分類不能な事例に割り当てられている。このような3つの特徴から構成されるミニマリズム的なカテゴリー定義の利点は、判断にあたって使用すべき区別は1つしかないために、正確な定義およびそれぞれの特徴に該当する典型例を使って、判定基準について明確に説明することができるという点である。一方でこの種の定義にありがちな欠陥は、分化の程度が低い設定による評価は、それ以降の分析手続きの幅を狭めてしまうという点である。

　それとは対照的に、5つの特徴を設定した場合には、より詳細な評価をおこなうことが可能となる（表4.7参照）。もっとも、これら5つの特徴が適用可能であるかどうかという点について実際のデータで検証してみた結果、コーディング規則があまりにも厳しすぎて、結局、「高い責任感覚」が割り当てられた例は皆無であることが明らかになった。同じ点が4つ目の特徴である「責任感覚無し」についても指摘できた。実際、ある人が「責任感覚なし」という感覚を明白に表明した場合に限り、この特徴を当てはめてコーディングすることができるのである。

　実際の分析対象となったインタビューの総数（$n = 30$）が比較的少なかったこともあって、私たちは実践的な観点から3つの特徴だけについて区別した上で、情報が不足している場合には「責任感覚について分類不能」という4つ目

表4.6 「責任感覚」というカテゴリーの定義：特徴を3つ設定した場合

特徴	定義	コーディング担当者への指示
A1： 責任感覚有り	世界的な気候変動と関連のある問題に対して責任をとることについての主観的な信念が確認できる	大部分の発言は責任感を示している。また、それについて一人称 (I、me) で明瞭に表現されている。
A2： 責任感覚無し	世界的な気候変動と関連のある問題に対して責任をとることについての主観的な信念は無い	発言は、責任感覚についてほとんどあるいはまったく触れていない。第三者的な言い回し（「世の中の人たち」、「みんな」）と仮定法が使われている。
A3: 責任感覚に関して分類不能	「責任」というトピックには言及している。しかし、それに対する個人的な態度は不明であるか、明確に表明されてはいない	テキストの内容からは個人の責任感について決定できない。

の特徴を加えることにした。そして、それら4つの特徴に関しては表4.8のような形で定義し、またそのそれぞれに該当する典型例を添えておいた。

第5局面 —— 全データセットについて評価し、コーディングをおこなう

　この局面では、全データセットに対して最終的なカテゴリー・ベースの評価判定をおこない、その結果をもとにして評価的コーディングを実施する。私たちの研究プロジェクトでは、これは、それぞれの対象者の個人的な責任感覚について評価し、それに対して所定の特徴の中の1つを割り当てることを意味する。私たちは、その割当ての内容をデータセットそれ自体の中に書き込んでいった。

　中には、特定の事例にどの特徴を割り当てればよいか確信が持てないというようなケースもあるだろう。その場合は、なぜその人物に対してはある特徴ではなく他の特徴が割り当てられるように思えるか、という点について記録しておいた方がよい。メモを使えば、そのような作業は簡単にできるのだが、そのメモはテキストの該当箇所に貼り付けておくようにしたい。先に述べたように、この分析局面における手続きは、単にコーディングの作業を機械的におこなっていけばよいというものではない。むしろコーディング担当者は、十分に注意を払いながら、後で研究報告に引用するのがふさわしいと思えるようなテキストの箇所や適切な具体例がないかどうかチェックしておく必要がある。実際、そのように注意深く作業を進めていく中で、特徴に関する定義の正確さを高め

表4.7 「責任感覚」というカテゴリーの定義：5つの特徴を設定した場合

特徴	定義	典型例	コーディング担当者への指示
A1：高い責任感覚	世界的な気候変動と関連のある問題に対して責任をとることについての主観的な信念が確認できる	特に無し	発言の全てが責任感覚を示す。また、それについて一人称（私が、私に）で明瞭に表現されている。
A2：中程度の責任感覚	世界的な気候変動と関連のある問題に対して責任をとることについての主観的な信念が幾らかある、もしくはそれほど一貫していない	特に無し	全てではないが、多くの発言が責任感覚を示している。
A3：低い責任感覚	世界的な気候変動と関連のある問題に対して責任をとることについての主観的な信念がほとんどない	「子供がいないし持つ予定もないので、いくらか責任があるという位に感じるだけです（…）。もし私に子供がいたら、きっと違う風に考えるだろうとは思います。でも、その点を除けば、そういう人々がいるかどうかはそれほど関係ないと思いますし……」	大多数の発言は、ほとんど責任感覚を示していない。第三者的な言い回し（人々、あなた）や仮定法が使われている。
A4：責任感覚無し	世界的な気候変動と関連のある問題に対していかなる責任もとらないことについての主観的な信念が確認できる	「いいえ、私は個人的には感じていません」	テキストの箇所の全てが、ほとんどあるいはごくわずかしか責任感覚を示していない。
A5：責任感覚について分類不能	トピックについては触れているが、個人的な態度は不明なままである	「……それについて考えていますよ、ええ。でも、私は自分の生活を送るだけですし。たしかに、責任があるとは思うけど、それについて、本当に感じてるかって言うと……」	曖昧ないし矛盾する発言。

たり典型例を追加したりすることが必要だということが明らかになってくる例が少なくない。また、特徴の適用について不確かな事例があることが明らかになった場合には、必ず研究チームで協議して問題を解決していくべきである。

表4.8　4つの特徴を設定した、「責任感覚」というカテゴリーに関する最終的な定義

特徴	定義	典型的な例	コーディング担当者への指示
A1：高い責任感覚	世界的な気候変動と関連のある問題に対して責任をとることについての主観的な信念が確認できる —— その人物は明白に「自分は責任を感じている」と述べ、また自分の関与について振り返っている —— 具体的な行動に関する言及。地球規模の気候変動を防止するために何らかの貢献をおこなうことについての明白な信念（仮定法では表現されていない） —— 特定の行為・行動に言及しており、また、それはたとえば道に落ちているゴミや吸い殻を拾うというような些細な努力だけではない	「確かにそうですね。21世紀の問題、それは大きな概念で、大事な問題だし、私は明らかに責任を感じています。1番目に、自分で何か行動を起こすことができる範囲なので、身の回りの環境に対して責任があると感じています。でも、たとえ私が21世紀になって世界で増加している洪水被害について責任があると感じていても、どこから手を付けて何をやればいいのか見当もつかないでしょう。でも、もし土壌の質が悪化していることが分かったとするならば、私はそれを防ぐために何かしなければという責任を絶対感じますね。何かを買う時でも、私たちが食料を得ている土壌を保全するために働いている人たちからそれを買うでしょうね」	定義に含まれている3つの側面の全てに関して高く評価できなければならない。 その人物が自分自身の態度や行動について言及していることが認識できる（指標：「人々」というような主語や受動態表現などではなく、「私が」「私にとって」などという言い回しを使っている）
A2：中程度の責任感覚	世界的な気候変動と関連のある問題に対して責任をとることについての主観的な信念が幾らかある、もしくはそれほど一貫していない 原則としては責任を持って行動することの必要性について認識している。しかし、時にはこの種の行動をとる責任を感じるが、それ以外の時には特に感じていない。責任は時に他者（政治家等）に転嫁されている	「ええ、さっき言ったように、それについて考えていますよ。でも、私は自分の生活を送るだけですし。たしかに、責任はあるとは思うけど、それについて、本当にそれが何かの行動と関係があるかって感じてるかって言うと……」 「私は市民である私たちが、政治家とか政府とかEUのようなもっと責任のある人たちで、情報ももっと持っているし、問題について対処できるような人たちとくらべたら、それほど多くのことはできないと思うんです」	行動に関する発言が不明確である場合には、前後の文脈に関する情報を含めること。
A3：低い責任感覚	世界的な気候変動と関連のある問題に対して責任をとることについての主観的な信念がほとんど無い 問題について少ししか認識していない。言い回しがかなり自己弁護的である。行動についてはほとんど認識がない。しばしば、問題を解決する上で自分がおこなえることはそれほど無いはずだという信念について述べている。	「子供がいないし持つ予定もないので、いくらか責任があるという位に感じるだけです (...)。もし私に子供がいたら、きっと違う風に考えるだろうとは思います。でも、その点を除けば、そういう人々がいるかどうかはそれほど関係無いと思いますし……」 「いいえ、私は責任があるとは感じてません。そういうのって、あまり関心がないし。それは大体 (...)、というか、私は特に環境問題についてですけど、もっと関与していきたいって言うような内心の欲求って感じてないんです」	仮定法や第一人称（「私が」「私にとって」）の回避に注意を払うこと。
A4：責任感覚については分類不能	個人的な態度は不明なままであるか、あまりにも矛盾する内容を含んでいるため、高、中、低という判定はできない。	——	必要に応じて前後の文脈に関する情報を追加する

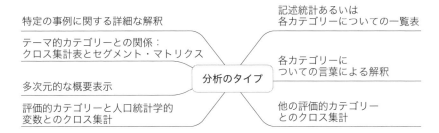

特定の事例に関する詳細な解釈

記述統計あるいは
各カテゴリーについての一覧表

テーマ的カテゴリーとの関係：
クロス集計表とセグメント・マトリクス

分析のタイプ

各カテゴリーに
ついての言葉による解釈

多次元的な概要表示

評価的カテゴリーと人口統計学的
変数とのクロス集計

他の評価的カテゴリー
とのクロス集計

図 4.4　評価に関わる質的テキスト分析における 7 つのタイプの分析の法と結果の表示法

第 6 局面 ── 分析し結果を表示する（1）：カテゴリー・ベースの分析法

　テーマ中心の質的分析で結果を表示する場合と同じように、評価を含む質的テキスト分析においても、比較的単純なレベルの分析からより複雑なレベルの分析へと進んでいくやり方が効果的である。評価を含む質的テキスト分析については 7 種類の異なる分析法を区別することができる。図 4.4 は、それを時計回りに配置して示したものである。

　この図では、分析上の様々なオプションを（時計回りに）示している。最初の 2 つのタイプは主に記述的であり、1 つのカテゴリーに焦点をあてている。この 2 種類の分析は、以下で解説する分析的プロセスの第 6 局面で実施される。

　記述的な分析：評価的カテゴリーとその特徴に関する言葉による表示

　評価を含む質的研究の場合、その研究報告は、一般に、評価的カテゴリーに関する単純かつ記述的な解説から始まる。また、実際の分析プロセスに関する解説は、結果セクションの冒頭で説明しておく必要がある。ここでは、作成されたカテゴリーとその元になった理論を示し、また、カテゴリーを作成した際のプロセスについて説明することになる。

　以下で紹介していく、実際の研究報告から抜き出した幾つかの例では、カテゴリーとそれぞれのカテゴリーについて設定した特徴やその具体的な内容が解説されている。先にあげた例の場合、これは、表 4.8 で示しておいた責任感覚の最初の 3 つのレベルについて実例をあげて示すことを意味する。

　1 つのカテゴリーの範囲内での記述的な分析

　それぞれの評価的カテゴリーを用いた分析の結果については、次の 2 通りの

方法で表示できる。

a）統計表

- ある評価的カテゴリーの特徴が出現している頻度を絶対値とパーセンテージで示したもの。たとえば、高・中・低それぞれの程度の責任感覚を示していた人々の数。
- 特徴の頻度に関するグラフ（円グラフ、棒グラフ等）による表示。
- 話し手が縦の列に配置され、それぞれの人物の特徴が記載された概要表。

b）言語的・解説的な表示法

- どのようなことが、どのような表現で、またいかなる内容の議論（たとえば責任に関するテーマ）で発言されたかという点についての説明。特徴ごとに分類されて表示される。
- 一般的な発言と例外的な発言。後者は通常、マイナーな特徴に関して見出される。たとえば、気候変動に関して完全に無知である人は、「ほとんど責任感覚を持たない、あるいは全く責任感覚のない人々」のグループに含まれる。

第7局面 —— 分析し結果を表示する（2）：質的概要表・量的概要表および事例に関する詳細な解釈

　個々の評価的カテゴリーに関する記述的な解説の次には、様々な分析結果についての解説が続く。たとえば、二変量ないし多変量的な相関分析、要旨表、特定の事例に関する詳細な解釈などがある。

a）複数の評価的カテゴリーを組み合わせたクロス集計表

　統計分析プログラムで使われているような伝統的な形式のクロス集計表は、複数の評価的カテゴリー同士の相関関係について検討する際に用いることができる。その分析結果は、たとえば、以下のように、2つの評価的カテゴリーを組み合わせたものになる。

　表のセルに記載するのは、頻度の絶対値（話し手の数）でもパーセンテージのどちらでもよい。たとえ事例数はごく限られたものであっても、このような表には、非常に価値のある記述的な情報が含まれている。また、事例数が大きく、かつそれぞれのセルに十分な数の事例が含まれている場合には、統計的な

表4.9　２つの評価的カテゴリーを組み合わせたクロス集計表

環境保護の ための個人と しての行動	責任感覚			
	高	中	低	合計
有り	行動面で積極的で あり責任感覚が高 い人々の数	行動面で積極的で あり責任感覚は中 程度の人々の数	行動面で積極的で あり責任感覚が低 い人々の数	行動面で積極的 な人々の総数
無し	行動面で消極的で あり責任感覚が高 い人々の数	行動面で消極的で あり責任感覚は中 程度の人々の数	行動面で消極的で あり責任感覚が低 い人々の数	行動面で消極的 な人々の総数
合計	責任感覚が高い 人々の数	責任感覚が中程度 の人々の数	責任感覚が低い 人々の数	

係数（カイ二乗係数等）や相関関係に関する統計的な値を計算して示すことも
できる。

b）人口統計学的な属性による評価的カテゴリーのクロス集計表

　上の例と同じようにして、評価的カテゴリーと人口統計学的属性とのあいだ
の関係についてもクロス集計表の形で表示することができる。実際この場合は、
単に人口統計学的変数が２つ目の評価的カテゴリーに置き換わるだけである。
私たちの研究では、このようなクロス集計表は、たとえば次のような問いに対
する答えを求める際に有効であった —— 責任感覚に関する性差は顕著なもの
であるか？　個人の教育レベル、社会的地位、ないし他の社会的特徴は責任感
覚に対して影響を与えているか？

　これらの問いに対する答えは、統計表や相関関係をクロス集計表の中に示す
ような方法を用いて求めることができる。表4.10 には、責任感覚と性別との
関係が示されている。先にあげた例と同様に、この場合も、十分なだけの事例
数があれば、統計的係数やパラメータを算出することができるだろう。

c）概要表：複数のカテゴリーと複数の人口統計学的特徴とを組み合わせた多
次元的な関係

　概要表（overview table）は、話し手の答えをカテゴリーや人口統計学的な変
数などを組み合わせて配置するものである。これによって、一連の特徴間の関

表4.10 クロス集計表：評価的カテゴリー × 人口統計学的変数

| 責任感覚 | 性別 | | 合計 |
	男性	女性	
高	責任感覚が高い男性の数	責任感覚が高い女性の数	責任感覚が高い人々の総数
中	責任感覚が中程度の男性の数	責任感覚が中程度の女性の数	責任感覚が中程度の人々の総数
低	責任感覚が低い男性の数	責任感覚が低い女性の数	責任感覚が低い人々の総数
合計	男性の総数	女性の総数	

係性について一目で確認することができる。このような表は、幾つかのパターンについて確認していく際の基礎情報として利用可能である。また、それによって、研究プロジェクト全体を視野に収めながら特定のリサーチ・クェスチョンに関する見取り図を作成することができる。

　表4.11に示した事例概要表では、それぞれの話し手に関する情報が横の行に記載されている。この表には、それぞれの話し手に関する以下のような情報が盛り込まれている ―― 自然問題や環境問題が現代における世界最大級の問題であると思うか（テーマ的サブ・カテゴリー）、どの年齢層に含まれるか（人口統計学的変数）、責任感覚という点でどのように分類できるか（評価的カテゴリー）、個人レベルの行動の特徴的に関する発言 ―― インタビュー記録からの直接引用の形式（テーマ的カテゴリー）。

　d）他のテーマ的カテゴリーとの関係：クロス集計表とセグメント・マトリクス

　マトリクスは、評価的カテゴリーとテーマ的カテゴリーの関係を示す際にも使用できる。上に示した2つのクロス集計表は、数値的な関係を示す上で用いることができる。これについては、単に、特定のテーマ的カテゴリーやサブ・カテゴリーがコーディングされたか否かについて考えてみればいいだけである。たとえば表4.11は、話し手が現在「自然問題と環境問題」が世界最大級の問題であると思っているかどうかという点について示している。それをもとにして、先にあげた「性別と責任感覚の関係」（表4.10）の場合のように、2列のク

表4.11　事例概要表

事例	世界最大級の問題：自然問題と環境問題	年齢層	責任感覚	一個人としての行動に関する発言
人物1	思わない	15-25	低	「ええ、基本的にそれを知ってます (…) でも、…をやめたとしても、そんなに変わらないと思うんです」
人物2	思う	46-65	低	「私は、この地球で生きているあいだは特に問題は無いと思うんですね (…)。それ以外については、人がいようがいまいが自然にとってそれほど重要じゃないと思うんです」
人物3	思う	15-25	高	環境問題に関する意識は非常に高い。もっとも、「経済的な事情で思うようにできないって感じることもあるんです」とも述べている。
人物4	思わない	15-25	低	ゴミはほとんど出さないようにする (リサイクルに回す)、低燃費車を使う。

ロス集計表に作り直せばよいのである。

　もう一方で、「セグメント・マトリクス」と呼ばれるもう一種類のより詳細なマトリクスを作成することもできる。その基本的な構成の一例を示したのが表4.12である。このような表の目標は、全ての関係性を数値形式で集約するのではなく、むしろテーマ的カテゴリーでコーディングされたテキスト原文の該当箇所について検討を加えていくことにある。

　このマトリクスは、様々な想定について記録して、また将来の研究の方向性を決めていくために用いられる。たとえば、次のような点について調べてみることができる —— 責任感覚を持って行動することと話し手の将来計画とのあいだには関連があるか？　子供もなく将来結婚しないつもりでいる人々の場合、気候変動に対する責任感覚が低くなりがちであるか？

e)　特定の事例に関する詳細な解釈

　テーマ分析のケースと同じように評価を含む分析の場合も、特定の事例に関する詳細な解釈は分析作業を締めくくるものとして妥当なものである（本章4.2節を参照）。実際、それ以前の分析段階でデータを要約してまとめておけば、次の段階では、個々の事例に対して注意を向けることができる。その場合、一方では、個々の話し手の発言とその意味について解釈した上でその特殊性につ

表4.12　セグメント・マトリクス

	責任感覚		
	高	中	低
食物・食習慣	責任感覚が高い人々の食習慣に関連するテキストの該当箇所	責任感覚が中程度の人々の食習慣に関連するテキストの該当箇所	責任感覚が低い人々の食習慣に関連するテキストの該当箇所
交通機関	責任感覚が高い人々が使用する交通手段に関連するテキストの該当箇所	責任感覚が中程度の人々が使用する交通手段に関連するテキストの該当箇所	責任感覚が低い人々が使用する交通手段に関連するテキストの該当箇所

いて検討することができる。他方で、個々の事例は「……の典型的事例」として見ることによって規則性を分析する際の検討資料として扱うこともできる（Schmidt, 2008 参照）。

テーマ分析か評価を含む分析か？

　テーマ分析と比べてみた場合、評価を含むテキスト分析は、より解釈学的な性格が強いようにも思える。また、評価作業は事例のレベルを中心にしておこなわれるため、この種の分析はより全体論的（holistic）なものになる。実際、この場合は、個々のテキストの該当箇所について評価するというよりは、むしろ事例を全体として見た上で分析するのである。もっとも、コーディングされた個々のテキストの箇所について改めて評価的なコーディングを施すという形で、より詳細な情報を用いてコーディング作業を実施することもできる。それを踏まえて事例に関する全体的な分析をおこない、総合的な評価点を与えるのである。しかし、これが実践上でより効果的な分析法であるかどうかは疑わしい。というのも、研究者は、特定のテキストの該当箇所について適切に評価するためにより広い文脈を考慮に入れたいと考えるものであるし、また実際その必要があるからである。解釈学的な観点からすれば、テキスト全体を考慮に入れずに単にテキストの特定箇所を取り巻く発言に焦点をあてるだけという分析法は適切であるとは言い難い。しかし、分析の際に少なくともそれよりは広い文脈を含めておけば、特定のカテゴリーとの関係でテキスト全体について評価することも可能になるだろう。

　評価を含む質的テキスト分析における分類と評価の作業は、テーマ分析の場

合と比べて、コーディング担当者に対して多くの資質が要求される。実際、研究分野に関する十分なだけの専門知識がない限り、複数のコーディング担当者が何らかの合意に達するというのは考えにくい事態である。コーディング担当者は、自分たち自身がおこなっている作業について十分に理解していなければならず、また、実際のデータを引き合いに出して自分が実施したコーディングを正当化することができなければならない。このような点から、評価を含む分析においては、少なくとも2人の独立したコーディング担当者が作業にあたるというやり方が推奨される。もちろん、修士論文や博士論文を書いている場合のように、1人で分析をおこなわなければならない状況もあり得る。しかし、その場合でも、どこかの時点では、もう1人に作業を手伝ってもらったり、単独でおこなった作業の内容をダブルチェックしてもらうことを考えてみてもいいだろう。

　一般的には、評価的カテゴリー（とサブ・カテゴリー）は、テーマ分析におけるカテゴリーの場合よりもカバーする範囲が広いものになる傾向がある。評価を含むアプローチは、特に理論志向の研究にふさわしいものである。これは、必ずしも最初からリサーチ・クェスチョンに関する深い理論的知識があり、また、明確な仮説を立てて検討をおこなわなければならない、ということを意味するわけではない。というのも、研究プロセスを開始した後の時点で、仮説や理論に関してより多くの洞察を獲得することがあり得るからである。いずれにせよ、評価を含む質的分析は特に理論志向型の研究との相性がよく、一方で、記述が中心の研究にはそれほど向いていない。

　もちろん、評価を含む質的テキスト分析をテーマ分析と組み合わせることもできる。その場合は、特に興味深いテーマについてだけ評価的カテゴリーを定義することになるだろう。また場合によっては、テーマ中心のコーディングをもとにして評価的カテゴリーを作成し、既におこなわれたテキスト分析の結果を活用することもできる。

　評価を含む質的テキスト分析は、質的研究が単に説明志向の研究にだけ適しているものではないということを明らかにするものである。これまで、「質的研究は理論を生成するのには向いているが、理論検証には向いていない」というようなことがよく言われてきた。この種の議論は、主流の質的研究の性格について述べたものであるが、全ての場合について例外なく当てはまるというわけではない。たとえば、Hopfたち（1995）は、事前に設定された設問に対す

る回答を前提とする標準化された質問表調査について次のように主張している
── リサーチ・クェスチョンの複雑さについて十分に明らかにすることができ
きないので、社会的調査では不十分であるであることが多い。実際、理論検証
型の研究の場合であっても、時には、話し手に対して各種の微妙な言い回しな
ども含むような形で彼ら自身の言葉を使って答えてもらうことが有効なケース
が多いだろう。その上で、研究チーム全体で彼らの回答内容に関する分析をお
こなって評価的カテゴリーのレベルを再設定してみるのである。このようなア
プローチによって、標準化されたテストやその他の測定手段を使った場合に比
べてはるかに有効な情報やデータが得られることも多い。

　また、評価を含む質的分析においては、個々の事例に関する詳細な解釈の形
で事例志向型の視点を採用することもできる。それに加えて、クロス集計表を
使って評価的カテゴリーないしテーマ的カテゴリーによるデータの概要を示す
ことができる。もっとも、それらは大量の代表的なサンプルにもとづいた分析
結果と比較できるようなものではないのだが。

　以下のセクションでは、類型構築式の質的テキスト分析法を、テーマ中心お
よび評価を含む分析から離れて類型論の構築へと移行する1つの方法として紹
介していく。

4.5　類型構築式テキスト分析

　質的な方法論に関する検討をおこなってきた研究者の中には、質的データ
分析の主な目的は幾つかの類型を設定して類型論を構築することにある、と
主張する人々が少なくない（Creswell & Plano Clark, 2011, pp.212-214; Kluge, 2000;
Lamnek, 2005, pp.230-241; Schmidt, 2000 参照）。実際、質的テキスト分析の手法を
用いれば、体系的なやり方で類型を作成していくことが可能である。もっとも、
そのような類型構築式の分析法は、テーマ分析や評価分析よりも複雑であり、
また方法としても多大な労力を要するものである。このような理由から、以下
ではこのアプローチの方法論的な基礎に関する解説から始めることにしたい。

　類型構築の神髄は、研究者が複雑な対象や領域について理解することができ
るようにする多次元的なパターンとモデルを探し当てていくことにある。類型
構築式の分析は、テーマないし評価を含むコーディングによってなされた予備

的な作業をもとにして実施される場合が多い。

社会調査における類型構築法の伝統

これまで質的な研究では各種の類型構築法が使用されており、また、社会的調査の方法論に関する文献では、類型を構築するシステマティックで経験的なアプローチによって質的データを分析するための方法に関して多くの提案がなされてきた。

類型論の構築や類型をもとにした考え方は、既に 1930 年代の古典的な社会心理学研究において重要な位置づけを占めていた。この点について広く知られているのは、オーストリアの自治体に関する研究プロジェクトであり、その成果は『マリエンタール —— 失業者コミュニティの社会誌』にまとめられている。この研究では、データ収集に際して、観察、インタビュー、生活時間記録など多彩な技法が用いられている。また、研究に参加する 100 家族に関する詳細な記述が提供されている（Jahoda, Lazarsfeld, & Zeisel, 2002 参照）。この研究では、次にあげるように多くの要因が検討され、また、それらの要因が調査対象となった家族の特徴について記述していく際のガイドラインとなった。

- 家族（家族構成、年齢、収入、資産）
- 家庭を訪問した際の観察内容（家屋と家具の状態と特徴、子供たちの印象）
- 夫のライフストーリー（生活史、教育、職業・経歴、地位、政治的志向、趣味）
- 妻のライフストーリー（生活史、教育、職業）
- インタビュー（態度、基本的志向、政治的見解、将来展望）
- 観察内容（個々の家族メンバーの行動、日常生活とそのパターン、外食、活動）

研究者たちは、上記の基準にもとづいて個々の事例を繰り返し比較し対比することによって、失業および失業がもたらす窮乏への対応類型として、以下のような 4 つの異なる心理状態の存在を確認することができた（Jahoda et al., 2002, pp. 64-82）。

- 「不屈」な人々は以前と同じ日常生活と家庭を維持し、積極的に新しい仕事を探そうとつとめ、また、活発で幸せなままでいる。
- 「諦観」の状態にある人々は、以前と同じ日常生活と家庭を維持してはいるが、

できるだけ余計なことはせず、将来に関する計画を立てることを控えている。

- 「絶望」している人々は、望みを失い後ろ向きの生活をしている。状況改善のための努力はほとんどせずに、仕事探しすらしない。
- 「無気力」な人々は、家庭や子供たちの世話をする気力を喪失している。受動的な傍観者的な態度であり、状況を変えようとさえしない。

　以上の心理状態の類型は正確なデータにもとづいており、またそれぞれの類型の特徴について明確な説明がなされている。それは、たとえば「諦観」についての説明から抜粋した以下の記述からも窺える。

> 　私たちが特定の家族を『諦観』に分類する上で使用したキイワードをリストアップするならば、次のようになる —— 計画なし、将来の展望なし、望みなし、日常生活を送る以上に何かをすることに対する大きな障害。この場合の「日常生活」には、家族の扶養、子供たちの世話、相対的な幸福の感覚などが含まれる。
> (Jahoda, Lazarsfeld, & Zeisel, 1975, p.70)

　経験的な社会調査の歴史と発展を振り返ってみると、類型法を適用した実際の研究事例だけでなく、類型構築の方法論的基礎に関する多数の文献があることが分かる。たとえば、Weber（1978）、Hempel と Oppenheim（1936）、Lazarsfeld（1972）、Schutz（1972）、Kluge（2000）、Kelle と Kluge（2010）、Bailey（1973, 1994）、Kuckartz（1991）などである。

　Schutz は日常生活について考察して、「世界に関する個人の日常的な知識は、類型的な側面のシステムである」（Schutz, 1972, p.8）と結論づけた。Schutz によると、経験にともなう知識は全て典型的経験の形式として組織化されているとされる。私たちが環境を経験する時には、それを「時空間に分布する一連の輪郭が明瞭で一時的な対象としてではなく、むしろ『山』、『木』、『動物』、『人』として経験するのである」（前掲書, p.8f）。類型は人類学分野の研究でもしばしば作成されるが、その場合の基本的な狙いは、個人の内面について理解するという、心理学的な意味での類型について理解するところにある。また、社会科学の研究における分析の目標については、単に何が典型的であるかについて理解していくところにあるとされることも多い。

　Schutz の場合は、Max Weber の伝統に従っている。Weber は、包括的な類型

を作成することが経験的な社会科学的研究の主な目的であると断言している。分析装置としての類型は、個々の事例の理解を目指す解釈学的方法と、標準的な相互関係や相関関係の発見を目指す社会科学的統計とを結びつけるものである。

類型構築式アプローチの特徴

　類型構築法の一般的な定義は、以下の通りである ── 複数の構成要素が、選択された属性や特徴について互いにどれくらい類似しているかという点を中心にして類型（クラスター）としてグルーピングされる。同じ類型を構成する要素 ── 社会的調査の場合は通常は人 ── は可能な限り相互に類似し、一方で、異なる類型に属している場合には可能な限り互いに異質でなければならない。

　このように、実際のデータを使った研究の範囲で言えば、類型を構築する作業は、事例を互いに異なるグループまたはパターンのどれか1つに分類していくことを意味する。1つの類型には、常に互いに類似する幾つかの事例が含まれることになる。特定の現象について記述するために用いられる類型（type）の全てをひっくるめて「類型論（typology）」と呼ぶ。したがって、この定義からすれば、類型論には常に幾つかの類型とそれら複数の類型同士の関係に関する説明が含まれている。つまり、類型論は複数の類型を類似性と相違によって構造化するのである。

　類型は、事例同士を比較し対比させた結果としてできあがってくるものである。したがって、類型は、個々の事例から帰納的に導き出される結果とは異なるものである。その特徴として、類型構築は一般理論を構築するというよりは、むしろ一般理論をより精緻なものにするためのものである。類型の基礎にあるのは事例であり、変数や特徴などではない。つまり、事例は類似点を中心にして検討されてグルーピングされるのである。分析とグルーピングの対象になるのは人々であるとは限らない。たとえば、機関または組織をグループ分けできるし、集団の場における議論を典型的な思考パターンによってグルーピングすることもできる。

属性空間（attribute space）という概念

　「属性空間」を設定することが類型構築の基本となる。類型論は幾つか（少なくとも2つ）の特徴ないし属性にもとづいて構築され、それによってn次元

表4.13 環境に対する意識と行動に関する Preisendoerfer の単純な類型論

		環境行動	
		積極的	消極的
環境意識	高	類型1：首尾一貫した環境保護者	類型2：環境問題についての雄弁家
	低	類型3：非関与的な環境保護者	類型4：環境問題に無知な者

の属性空間が構成されることになる（Barton, 1955 参照）。

　説明上の便宜のために、ここでは最も単純な形式の例、つまり、2 次元の属性空間を例にとって解説していく。たとえば、「環境行動」と「環境意識」の組合せとして提示され、所定の数の話し手がこれら 2 つの尺度によって測定されたデータ・ポイントとして示されるダイアグラムについて考えてみることにしよう。この類型論におけるそれぞれの類型には同一の属性と特徴を持つ要素、つまりこの場合は同じ特徴を持つ個人、が含まれることになる。そのような類型論のごく単純な例は、2 つの二分法的な属性にもとづく 4 つの領域から構成される表になる。表 4.13 は、Peter Preisendoerfer（1999, p.98）の研究にもとづくものである。

　このようなダイアグラムを使った場合には、かなり容易に類型を構築することができる。個々の類型は表の中のどれかのセルに該当し、この場合は 4 つの類型がある。次のステップで研究者がおこなうべき作業は、意味のあるラベルを作ることである。この例で言えば、たとえば「首尾一貫した環境保護者」や「環境問題についての雄弁家」がそれに該当する。

　ライフスタイル研究における「社会領域（social milieu: 個人的ライフスタイルないし消費スタイル）」── たとえば SINUS Institute が用いている消費スタイルのプロトタイプ ── は 4 次元からなる複雑な属性空間の典型例である。この場合は、特定の家庭は 10 個の社会領域のうちのどれか 1 つに分類される。

　どのような方法が使われている場合にせよ、類型という場合、暗黙的であれ明示的であり、それぞれの類型は属性空間という発想を踏まえたものだと考えることができる。

類型構築の形式

質的研究の場合にせよ量的研究の場合にせよ、経験的な類型（実際のデータ

にもとづいて作成される類型）を構築するプロセスには5つの局面が含まれている。

第1局面 ―― 属性空間を決定する
分析におけるこの最初の時期では、研究者は、類型構築の根拠として用いられる属性空間を定義しておかなければならない。

第2局面 ―― 個々の事例をグルーピングし類型論を構築する
第2局面では、類型論が構築される。つまり、事例が何個かの集団（類型）に分類されていく。複数の類型論を比べてみた後で、どの類型論が手持ちのデータにとって最適であるかについて決めていく。つまり、この局面は実験的な段階なのであり、個々の事例をグルーピングする上での幾つかの方法についてチェックしてその結果を比較していくことになる。

第3局面 ―― 類型論について記述する
この局面では、構築された類型論の構成と個々の類型の特徴について詳細に記述していく。

第4局面 ―― 構築された類型に対して明示的に個々の事例を割り当てる
第4局面では、分析の焦点がグルーピングの手続きから個々の要素へと移っていく。ここでは、個々の事例（通常は話し手）が構築された類型に対して最終的に割り振られていく。

第5局面 ―― 関係性について分析する
最終局面では、類型論とその枠組みに含まれる様々な類型がそれぞれの特徴によって明確にされ、また、類型や類型構築とは直接関係がない二次的な変数との関係について分析を進めていく。

　上記の類型構築作業における第1局面には、望ましい類型論のためにはどのような属性が適切であるかという点について決め、また、これまで収集されたデータの中ではどのような情報がその後の分析で利用できるかという点について決定していくプロセスが含まれる。先にあげたマリエンタール研究における

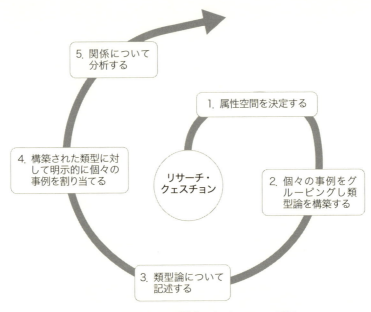

図 4.5 経験的な類型構築における 5 つの局面

心理状態の類型の例では、家族の状況について記述するのに用いられた属性の全てが類型論と関連を持つものであった。類型構築の際に取り上げる属性の数は、類型論の構成の仕方によって決まる。これについては、主に次のような 3 つのアプローチがある。

a）均質的な属性を基準とする類型構築法（「一元的な類型」）

表 4.13 は、類型構築におけるこのオプションの典型例である。特定の調査対象者を特定の類型（たとえば類型 2 の「環境問題についての雄弁家」）に割り当てていくことができるのは、その対象者が両方の属性について適切なレベルを示している場合だけである。したがって、類型 2 の定義は「環境意識」に関する高いレベルと否定的な「環境行動」の組合せであるため、この類型に割り振られる話し手の全員が、環境問題に関して高い意識と否定的な行動を示していなければならない。つまり、この類型論における 4 つの類型は、それぞれその完全に同質でありその内部に異質なものが含まれないのである。このような種類の、均質的な属性を中心とする類型論のデメリットは、分析をおこなう際に

比較的少数の属性や特徴で対応できる場合にしか適用できないという点である。実際、3つの属性だけを取り上げる場合でも、それぞれの属性に4つの特徴があるとしたら、4 × 4 × 4 = 64 ということで、結局、均質的な属性を持つ類型の数は64個にもなってしまう。

b) 多様性を縮減させていくことによる類型構築法

均質的な属性を持つ類型がかなりの数になる場合には、それを Lazarsfeld が解説した方法を使うことによって実践上で対処可能な数にまで減らしていくことができる。表4.14 は、その具体的な方法について例示している。この表では、親の教育レベルに関する全ての組合せが4列4行の16個（4 × 4）のセルから構成される表で示されている。

このように16個の異なる組合せというのは一目で理解するのが難しいだけでなく、実際のデータを使った研究で使用するのも厄介である。たとえば、親の学歴が十代の青年たちの環境意識に対してどのような影響を与えているかについて調べるような研究の場合である。

このような場合には、この16個のセルという多様性をより対処可能な数の類型にまで減らしていった方が賢明であろう。そうするために、属性の組合せの順番を決めて、組合せの数が親の教育レベルについて、たとえば5つの類型だけになるように減らしていくことになる。それについて説明したのが次ページの表4.14 である。

ここで、5つの類型は以下のように要約することができる。

- 類型1：両親とも大学を卒業している
- 類型2：片方の親が大学を卒業している
- 類型3：片方の親が高校を卒業している
- 類型4：片方の親が中学校を卒業している
- 類型5：どちらの親も学校を終えていない

ここで構築された類型のうちの2つ、つまり特に類型1と類型5は属性という点で均質である。実際、これらの類型の場合には、それに含まれる話し手全員の両親の教育レベルは同じである。つまり、類型1の場合、両親とも大学を卒業しており、類型5の場合は、どちらの親も学校を終えていない。類型数の

表4.14 多様性を縮減して構築を類型する

母親の教育レベル	父親の教育レベル			
	学位無し	中学校	高校	大学
学位無し	類型5	類型4	類型3	類型2
中学校	類型4	類型4	類型3	類型2
高校	類型3	類型3	類型3	類型2
大学	類型2	類型2	類型2	類型1

縮減（reduction）の手続きを通して作成されたそれ以外の類型（類型2、3と4）の内部には若干の多様性が認められる。なぜならば、これらの類型については、その内部に相互に異質な属性（この場合は親の教育レベルに関する違い）を持つ研究対象者が含まれているからである。たとえば、類型3には、属性に関して5つの異なる組合せが含まれる場合もあるだろう。この類型の定義上の要件は、片方の親が高校を卒業しているということである。したがって、他方の親は高卒、中卒、あるいはこれまで学校を終えたことが全くなくても構わないことになる。

c）異質な属性による構築類型（「多元的類型」）

　類型構築に関する最初の2つの方法は、特に実際のデータを参照せずに類型を作成するので、「人工的類型」と呼ばれることもある。実際、それらの類型は、属性や特徴を組み合わせることによって「構成される（construct）」のである。現実には存在しない組合せが含まれている可能性さえある（たとえば、「母親が大学を卒業している」ないし「父は、学校を終えていない」）。それに対して、「自然類型」の場合は、直接実際のデータを使って話し手をグルーピングする作業を通して構築される。つまり、ある類型に属する話し手同士はできるだけ均質であり、それ以外の類型に属する話し手のグループとはできるだけ異質であるように類型が設定される。そのような類型は、たいてい多元的である。つまり、ある類型に属する人々は、属性空間を構成する属性に関して言えば必ずしも全く同一ということではないのである。もっとも、かなり似てはいるのだが。

　自然類型を中心とする類型論は体系的で知的な操作によって作成される場合もあれば、統計的アルゴリズムによって作成されるケースもある。クラスター

表4.15　類型構築：事例要旨から類型まで

局面	作業内容
1	属性空間の定義を作成した上で、それらの属性を中心として話し手ごとに事例要旨をつくる
2	類似性という点を基準にして事例要旨を分類、順位付け、ないしグルーピングする
3	最終的に作成する類型の数について妥当な線と思われる数値を決める
4	それぞれの類型の主な特徴を端的に示すことができる創造的な名前を設定する
5	それぞれの話し手を類型に割り当てる。話し手を最も中核的な類型との類似性という観点から順番付けしてみる

分析と呼ばれる統計分析法は、後者の代表格である（Kuckartz, 2010a, pp. 227-246 参照）。その種の形式的なアルゴリズムは使わずに複雑な多元的類型を構築する上での早道は、表4.15 で5つの局面の作業として示したように、事例要旨を体系的なやり方で処理してグルーピングしていくというやり方である。

　実際の作業では、メモ・カードにそれぞれの事例要旨を書き込んだ上で、研究チームのメンバーに対してこれらのカード（1枚のカードが1人の話し手にあたる）を大きめの掲示板（あるいはホワイトボードなど）の上などに配置してみる作業をしてもらうことができる。実際には、以下のような手順がとられることになる。

チーム・ミーティングの準備

1. 研究チームのメンバーに対して事例要旨の文章を均等に配る。
2. 各メンバーは自分に割り当てられた事例について、事例要旨をチェックし必要に応じてそれを修正しながら丹念に検討した上でメモ・カードにそれを書き込む。

グループで作業をおこなう

1. 類型論の性質や範囲についてグループとしての方針を決める。

2. 各研究メンバーは、自分が担当した事例が、既に掲示板上に貼り付けられている他の事例とどのような点で似ているか、あるいは、事例間にどのような関係があると思われるか、という点に関する見解をグループ全体に対して述べながら、担当の事例を掲示板の上に貼り付けていく。

3. 最終的には、上のような手続きを繰り返しながらカードを並べたり並べ直していく作業を通して、グルーピングが明らかになってくる。

4. 全てのカードが掲示板に貼り付けられた後には、グループ内でどのような点がまだ不明確であるかという点について議論する。その後、それぞれのグルーピングに対してぴったりくるような名前や色を付けていく。

このようにして類型を並べたり順位付けしたりする作業というのは創造的な行為であり、必ずしもその作業を通して正確かつ公式の記述内容ができてくるわけではない。この作業に関しては、幾つか役に立つヒントがある。まず、このようなカテゴリー分けや類型化の作業は、グループワークとしておこなうのが得策であることが多い。また、グループで意味のありそうな類型の名前を付けたいと思う時には、事例要旨をメモ・カードに箇条書き形式で記入した上で掲示版の上に貼り付けてみるとよい。

分析プロセス

類型構築式の質的テキスト分析のプロセスは、多くの点でテーマ分析および評価を含む分析とは異なっている。一般に、類型を構築していくプロセスは、そもそも類型構築の目標と目的について検討していくことから始まる。1つの研究プロジェクトの中で、複数の類型論を構成していくこともあり得る。たとえば、1つの類型論は、原子力エネルギーのリスクに関する情報がどのように扱われてきたかという点を明らかにしているのに対して、もう1つの類型論が、福島の原発事故に関連して原子力エネルギーのリスクが伝えられていたかという点を示していたというような場合もあるだろう。一般に属性空間は、既に作成済みのカテゴリーや変数を使って作成される。新しいカテゴリーが1つの類型として構築されるような場合には、そのコードについては最初にコーディング作業を実施しておく必要がある。その作業を通して、先に述べたテーマ分析や評価を含む分析をおこなってもよいだろう。

図4.6には類型構築式内容分析における詳細なプロセスを示しておいた。こ

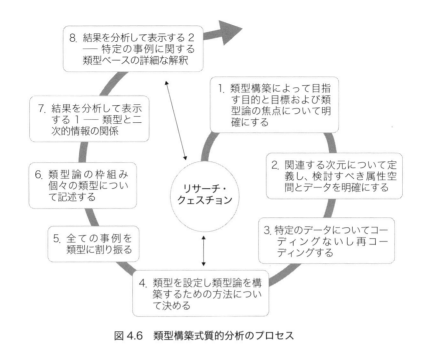

図 4.6　類型構築式質的分析のプロセス

のプロセスは基本的に上で述べた社会科学的な類型構築のプロセスの発想に
従っているものである。

詳しい解説

**第 1 局面 ── 類型構築によって目指す目的と目標および類型論の焦点につ
いて明確にする**

　類型構築の第一歩は、類型を構築することによって何を達成したいかという
点について明確にすることである。また、その類型論をどれくらい複雑で細分
化したものにすべきかという点についても明らかにしておかなければならな
い。それに加えて、調査における基本的な問題関心とリサーチ・クェスチョン
にとって主要な属性や特徴と二次的な属性と特徴がどれだけ重要なものである
か、という点についても検討しておく必要がある。ここで主要な属性というの
は、類型構築のために不可欠であり、また属性空間の基本軸となる属性のこと
である。一方、二次的な属性というのは、類型論によって影響を受けるか類型
論と何らかの関係がある他の特徴を指す。たとえば、環境意識に関する類型論

を作成しようと考えており、また一個人としての行動が環境に対して与える影響についても調べようとしている場合には、行動の次元をその類型論の軸に含めるべきではない。というのも、そうしてしまうと、「行動に対する行動の影響」というトートロジー（同語反復）的な分析に終わってしまいかねないからである。

　類型論は相当複雑なものでも、あるいは全く単純なものであっても構わない。つまり、属性空間において軸となる属性の数は類型論の複雑さを決定するものであるが、その数は任意に設定してよいのである。たとえば、「気候変動に関するメンタリティー」に関する類型論には、かなり複雑な属性空間が必要となるだろう。一方、「気候保護のための個人の行動」という単純な類型論はその複雑な類型論の一部を構成するだけに過ぎないだろう。複雑な類型論にはそれ以外に、たとえば知識、態度、個人の行動に関する類型論なども、その一部として含めることができる。

第 2 局面 —— 関連する次元について定義し、検討すべき属性空間とデータを明確にする

　類型構築における次のステップは、実際のデータにもとづいた属性のうちのどれとどれを類型論にとって適切なものとして選ぶべきかという点について決めていく作業である。類型論の軸となる属性については、研究プロジェクトにおける理論的枠組みを踏まえたものであり、またリサーチ・クェスチョンと密接な関連があるものでなければならない。マリエンタール研究の場合は、心理状態の類型論にとっての潜在的な関連性という点を踏まえて幾つかの属性が選ばれた。現地（マリエンタール村）を何度か訪れる中で、研究者たちは、失業に対する人々の対処の仕方に対して影響を与える要因に関する現場感覚を磨いていった。その上で心理状態（の類型）にとって不可欠となる幾つかの属性が選ばれることになった。それらの属性には、次のようなものが含まれている —— 家計維持、子供たちの世話、仕事探し、積極的なライフスタイル、将来展望。

　属性空間の構成について決める際には、既存のテーマ的コーディングや評価的コーディングの結果を参照することもあるだろうし、調査対象者に対して入手できる情報（人口統計学的データないし伝記的データ）を用いる場合もあるだろう。属性を選んでいく際には、十分なだけの数の対象者に該当する属性に

絞っておくことが勧められる。類型論の軸となる属性や特徴は、本来、複数の類型を互いに区別するのに用いられるものである。したがって、40人の対象者のうちの2人にしか当てはまらない属性を選ぶというのは、ほとんどナンセンスである。実際、その場合、40人中38人が同じ類型に分類されてしまうことになってしまう。属性空間という概念は対処可能な数の属性を前提とするものであり、通常は単純な類型論ないし属性数が限定された類型論の方が好まれるだろうという想定にもとづいている。かなり多数の属性を盛り込むというのは、事例要旨を一度にグルーピングして多元的な類型論を構築しようとする場合やクラスター分析のように自動的な分類法を採用する場合にだけ有効である。

　質的インタビューの特徴の1つとして、必ずしも全てのインタビューが類型構築にとって軸となる属性に関する情報を含んでいるとは限らない、という点がある。これは、特に、構造化されたガイドラインを使わずにインタビューが実施された場合について言える。そのような状況では、少数の属性が軸となる、あまり複雑ではない属性空間を選択することが勧められる。というのも、あまりにも多くの属性を詰め込んでしまうと、確実に利用できる情報を使って類型化するのが困難になってしまうからである。たとえば、家計維持に関する情報がほんの数人の対象者に関するデータにしか含まれていないというケースもあるだろう。その場合には、家計維持に関する属性を類型論の軸となる属性として選ぶというのは、たとえばその属性が理論的には重要であったとしても、あまり意味がないことになってしまうだろう。もちろん、場合によっては、フィールドワークのように、新たなリサーチ・クェスチョンを設定した上で不足している情報を収集できるケースもある。

　この類型構築における第2局面は、第1局面の作業と密接に関係している。この局面では、手持ちのデータについて再検討した上で、必要な情報が入手可能であるかどうか、また可能であるとしても実際にどのような情報が得られるかという点について具体的なレベルで確認していかなければならない。

　したがって、ここで確認しなければならないのは、既存のテーマ的カテゴリーないし評価的カテゴリーを使えるのか、それとも資料を再検討した上で新しいカテゴリーを設定する必要があるどうかという点である。そして、それらの資料については次の第3局面でコーディングが実施されることになる。

第3局面 —— 特定のデータについてコーディングないし再コーディングする

ほとんどの場合、類型構築式分析は、それ以前に実施されていたテーマ分析や評価を含むコーディングの結果を踏まえておこなわれる。このような場合、類型構築式分析法は、既存のテーマ的カテゴリーないし評価的カテゴリーを元にすればよいのであるから、非常に容易に実施できることになる。その一方で、事前のデータ分析がまだ済んでいないという場合もあるだろう。その場合は、テーマ中心ないし評価を含むコーディングに関して本章で解説したのと同様の手続きとルールにしたがって、特定の属性や特徴に対するコーディング作業から始めなければならない。

場合によっては、さらにこの分析局面に対して中間的な手順を加えることが必要となる。たとえば、テーマを中心とするコーディング作業が既に終わっており、家計維持に関するテキストの箇所は全て適切なカテゴリーに割り当てられているとする。その場合に、さらに「家計維持」という属性を、以下の3件尺度によって分類してみたくなってくるようなこともあるだろう ——（1）通常通りに家計を維持している、（2）部分的に家計を維持している、（3）家計維持を放棄している。そして、類型論の構築作業を続けていく前の手順としては、最初に、それぞれの事例について見直した上で、ふさわしい値を割り当てていく必要がある。

また、もしサーベイなどを通して対象者に関する人口統計学的な属性（生活史、年齢、教育レベル、経歴等）に関する情報が既に手元にある場合には、これらの属性や特徴を使って類型を構築することもできるだろう。

第4局面 —— 類型を設定し類型論を構築するための方法について決める

実際にグルーピングをおこなって幾つかの類型を設定するプロセスを開始する前の段階では、リサーチ・クェスチョンとデータにとってふさわしい類型の総数について考えておかなければならない。これについては、最初に、調査現場に何らかの自然のグルーピングが存在しているかどうかについて考えてみる。ついで、研究対象となる人々の人数について考慮する。たとえばマリエンタール研究では100以上の家族が調査対象として含まれていたように、対象者がかなりの数にのぼるような場合には、より小規模のサンプル（たとえば20人程度）を扱っている場合よりも、より詳細な細分化の度合い（つまりより多くの類型）を想定しても構わないことになる。それ以外に考慮すべき重要な要因には、研

究の実践的な意味合いや構築した類型論が学術界でどれだけ受け入れてもらえるかという点などがある。実際、類型を構築し適切な類型数について検討する時に考慮しなければならないのは、研究成果の受け手、つまり、読者や査読者がどのような人々であるかという点なのである。もちろん、必ずしも類型論を構築する以前の段階で適切な類型数について決めておかなければならないというわけではない。たとえば、4個、5個ないし6個の類型からなる2通りないし3通りくらいのグルーピングを試してみてもよい。実際また、そういう試行はおこなっておくべきだとも言える。

マリエンタール研究における、心理状態に関する4類型は非常に説得力に富むものである。というのも、その類型論は、類型同士の区別が明白であり納得性があり、かつ理解しやすいものだからである。それとは対照的に、研究者が8個以上に細分化した類型を設定しているような場合、その研究結果は、政治家や組合、つまり研究報告書の主な読者にとってかなり理解が困難なものになるに違いない。一方で、たとえばライフスタイル研究で4つのライフスタイルしか設定されていなかったとしたら、あまりにも単純な類型論だと思われてしまうだろう。実際、SINUSによる「社会領域」概念を用いたライフスタイル研究では、10以上の様々な類型が想定されているのである。

類型構築の方法について決定するためには、次にあげるような点に注意しながら、サンプルサイズや属性空間における分類軸について検討しておかなければならない。

- 一元的な同質属性による類型は、それぞれが比較的少ない特徴を持つ2つまたは3つの属性を軸にして構築される。
- 縮減手続きによる類型構築は、かなり柔軟であり、より多くの特性や特徴を含むことができる。
- 一方、多元的な類型構築では、多数の特徴を統合した上で、かなり多次元的な属性空間を設定することが可能になる。

同質的な属性による類型論はほとんど自明であるため例外的なケースだと言えるが、それ以外の2つの形式の類型論は、それぞれの類型が属性空間において占める相対的な位置について明確に示しておく必要がある。一方、類型数を縮減する手続きを通して作成される類型論については、通常は、組み合わせた

属性のリストを示すだけで十分である。これについては、先に親の教育レベルに関する類型論の例を示したのがその例となる。それに対して、複雑な多元的類型論の性格について明確に示すのはそれよりは難しい面がある。

第5局面 ── 全ての事例を類型に割り振っていく

類型論構築にとって不可欠となる手続きの1つには、対象者を特定の類型に割り振っていく作業が含まれる。この作業の手続きは明快なものでなければならない。たとえば、同じ対象者が同時に2つ以上の類型に割り当てられるようなことがあってはならない。実際、マリエンタール研究の場合に、同じ家族の心理状態が「無気力」と「不屈」の両方に割り当てられるという事態は考えにくいだろう。

したがって、分析の前段階で様々な類型論を比較した上で、手元にあるデータにとってそのうちのどれが最適であるかという点について確認した後で、もう一度個々のケースに対して焦点をあてていかなければならない。その上で、個々の事例がどのグループ（類型）に属するかという点について決めていかなければならないのである。

第6局面 ── 類型論の枠組みと個々の類型について記述する

この局面における作業の焦点は、個々の類型に関する説明に置かれる。一般的には、適切な順序で類型を配置した上で、それらの類型を設定する際の土台となった属性について解説しなければならない。実際、マリエンタール研究では、心理状態の4類型について可能な限り詳細な解説が提示されている。この作業の際には、データの中から特に意味があって典型的な発言を抜き出して示すことが考えられる。また、表形式の概要によってより明快な形式で表示をおこなうこともできる。

第7局面 ── 結果を分析して表示する（1）：類型と二次的情報の関係

ある調査対象者を特定の類型に割り振ることは、他のテーマやカテゴリーないし属性とどの程度一致しているのだろうか？　分析におけるこの局面には、実際のデータをさらに詳しく検討していくプロセスが含まれている。たとえば、何らかのテーマを中心にしてコーディングされたテキストの箇所を相互に比較するために、それらの箇所の一覧表を作成してみてもいいだろう。先に述べ

たように、類型構築の際に属性空間の軸として採用されなかったテーマ、態度、価格などは「二次的な情報」として考えられる。もっとも、この場合の「二次的」は、決してそれらが重要性という点で劣っているということを意味しない。

第8局面 ── 結果を分析して表示する（2）：特定の事例に関する類型ベースの詳細な解釈

　類型構築式テキスト分析の最終段階については「テキストへ還れ」というスローガンを適用することができる。この分析局面における焦点は、新たに構築された類型論に関する詳細な解釈である。ここで類型論は、個々の事例を組織化し解釈するための背景情報を提供することになる。この作業については、事例そのものや類型と属性の数値的な分布状況を示す概要表だけでは情報としては不足である。類型やその分布状況は、個々の事例に立ち返って解釈をおこなった時にこそ、その意味や意義が明らかになるのである。

　そのような詳細な分析のために事例を選んでいく際には、どのような基準を適用すべきであろうか？　研究報告の中では、質的研究の対象となった全事例について詳細に解説するわけにはいかないので、詳細な分析をおこなうためには一部の事例だけを選ばなければならない。そのためには2つの戦略がある。それらの戦略について、以下で解説することにしたい。

　最初のオプションは、「代表的な事例の解釈」である。これは、1つの類型ごとに1つの典型的な事例を取り上げ、その事例について詳細に解説した上で、その事例が、該当する類型に属する調査対象者全員を代表する典型例であると見なすという戦略である。形式的な方法、たとえば、クラスター分析の統計手法を使用しているような場合には、分析結果にはそれぞれの調査対象者について中心点からの距離が数値として示されているはずである。その場合は、その距離の値が詳細な分析をおこなう上で最適の事例を選び出すための形式的な基準として用いられる。一方、その種の形式的な技法を使っていない場合には、類型論の土台となったテキスト・セグメントについて再検討した上で、詳細な分析のために最もふさわしい1事例ないし複数の事例について確認していくことになる。テキスト検索のような、コンピュータを利用した分析テクニックは、このような分析において非常に効果的な補助手段となる。

　マリエンタール研究の場合、この「代表的な事例の解釈」戦略は、たとえば、「不屈」という類型にとって最適の事例となる人物を選び出すことを意味して

いた。その上で、その人物とその人の特徴についての解釈がおこなわれる。同様の作業は、それ以外の3つの類型、つまり「諦観」、「絶望」、「無気力」についても繰り返されることになる。つまり、最も代表的な人物を選び出して、それらの人々について詳細に記述するのである。これらの作業の結果として、（現実に存在する）4人の人々が、構築された類型論についてより良く理解していくための例として示されることになった。

　詳細な分析において事例を使う選び出すための第2のオプションには、最も適切であると思われるテキスト・セグメントの概要を示したり、モンタージュ的手法を使って「モデル事例を構成する」作業からなる。このアプローチの場合は、個々の事例に焦点をあてる度合いはより少なく、理念型＊の構築を目指すWeberのアプローチと様々な点で類似している。もっともその一方で、幾つかの多元的な類型とそれらの属性空間における位置づけは既にテキストの類型論的解釈によって確認されているので、それらの類型は必ずしも理念型だとは言えない。実際、それらの類型は、サンプルから選び出された現実の調査対象者に該当するのである。また、関連するテキストの箇所を読み込んでいくことによって、特定の類型にとってどの事例が最も適切であるかを判断したり、その事例を概要に含めたりすることを決定することができる。

分析結果の表示

　類型構築式テキスト分析の結果を準備し表示する際に中心となる作業は、類型を設定する際の作業プロセス、構築された類型論それ自体、そして個々の類型を示していくことである。より具体的に解説すると、次のような一連の作業が必要となる。

- 類型構築の目的と目標について解説する
- 属性空間とデータの経験的な基盤について説明する（どのようなカテゴリーが使用され、またそれらのカテゴリーがどのように作成されたか）
- 類型論を構築する際に用いられた方法について説明する

＊訳注：理念型［独］Idealtypus［英］ideal type. Max Weber の社会学的方法論における基本的な発想の1つ。複雑で流動的な現実を理解したり測定・比較するために構成される、実際の現象や物事から本質的な要素と思われるものを抽出してできあがる一種の理想形態ないし典型。

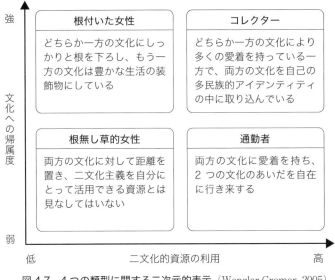

図4.7　4つの類型に関する二次元的表示（Wenzler-Cremer, 2005）

- 類型論、個々の類型および複数の類型間の違いについて解説する
- 報告の中には、サンプルにおける各類型の出現頻度や調査結果を一般化する際の前提に関する情報を含める。

　類型論については、その中に含まれる複数の類型を二次元の座標系の中に配置することによって理解しやすくすることができる。もっとも、類型論に2つ以上の軸が含まれている場合には、そのような座標による表示はかなり難しくなる。上の図4.7に示したのは、若年層のドイツ系インドネシア人女性のアイデンティティと生活設計に関するWenzler-Cremerによる研究から引き出したものである（Wenzler-Cremer, 2005, p. 336）。この類型論の座標系では、Y軸に「文化への帰属」が、X軸には「二文化的資源の使用」が配置されている。

　類型論の構築によって、様々な分析の可能性が広がっていく。たとえば、次ページの図4.8で時計回りに配置した様々な分析オプションについて検討してみることもできるだろう。

　記述統計：最初のオプションは類型論とその類型に関して量的に記述する。たとえば、類型のサイズやそれぞれの類型に属する人々の総数である。

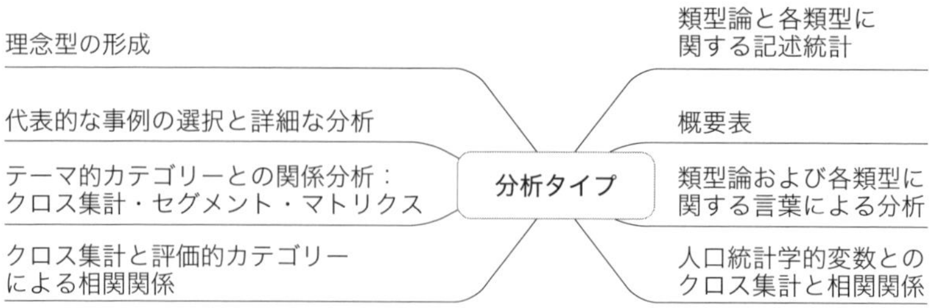

図4.8　分析のタイプと類型構築型テキスト分析における結果の表示法

概要表：表形式で複数の類型とそれらの特徴について比較する。表の内容は質的な情報（言語的説明）の場合もあれば、量的な情報（特徴の分布に関する数値とパーセンテージによる表示）の場合もある。

類型論と類型に関する言語による解釈的分析：この場合、様々な類型が言葉によって記述される。たとえば、ある類型がユニークなものになっている理由、複数の類型間の違いの鍵となるものなど。

類型と人口統計学的変数のあいだの関係：性、年齢、教育レベル、収入などに関するどのような組合せがどの類型で見出されるかという点について調べていく。人口統計学的データの場合は通常標準化されているので、統計分析との相性がよい。

類型と評価的カテゴリーの関係：評価的カテゴリーは分類であり、また特定のテキスト箇所に基礎を置いているので、質的および量的な分析をおこなうことができる。単純な統計分析ないし複雑な統計分析を実施したり、何らかのグルーピングによってテキスト・セグメントをリストアップすることもできる。

類型とテーマ的カテゴリーとの関係：ある類型に属する調査対象者による特定のテーマに関する発言を別の類型に属する対象者の発言と比較することができる。統計的な分析、たとえばクロス集計や言語データに関する解釈的な分析を実施することもできる。

最後に、特定の類型の典型例であると考えられる個人についての詳細な解釈をおこなうこともできる。

また、もう1つのオプションとしては、同じグルーピングに含まれる複数の個人について理念型を構築することもできるだろう。

5章　質的テキスト分析における
コンピュータ・プログラムの利用

　本章では、質的テキスト分析に際して、コンピュータ・ソフトウェア ——
特に QDA（Qualitative Data Analysis）ソフトウェアと文字起こしソフトウェア
—— をどのように利用できるかという点について学ぶ。解説していく内容は、
以下のようなものである。

- 専門のソフトウェアを使って音声や動画のデータを文字起こしする
- 文字起こしデータの匿名化処理をおこなう
- コンピュータを利用した分析のためにデータを準備して、QDA ソフトにそれを
  取り込む
- コンピュータを利用して、テーマ分析、評価を含む分析、類型構築を目指す質
  的分析を実行する
- QDA ソフトで利用できる他の分析オプション（たとえばハイパーリンクとメ
  モ）を活用する
- 音声およびビデオ・ファイルと文字起こしの記録を同期させる
- ダイアグラム、チャート、タイムライン、概念マップなどを使ってカテゴリー
  やコード間の関係ないし従属関係などについて視覚的に表示する
- 単語ベースの分析のための機能（たとえば単語頻度、キーワード・リスト、辞
  書ベースの自動コーディング）を利用する

　質的な社会調査は、1980 年代中頃に、質的分析に特化したソフトウェア・
プログラムによるコンピュータを利用した分析法が導入されたことによって
徐々に変化を遂げていった（Weitzman & Miles, 1995）。その手のソフトウェア

の第一世代、たとえば The Ethnograph、MAX、Nudist、Atlas.ti、Textbase Alpha は、質的研究の分野でも、ごく限られたパイオニア的研究者のあいだに知られている程度に過ぎなかった（Gibbs, 2009; Kelle, Prein, & Bird, 1995; Kuckartz, 2010c; Lewins & Silver, 2007; Tesch, 1992; Weitzman & Miles, 1995 参照）。

　しかし今日では、当時とは状況が全く違ったものになっている。質的研究では、各種の QDA 専用のコンピュータ・プログラム —— 以下「QDA ソフト」 —— が開発されて標準的なツールとして使われている。この 20 年以上のあいだに、コンピュータを利用した質的データの分析の分野は、社会科学の方法論における最も革新的な領域の 1 つとして考えられるようになっている。

　QDA ソフトは、特定の分析法にしか使えないというわけではなく、様々な種類のデータを分析することができる。また、様々な方法論的アプローチで利用することができる（N. Fielding & Lee, 1998; Kelle, 2007a 参照）。たとえば、Creswell（2007, pp. 164-173）は、QDA ソフトは、生活史、現象学、グラウンデッド・セオリー、エスノグラフィー、事例研究という、5 つの異なるアプローチにおいて適用可能だとしている。

　以下本章では、体系的な質的テキスト分析をおこなう場合を中心にして、QDA ソフトの可能性について紹介していく。この章の目的は、QDA ソフトによる分析の様々な可能性について、その大まかな見取り図を提供することにある。なお、QDA ソフトのオプションと機能に関する詳しい解説については、以下の文献を参照されたい —— Kuckartz（2009）、Bazeley（2007）、Lewins と Silver（2007、Richards と Richards（1994）。

5.1　データの管理
—— 文字起こし、匿名化処理、チームワークの計画立案

　どのようなタイプの質的テキスト分析であっても、その初期段階では、データを管理し体系化していく際の方法に関する幾つかの問題について考えておかなければならない。たとえば、データをフォーマットする上での最善の方法は、どのようなものだろうか？　QDA ソフトを使用してデータを分析する際にはどのようなやり方が考えられるか？　どのようにして、ファイルやフォルダを管理し保存し保管していけばよいか？　研究チーム内での作業の役割分担や調

整の際に配慮すべき点にはどのようなものがあるだろうか？

　録音機器を使っておこなう質的インタビューのように、自分自身や研究チームが自らデータを集める場合には、分析を始める前に、音声データを文字に起こしておかなければならない。社会科学研究の領域では、文字起こしにはかなり複雑な問題が含まれている。たとえそれほど正確に文字起こしする必要がない場合でも、少なくとも研究チーム内では文字起こしに関する規則について一定の合意を形成しておく必要がある。

　データ収集の段階からソフトウェアにデータを取り込む段階までには、以下にあげる7つのステップの作業がおこなわれる。

1. 文字起こしに関する規則を設定する。あるいは、計画中の分析に適していると思われる既存の文字起こし方式を選ぶ
2. コンピュータを使ってテキスト（ないしテキストの一部）を文字に起こす
3. 必要に応じて、文字起こし記録を校正し、編集し、あるいは修正を加える
4. 文字起こし記録の匿名化処理をおこなう
5. QDA ソフトを使った分析にとって最適な形で文字起こしの書式を設定する
6. 文字起こし記録を RTF ないし DOC/X 形式のファイルとして保存し保管する
7. 以上のファイルを QDA ソフトにインポートする（取り込む）

　当然ではあるが、1から3までのステップは、新しいデータが集められて文字起こしするような場合にだけ必要となるものである。既に音声データが文書のファイルになっている場合は、ステップ4に進んで、匿名化・フォーマット・QDA ソフトへのデータの取り込みの作業をおこなえばよい。

文字起こしに関する規則

　質的インタビュー、グループでの討議、フォーカス・グループあるいはそれらと同じような方式でデータ収集をおこなっている場合には、単に記憶をよび起こすための単純なプロトコル（発話記録）ではなく、録音された音声記録を積極的に使っていく必要がある。表5.1には、録音記録を使うことのメリットとデメリットをあげておいた。

　録音記録を使うことには、差し障りがある機密情報を含むデリケートな問題を扱っているのでない限りは、明らかな利点がある。実際、正確な文字起こし

表5.1 録音することのメリットとデメリット

録音することのメリット	録音することのデメリット
正確さ	すべてが記録されているために、話し手は居心地悪く感じるかもしれない。それによって曖昧な点が生じたり、インタビューの記録がゆがめられるかもしれない
研究報告で直接引用が可能	話し手が用心深く言葉を選びがちであり自然な話し方ではなくなる可能性がある
直接性、回想的記憶を経た歪曲の回避	記録を取ることによって聞き手と話し手のやりとりに支障が出ることがある
メモを取ったりキーワードなどを記録する必要がないので、リラックスした雰囲気でインタビューが可能	**要注意事項**：録音することによる潜在的な副作用は、話し手がその状況や録音装置に慣れていくにしたがって少なくなっていく可能性がある
分析がより簡単にできる	
インタビューのテクニックやインタビューの経過について批判的に再検討ができる	
記録管理が改善され、それによって、科学界での評判が向上する	

は、録音や録画があってはじめて可能になる。つまり、そのような記録がなければ、後で分析をおこなう際や研究報告の中で直接的な引用を利用することは不可能に近いのである。

　音声記録については、デジタル式の録音機器を使うことによって最善の結果が得られる。その種の機器は、高品質の録音を比較的低コストでおこなうことを可能にしており、また、かなり長時間のインタビューを記録することもできる。記録された音声ファイルは、録音機器からコンピュータに取り込むことによって、後で文字起こしの際に利用できる。

　残念なことではあるが、Dragon NaturallySpeaking のようなディクテーション・ソフトウェア・プログラムは、まだ実際にデータとして使い物になる程度にインタビューの内容を自動的に文字起こししてくれるわけではない。その種のプログラムは、特定の個人の声の特徴について学習させた場合には、かなりうまく動作する。しかし、そのようなソフトウェアを使ってインタビューの内容を文字起こしするために、インタビュアーはインタビューされる人が話した

答えの全てについてもう一度初めから口に出して発音してもらわなければならない。

　同じことはビデオ録画についても当てはまる。もっとも、研究者は通常画像というよりは音声記録の方に関心を持っている。最近のビデオ・カメラと文字起こしのためのソフトウェアは、インタビューの記録と文字起こしの作業をかなり容易なものにしてくれる。

　以下のセクションで解説していく文字起こしに関する規則は、オーディオ記録とビデオ録画の両方に適用されるものである。

文字起こし作業の規則を決めておく

　文字起こしについての規則は、話し言葉がどのように文字の形に変換されるかという点に関わるものである。この変換プロセスでは、情報の一部分はどうしても失われてしまう。したがって、テキスト分析目的と目標にとって、どの程度の情報ロスが許容範囲内であり、逆にどのようなロスは許容できないか、という点についてあらかじめ決めておかなければならない。

　文字起こしのやり方には、実に色々なタイプのものがある（Kowal & O'Connell, 2004 参照）。もっとも、それら複数の方法のあいだの違いは、主として、イントネーションと強調、音量、ゆっくりした口調、休止、複数の話者の発言の重複部分に加えて、アクセント（お国なまり）、ジェスチャー、表情と笑い、咳、うめき声などのような非言語的表現のような要素を記録に入れるか入れないか、あるいは入れるとしてもどのように書き込むかという点に関わるものである。さらにまた、インタビューまたはインタビュー・セッティングの特徴の中には、分析の内容に関連するものもある。

　たとえば、部屋に誰かが出入りしたということや電話のベルが鳴ったというようなことである。また、このようなディテールの全てを実際に文字起こし記録に盛り込むかどうかは、どれだけ研究資金が使えるかという点にも依存する。というのも、文字起こしというのは非常に時間がかかるものであり相当程度の出費をともなうものでもあるからである。実際、単純な文字起こしの場合でも、インタビューそれ自体に必要な時間のおよそ 5 倍の時間がかかるものである。さらに、グループ・インタビューやフォーカス・グループの録音記録について、イントネーションやお国なまりあるいは複数の話し手の発言の重複の部分などを書き留めると、経費はさらにかさんでいく。

もっとも、コストが唯一の決定的な要因というわけでない。むしろ、分析における後の段階でどれだけの正確さが必要とされるか、ないし要求されるかという点を決めておくことの方がはるかに重要である。時には、あまり正確に文字起こしすると、分析作業の全体に対して支障が出る場合がある。たとえば、方言など特徴についてあまりにも詳しく書き込んであるために、文字起こしのテキストが読みにくくなってしまっているような場合である。社会科学の研究プロジェクトでは、たいていの場合、比較的単純な文字起こしの方式を採用しても特に差し支えないものである。評価に関わるプロジェクトを実施していた時には、私たちは、メンバー全員が簡単に覚えておけるような文字起こしのルールを設定しておいた。これらのルールは個人的な経験だけでなく、Dresing、Pehl、Schmieder（2013）から得られる示唆にもとづいて拡張された。以下に示すのが、その一連のルールである。

コンピュータを利用した分析のための文字起こしの規則

1. 文字起こし記録は言葉どおりに正確に起こしたものでなければならない。単なる音声や要旨のみであってはならない。方言的な要素が含まれている場合には、標準的な言葉に言い換えておかなければならない。
2. 言い回しや句読点は、書かれた文章の基準に合わせるためには若干の調整が必要である。
3. 比較的長くまた明らかに休止であると判断される場合には、括弧の中にピリオド（...）を入れて示しておく必要がある。ピリオド1個が1秒を表すようにする。もっと長い休止の場合には、その秒数は括弧の中に数で示しておけばよい。
4. 話し手が強調した言葉については、下線を引いておく。
5. 話し手が大声で話した箇所について、大文字で区別しておく。
6. インタビュアーのあいづちや賛意（「はい」、「なるほど」等）を示す言葉は、話し手の発言の流れを遮るものでない限りは、特に文字に起こさない。
7. 他の人物あるいは話し手本人から発言中に提示された異議は、全て括弧でくくって明記する必要がある。
8. 特定の発言を支持したり意味を明らかにしたりするような発声（笑い声、ため息等）は、括弧書きの中に逐一明示しておくべきである。

9. インタビュアーの発言に該当するパラグラフは「I[nterviewer]」によって示し、話し手の発言に関わるパラグラフの場合は、何らかの適切な省略形（たとえば「R4」等）によって明示しておく必要がある。

10. それぞれの人物の発言は、独立したパラグラフのまとまりとして文字起こしすべきである。話者の変化は、2行分の空行で示しておく。これによって、文字起こし記録が格段に読みやすくなる。

11. 何らかの邪魔が入った時には、逐一それを明示しておかなければならない（たとえば電話の呼び出し音）。

12. インタビュアーならびに話し手の側の非言語的な行動は、二重括弧（たとえば ((笑))、((ため息)) など）で明記する必要がある。

13. 難解であるか不明瞭な言葉については、「(不明)」のような形式で明記すべきである。

14. 話し手が誰であるかが分かってしまうような情報については全て匿名化処理しなければならない。

　Dresing、Pehl、Schmieder は、これらの規則を補足する形で、複数の研究者がインタビューの文字起こしを担当して一連の作業をおこなう研究グループという設定で特に役に立つ統一的な表記法を提案している。

　一方で、言語学的分析や会話分析の領域では、さらに複雑な文字起こしシステムが存在する。その例としては、GAT、HIAT、CHAT などがあげられる。また、EXMARaLDA36 はより複雑な文字起こしのために使用されるソフトウェア・プログラムの典型例である。英語圏における文字起こしシステムは関して最も一般的なのは、米国の言語学者 Gail Jefferson（1984）によって開発されたものであり、表5.2にそれを示しておいた。Jefferson は会話分析法の創設者の1人であり、特に会話と相互行為の詳細な分析に関して興味を持っていた。

コンピュータを使って文字起こしする

　音声ファイルや動画ファイルを文字起こしする際に利用できる幾つかのコンピュータ・プログラムがある。たとえば、ExpressScribe、Inqscribe、HyperTranscribe、f4.38 などである。一般的には、これらのプログラムは使い

表5.2　Jefferson の表記システム（1984）

シンボル	名称	用法
[Text]	ブラケット	複数の発言で始まりと終わりが重複している箇所を示す
=	等号	発言がいったん休止してから継続したことを示す
(# seconds)	休止時間	括弧の中の数値で発言の中断時間（秒単位）を示す
(.)	小休止	短い休止（通常0.2秒未満の）
. or ↓	ピリオドまたは下向きの↑	下降する音声レベルまたはイントネーションを示す
? or ↑	疑問符あるいは上向き矢印	上昇する音声レベルまたはイントネーションを示す
,	コンマ	イントネーションの一時的な上下を示す
-	ハイフン	突然の停止または発言に対する妨害を示す
>Text<	以上ないし以下のシンボル	この記号で囲まれた発言はその話し手がいつもより速く話したことを示す
<Text>	以下ないし以上のシンボル	この記号で囲まれたスピーチが話者のためにいつもよりゆっくり話したことを示す
°	温度記号	ささやき、抑え気味の音声、もしくは穏やかな発言を示す
ALL CAPS	大文字のテキスト	叫んだか音量が増加した発言を示す
Underline	下線つきテキスト	話し手が発言を強調しているか力説していることを示す
:::	コロン	音を長めに発音していることを示す
(hhh)		聞き取れる呼気
. or (.hhh)	ハイドット	聞き取れる吸気
(Text)	括弧	文字起こしの中で不明瞭であるか不確かである発言
((italic text))	二重括弧	非言語的な行動に関する表記

やすく、また社会調査でインタビューを文字起こしするために必要とされる機能の全てが含まれている。大部分のメディア・プレーヤーと同じように、再生・停止・休止・巻戻しと早送りなどが簡単にできる。それに加えて、再生速度や巻戻しの間隔、あるいは秒単位で巻き戻した上でまた再生を始めることもできる。フットスイッチやペダルを使えば、文字起こししている最中に停止したり改めて再生するようなことも簡単にできる。

　文字起こし用のソフトウェアは、タイムスタンプを文字起こし記録に挿入す

ることができる。たとえば改行キーを押すことによって、パラグラフの最初と最後の箇所にタイムスタンプを記入することができる。これによって、文字起こしテキストと音声データの記録とを同期させることが可能になる。たとえば、テキストを読みながら、その中に含まれている特定のタイムスタンプをクリックすれば、音声データの中でそれに該当する音声を正確に再生できる。図5.1は、先に述べた規則にしたがって作成された文字起こし記録の一部である。

　一般的に言って、文字起こし記録は、それよりも後の段階で実施する分析作業の際にコンピュータのモニター上で読みやすいような書式で書いておく必要がある。また、QDA ソフト・プログラムに含まれている様々な機能 —— 特に、語彙あるいは単語単位の検索オプション —— を使って分析ができるようにしておいた方がよい。

　どのような文字起こしの方式やプログラムを採用する場合にせよ、文字起こし記録のテキスト全体を通して、話者、インタビュー・ガイドからの特定の質問、調査の特定の部分などがはっきりと読み取れるようにしておくことが重要なポイントになる。たとえば、インタビューアーー（聞き手）を明示したい時には、全作業を通して同じ略称を使う必要がある。したがって、たとえば I か INT にどちらかを一貫して使って、この2つあるいは Interviewer という標記などを混在させないようにする。この表記の統一という方針は、特に、後で QDA ソフトの語彙検索機能を利用する予定がある場合には必須条件となる。文字起こしの作業が終わった後で、ファイルを分析用のソフトウェアに取り込む前の段階で、全てのテキストを編集し、また必要な場合は修正を加えておかなければならない。インタビューをおこなった者が最後にもう一度文字起こし記録と音声記録とを比べてみる時間をとっておくことも重要なポイントの1つである。

　質的研究では、インタビューについての分析は、文字起こし作業を開始するのと同時、あるいは場合によっては、それ以前の段階から始まっていることも多い。つまり、研究者は、インタビューの最中や録音内容を聞いているあいだに分析的なアイディアを思い浮かべてそれをまとめていくことが少なくないのである。あるいは、文字起こしの最中に仮説が浮かんでくる場合さえある。研究者は、インタビューの状況と具体的な事柄を常に念頭に置いて作業を進めるものであり、あるいはそれらの点について既に研究チームのメンバーと相談していることもあるだろう。文字起こし記録自体には書き込まれていない場合で

> R7: ボーイフレンドと私は、勉強会をしています。やり方としては、私が2回彼に全部説明してあげるんです。そうすると、私自身、自分だけで勉強しているよりも理解できるんですね。それで、一度、統計学を取っているグループの他の学生の1人と勉強したこともあります。
>
> I: それで、勉強しているときは、どんな感じですか？ 統計学について好きだとか嫌いだとかという感覚や感情がありますか、それとも (...) ？
>
> R7: とても好きです。以前は、そんな風に思えるとは予想していなかったんですけどね。でも、もともと数学が好きだったですし、だからそういう風に感じてるんじゃないでしょうか。
>
> I: そういう感想というのは、学期中に変わったということはありましたか (R7: え！) だったら、どういう風に変わったんでしょう？

図5.1　文字起こし記録（参加者7とのインタビュー）の抜粋

あっても、**このようなアイディアは全て記録しておく必要がある**。そのようなアイディアは、対応するテキストの該当部分にリンクした形で文字起こし記録と一緒に保存できる形式でメモや注釈の形で書き留めておく必要がある。

データを匿名化処理する

　質的データには、話し手を特定することができるセンシティブな情報が含まれている場合も多い。したがって、匿名化処理が必要になってくる。データの性格によって、匿名化処理を文字起こしの段階でおこなうか、それとも文字起こしの作業が完全に終わってからにするかが決まってくる。データセットの中に匿名にしておく必要がある情報が大量に含まれている場合には、文字起こしが全て完了してから匿名化処理をおこなう方がいいだろう。文字起こしサービスを利用したり、データ収集の作業に関与していなかったアシスタントが文字起こしをおこなう場合であっても、作業の最中に匿名化処理をするのは得策ではない。というのも、それだと過剰負担になってしまうからである。

　データを匿名にする時には、名前・場所・日付などのセンシティブなデータは全て仮称にするか略語と置き換えておく必要がある。文字起こし記録に含まれるそれらの情報によって、話し手が特定化されないように変更しておくべきなのである。場所については、たとえば「小さい町」または「村」のように一般的な言葉で置き換え、日付についても「夏」や「去年の冬」のように、一般

的な時間の設定に変えておく。その種の置き換えに関しては、事前に一覧表を作っておいて、必要に応じて後で解読できるようにしておかなければならない。また、当然ではあるが、プライバシーと守秘性を維持するためには、その一覧表は文字起こし記録データそのものとは別に保存しなければならない。

データに編集を加えて一定の書式でフォーマット化し匿名化処理が終わった後では、十分なバックアップが可能になるように、RTFまたはDOC/X形式のファイルとして少なくとも2台の保存装置を使って別々に記録しておく必要がある。実際、1台のハードディスクで2つのバックアップ用ファイルを保存しておくようなやり方は、ハードディスク自体が壊れる可能性があるので、ほとんど無意味である。

データを体系化し、チームプロジェクトの計画を立てる

質的データは通常かなり種類も量も多く、何百ないし数千ページものテキストに及ぶ場合すらある。また、その中には、文字起こしされたインタビュー、フィールドノーツ、観察プロトコル、文書あるいはそれ以外の形式の資料も含まれている。したがって、実際に分析を開始する前には、このような多岐にわたるデータの全てを整理する方法を考えておかなければならない。これについては、次のような点について自問してみるとよい。分析に使えるのは、どのようなデータであるか？　データセットは、どれくらい大きなものか？　データセットを意味がある幾つかのグループに分けることができるか？　それに続いて、使用しようと考えているQDAソフトに備わっている機能のうちどれがデータをまとめたり構造化したりする上で最適であるかという点について判断しておく必要がある。

私たちが事例としてあげる研究プロジェクトでは、2つの異なる年齢層の人々に対してインタビューをおこなった。このような場合は、全体のデータを2つのテキストのグループあるいは2つのフォルダとしてデータをまとめることに意味がある。こうしておけば、それら2つのグループのデータに対して別々の分析をおこなうことが容易になる。個々のインタビューについては、それぞれの別のテキストとして処理すべきである。普通は、複数回のインタビューを全部まとめてしまって1つのファイルとして扱うことは得策ではない。

さらに、音声ファイルを体系的に整理して保存した上で、必要に応じて参照したり、頻繁に使えたりするようにしておかなければならない。音声ファイル

というのは、比較的大容量のものであるため、分析の際に本当に必要かどうかについて判断しておかなければならない。この点に関しては、ファイルの容量が100メガバイトあるいは1ギガバイトを越える場合には、インターネットを介してそのファイルをやりとりするのが難しいという点を確認しておく必要がある。というのも、それだけの容量のファイルだと、転送するのに時間がかかるし、メール・サーバによっては対応していないからである。また、研究者はデータ保護や情報セキュリティに関する法律や標準を厳守しなければならない。

　質的データと一緒に集めた標準化されたデータ（たとえば社会・人口統計学的データ）は、質的テキスト分析のプロセス全体を通して利用できるようにしておかなければならない。そうしておけば、たとえば、話し手の特定のグループについて分析することができるようになる。これについては、標準化されたデータ（変数）については、Excelのような表計算ソフトを使ってまとめておくと便利である。というのも、Excelファイルは統計ソフトウェアに簡単に取り込むことができるからである。それによって、改めて変数について再定義しなくても、統計分析（度数分布表、クロス集計表の作成など）が容易におこなえるようになる。

　最初に資料を読み込んでいる最中に作成したメモや文字起こし作業のあいだに書いたメモなどについても、体系的に整理しておかなければならない。そのようなメモについては、インタビューの内容に関連づけることができる個別のテキストとして扱うか、あるいはまた、特定のテキストないしテキストの該当部分にリンクされているメモとして体系化するかという点を決めておかなければならない。この2つのやり方の中では、後者の方が有利である。というのも、メモは常にそれが言及するテキストに関連づけられているので、簡単に参照できるからである。インタビュアーが後書き的なものとして書いた文章やインタビューに関係する文章も、同様の方法で体系化する必要がある（Witzel, 2000, p.8参照）。

　1つのテキストをどのようにしてそれよりも下位のテキスト単位ないし意味の単位として分割するかという問題は、既に文字起こしの作業の段階で問題となるものである。もっとも、それは結局のところ、もっと後の分析プロセスの段階でしか最終的な答えが得られない問題でもある。もしそれ以降のコーディング・プロセスで、データを統語的ないし意味論的な側面を中心にしてコーディングする予定であるならば、まさにこの段階でデータを論理的なパラグラ

フに分割していくことになる。意味のあるまとまりを基準にしてパラグラフを区切っていくのは有効な分割の仕方である。主にテキストの解釈が中心となる分析法を採用している場合には、前もってテキストのグループ分けを決めておくような手続きは必要ではないかもしれない。もっとも、分析に際して量的内容分析の要素をより多く取り入れようとしている場合には、このような種類の細分化が役に立つことがある。

『実践 質的内容分析（*Qualitative Content Analysis in Practice*）』という本でSchreier（2012, p. 129）は、コーディングによる分析をおこなう前の段階で、テキストを小さな単位に分割しておかなければならないという点について強調している。もっとも、今日の QDA ソフトでは、そのような制限がもはや必要でないほどに柔軟な質的テキスト分析ができるようになっている。

研究チームを構成する複数のメンバーがデータ分析を担当している場合には、チームとしての仕事を体系化したり調整したりする方法について考えておかなければならない。これについては、以下のような問題について考慮しておく必要がある。

- 共同作業をどのような形でおこなっていくか？
- チームメンバー全員が、同時に同じテキストの分析にあたる必要はあるか？
- 特定のテキストを特定のメンバーに割り当てて、個々の研究者は自分が担当するテキストに関する責任を負うようにするか？
- 選択した QDA ソフトは、現在おこなっているような種類のチームワークをサポートするものであるか？　他にもチームワークに適した幾つかソフトウェアがあるか？　もしそうなら、今回のような分析のために最適なのはどのソフトウェアか？

もう一つ考えておかなければならない問題は、チーム内の様々なメンバーに対してそれぞれどの程度のデータへのアクセス権を持たせるべきか、という点である。プロジェクトで作業にあたる場合には、全員が同じデータベースに対して変更（たとえば、テキストへのコーディング、コードの定義や削除、カテゴリー・システムの再編成）を加えることを許可すべきであろうか？　一般に、特に人々が異なる場所から同時に同じデータベースにアクセスして作業している場合には、チームワークの調整は複雑な問題になってくる。さらに、技術的な

いし組織的な限界によって、チームで作業したりデータを交換することに支障が出る場合も珍しくない。したがって、研究チーム内部で、どのようなオプションがあるかという点について十分に検討しておかなければならない。

5.2　QDA ソフトによる質的テキスト分析

　以下では、QDA ソフトがカテゴリー構築の作業を効率化する上でどのように活用できるかという点と、それらのソフトウェアを前章で解説した質的テキスト分析の 3 つの方法のそれぞれでどのように利用可能か、という点について解説していく。ソフトウェアというのはすぐ陳腐化しがちなものである。また、新しいバージョンになると、メニューやインターフェースが一変してしまうこともよくある。したがって、以下のセクションでは、特定のマニュアル的な解説 —— たとえば、「メニューから○○のアイテムを選ぶ」、「ここをクリックする」、「そこでダブルクリックする」 —— ではなく、一般的な手続きの概要について説明していく。

QDA ソフトへのデータのインポート（取り込み）

　QDA ソフトに質的データを「インポート」する、つまりファイルを取り込む作業それ自体は、非常に単純なプロセスである。ソフトウェアの種類にもよるが、ファイルのインポートは、単に、取り込みたいファイルを選んでおいて、マウスを使ってプログラムの作業画面にドラッグ＆ドロップするという手続きだけで完了する。たいていの QDA ソフトでは、DOC（ないし DOC/X）と RTF ファイルを扱うことができる。PDF ファイルをもともとの書式のままで取り込めるのは、現在のところ、MAXQDA、NVivo と Atlas.ti だけである。インタビューが中心となっている研究における分析作業では、PDF よりは DOC/X あるいは RTF 形式のファイルの方が便利である。というのも、これらのファイル形式の場合は、分析のどの段階でもテキストに対する追加や編集ができるからである。この点は、たとえば、分析作業の後半で、テキストに対して匿名化処理する際に必要になってくる場合が多い。さらに、文字起こしの段階で必要に応じて動画ないし録音ファイルに同期させるタイムスタンプを使うことができるのは、DOC/X か RTF のファイル形式だけである。

ある種のテキスト（たとえば、フォーカス・グループの文字起こし記録、オンライン調査の自由記述項目に対する回答やインターネット・フォーラムから取り出したテキスト等）は、事前に一定の形式で整理した上でQDAソフトにインポートすることができる。そうしておけば、ソフトウェアは自動的にテキストの該当部分に対してメイン・カテゴリーとサブ・カテゴリーを割り当ててくれる。また、グループ・ディスカッションやフォーカス・グループの文字起こし記録の場合には、話者単位で自動的にテキストの該当部分を割り当ててくれる（Kuckartz, 2010a, pp. 49-55 参照）。

テキストの分析処理のためのツール ── コメント、蛍光ペン

QDAソフトには、質的データ分析の初期段階でテキストを処理する上で役に立つ様々な機能が備わっている。まず最初に、この種のソフトにファイルを取り込むと、話し手の発言のパラグラフ単位あるいは行単位で自動的に番号を振ってくれる。これによって、研究チーム内でのコミュニケーションがスムーズにおこなえるようになる。さらに、QDAソフトを使えば、全データセットから興味深い言葉や文章を探し出し、また、それと関連するテキストの該当部分を全てほとんどワンクリックで通覧することができる。これに加えて、特に興味深いと思われる箇所や重要であると考えられるテキストの該当部分に蛍光ペン（マーカー）で印を付けたり字の色を変えた上でコメントを追加することもできる。これらの処理は全て、実際の分析作業の前段階で実施できる。つまり、カテゴリーを構築し、テキストをコーディングして、カテゴリー・ベースの分析法を始める前にこれらの処理を済ませておくことができるのである。

このように、質的データ分析というのは、実質的には最初のコーディングの手続き以前の段階から既に始まっているのである。もし、研究者というものを、単なるデータ収集作業の担当者としてではなく、むしろ研究に対して主体的に関わる行為者としてとらえるならば、〈質的研究プロセスは、その全体を通して分析作業を含むものである〉というポイントがより理解しやすくなるだろう。つまり、サーベイ調査とは違って質的研究の場合にはデータ収集とデータ分析のあいだに厳密な区別は存在しないのである。

実際、研究者はインタビューをしている時には、ほとんど自動的に、インタビューで中心になっている問題だけでなく自分自身の前提知識を踏まえた上で、特定の発言に関する分析をおこなっているものである。GlaserとStraussは、

これをコーディングと呼んでいる。というのも、研究者は自分が聞いている内容を「コード化（code）」し、様々なアイディアやそれらのアイディア間の関係に関する仮説について考えをめぐらせながら、コード化した内容について頭の中で整理したり考察を深めたりしているからである（Glaser & Strauss, 1998, pp. 107-121 参照）。

　このようなことは、データ収集の初期の局面を含む研究プロセスのあらゆる段階で生じている。したがって、可能な場合、そのようなアイディアや仮説については即座にメモの形で書き留めておく必要がある（3章3.3節参照）。質的テキスト分析におけるコードとコーディング・スキームの使い方は、グラウンデッド・セオリーで使われることが多い分析スタイルとは若干性格が異なるものである。実際、グラウンデッド・セオリーの場合には、分析的作業の焦点はかなりの程度コードや中心的なコードを作り出すことに置かれている。もっとも実際にそうではあっても、分析プロセスの初期段階からアイディアや理論的な考察、あるいは仮説を小まめに記録しておいた方がよいだろう。

　グラウンデッド・セオリーの創始者である Strauss、Glaser、Corbin らは、覚え書き、注釈やコメントについて「メモ」という用語を適用しており、それが分析において中心的な役割を果たしていると主張する。グラウンデッド・セオリー・アプローチによると、次のような異なる種類のメモについては明確に区別しておくべきだとしている —— 理論的なメモ（「理論メモ」）、カテゴリーの定義やその特性ないし属性に関するメモ（「コード・メモ」）、事例要旨を含むメモ（「文書メモ」）。

　QDA ソフトでは、メモはどのような対象（たとえばテキストの該当部分、カテゴリーとサブ・カテゴリー）に対してでもリンクを貼ることができる。異なるタイプのメモについてはそれぞれ違うシンボルを使って区別できるようにしておいた方がよい。分析作業を進めていく中では、次第に個々のメモを組み合わせた上でまとめた比較的長文のメモが作成されていくことがある。それは、最終的に研究報告を書き上げていく際の重要なパーツになっていく。

データにもとづいてコードとカテゴリーを構築していく

　QDA ソフトは、直接データにもとづいて帰納的にコードやカテゴリーを構築していく作業をおこなう上で非常に有効なコンピュータ・プログラムである。グラウンデッド・セオリーのオープン・コーディングというテクニックの

場合には、コードと概念をテキストに対して直接書き込んでいく。Strauss と Corbin によれば、テキストを一行一行読み込んでいく中で、テキストを開き解体することができるのだという（Strauss & Corbin, 1996, p.45）。QDA ソフトの場合には、紙と鉛筆で作業している場合と同様に、テキストの該当部分に蛍光ペンで印を付けてコードや用語あるいは概念を割り当てていくことになる。

　QDA ソフトの最大の長所の 1 つは、作成したコードがコード・システムの中に自動的に記録されていくということである。分析プロセスのもっと後の段階では、それら複数のコードを分類したり整理したり要約したりすることになる。一方で、コード自体は個々のテキストの該当部分にリンクされたままなので、分析内容とその元になっているデータとのあいだをワンクリックで行ったり来たりすることができる。

　コードの様々な次元に関するコメントや理論的な考察あるいはアイディアなどについては、カテゴリーに関する詳しい説明を含むコード・メモの形で記録しておくことができる。次ページの図 5.2 には、オープン・コーディングの処理をおこなったインタビューの一部を示してある。ここでは、左側の欄に幾つかのコーディングの例が示されている。この例では、1 つのメモが 22 という番号が振られたパラグラフにリンクされており、そのメモでは明らかに一人称から三人称への言い換えがなされている。つまり、自分の行動について質問された時に、話し手は最初は「もちろん、私はそうしたいと思ってます（Sure, I would like to）」と答えている。しかし、その直後には、より義務感の少ない他称表現に切り替えており、「たいてい、そういう機会を探すもんですよ（You look for an occasion to do so）」とあまり具体的な形ではなく一般論の形で答えているのである。

　質的インタビューでは、話し手が自分自身の率直な見解を述べるように促されることが多い。つまり、幾つかの標準的な選択肢の中からどれか 1 つを選んで答えるというのではなく、自分自身の言葉で発言してもらうことに大きな特徴があるのである。したがって、話し手自身が使っている言葉や概念や比喩は非常に重要な意味を持っている。QDA ソフトでは、「インヴィボ・コーディング」と呼ばれる機能を使って、話し手独自の言い回しについて検討できるようになっている。その機能では、話し手の発言が反転表示されてコーディングされると同時に、独自の言い回しに該当する特定の言葉がカテゴリー・システムの中に組み込まれていく。

正当化	19 I: それで、実際にはどんな風に取り組んでますか？
	20 R: ええ、そこが問題なんですよねえ。まず、クルマの運転は控えめにしています。それだと効果ありますよね。それと、省エネですね。お金に節約にもなります。でも、冬にヒーターを止めるっていうわけにはいかないですね。それ
行動	は別問題で。それから、食べ物（の節約）ですね。農家から直接買えば包装と
省エネ	かで余計なゴミは出ないでしょう。アルディとかリドル大きなチェーンのスー
リサイクル	パーで買ったら、パッケージとか捨てなきゃいけないですよね。
	21 I: それ以外にもっと取り組みたいと思ってます？
自称から他称へ	22 R: もちろん、私はそうしたいと思ってます。大抵、そういう機会を探すもんで
	すよ。多分、大企業がわたしたちに対して自分たちがどういう風にしてこれか
	ら環境問題について取り組みを増やしていくか説明していけば、わたしたちだ
行動	って家庭でどういう取り組みをすればいいかはっきりすると思うんです。で
産業と役割	も、そういう役割モデルって無いんですね。でも、わたしは自分として出来る
	ことはもっとやっていきたいと思ってますよ。

図5.2　コーディングの結果が左側に示されたインタビュー記録からの引用

　たとえば、私たちの「気候変動に関する個人の認識」に関する研究に参加してくれた話し手の1人は彼（女）が「私たちが世界を救うのである連盟（We-Save-the-World Association)」と呼ぶものについて解説してくれた。この用語は反転表示されて、カテゴリー名として直接使われることになった（図5.3参照）。

　カテゴリーの構築の作業は、何度も繰り返してデータやその一部を読み込んでいく必要があり、したがって相当時間のかかるプロセスである。3章3.4節で解説したように、特に重要な意味を持つテキストの箇所については、言い換え（パラフレーズ）・抽出・要約といった作業をおこなうことも重要になる。テキストを言い換える（パラフレーズする）プロセスは相当の時間がかかるものであるが、一方で特に初心者にとっては非常に役に立つ作業でもある。また、QDAソフトを使う時には、関連するテキストの部分を言い換えた一覧表を作成した上で、カテゴリー構築の際にその表を何度か作り替えてみることがかなり有効である。

　グラウンデッド・セオリー・アプローチの場合には、コードは、最初のうちから理論を構築することを念頭において設定されるものであり、データそれ自体からは距離を置いていく作業として考えられている。Glaser、Strauss、Corbin らが「コーディング（コード化）」（Strauss & Corbin, 1996、pp. 43-55）と呼ぶのは、データを理論的に分類する手続きを指しており、単にデータにコード

I:	それで、現在心がけている以上にもっと多くのことをしてみたい？
R29:	理論的には、そうですね。でも、問題はどのようにしてやるかですね。実際、私は、「私たちが世界を救うのだ連盟」みたいな会 (...) に入ればもっと快適だと思えるかどうかは自信ありませんし。
I:	あなたは、21世紀の問題に対して立ち向かう責任があると思いますか？
R29:	個人的には、そうですね。でも、世界的規模というわけではないですけどね。
I:	それについて、もう少し詳しくお話していただけませんか？

図5.3　対象者R29とのインタビューの一部、33～37番目のパラグラフ

を割り当てるような作業を意味するわけではない。これには、2段階の作業が含まれている。最初に、テキストの中で興味深いと思われるものの全てに対してコーディングしていく。つまり、抽象的なラベルを割り振っていく。その次の段階では、コードをグループ分けして、複数のコードのあいだの関係を調べるために、コード・レベルでの分析作業に移行していくことになる。

　質的データ分析のカテゴリー構築作業のためにQDAソフトを利用することには、従来の紙と鉛筆を使った手作業の方法と比べて多くの利点がある。これは、様々な質的テキスト分析の方法についても当てはまることである。その中には、単純な言い換えによる方法だけでなく、グラウンデッド・セオリーの理論志向的な分析スタイルの影響を受けた、より抽象的であり、また一般化を目指す方法についても同様である。QDAソフトを使用した分析の場合には、元のデータとの関係が常に維持されており、したがって、テキストの特定箇所を見つけるために何百ページものテキストを読み返す必要はない。またソフトを使えば、特定のコードや概念あるいはカテゴリーがどれだけの頻度でデータの中に登場しているかについて簡単に把握することができる。さらに、それらの点について確認した上で、テーマ中心のテキスト分析の際に使えるようなテーマ的カテゴリーを構成することもできる。同じように、特定のテーマ的カテゴリーの定義づけをおこなうために、典型的な例を簡単に検索して参照することもできる。

　また、記録の目的のために、あるカテゴリーがテキスト全体のどの箇所にもとづいて作られたものであるかを常時決めることができる。さらに、カテゴ

表5.3　テーマ中心の質的テキスト分析における QDA ソフトの利用法

局面	ソフトウェアの使用法
テキストに関する初期の作業	重要なテキストの該当部分を反転表示してコーディングする。特定の言葉またはフレーズを自動的に検索することも可能である。メモとコメントを書いた上で、それをテキストの特定箇所に、全てのテキスト、あるいはカテゴリーにリンクする。テキストの特定箇所が互いに似通っているか矛盾する内容を含んでいる場合には、その両方に対してリンクを付けてもよい。外部の文書にリンク付けすることによって、分析の際のより幅広いコンテクストを明らかにすることもできる。 事例要旨を作成して、メモの形でリンク付けしてもよい。
主要なテーマ的カテゴリーの構築	テキストの特定箇所をマウスで指定して、コード（もしくはラベル）を割り当てる。同じようなコードをグルーピング分けしたり組み合わせたりして、より抽象的なカテゴリーを構築することもできる。カテゴリーに関する説明と定義は、コード・メモの形で記録する。
1回目のコーディング・プロセス（メイン・カテゴリーを使用）	テキストを順番に一行一行読み込んでいき、主要カテゴリーをテキストの該当部分に割り当てる。
主要なカテゴリーを割り当てたテキストの箇所のリストアップ	検索機能を使用することによって、ある主要カテゴリーを割り当てたテキストの該当部分についてそれぞれ要約を作成して一覧表を作成することができる。その一覧表は印刷するか、DOC 形式のファイルないし表計算ソフトのファイルとして保存される。カテゴリーの選択、グルーピング、対比にあたっては、標準的なデータ（たとえば、人口統計学的な属性）が、使われることが多い。
データに基づくサブ・カテゴリーの帰納的な定義	それぞれの主要なカテゴリーについて直接データに基づいてサブ・カテゴリーを構築する。先に述べたように、これらのコードの定義についてはコード・メモとして記録し、また、典型的な例をカテゴリーに関する説明に追加すべきである。その上で、新たに作成したカテゴリー・システムのためのコーディング・ガイドラインを構築することができる。 この局面に達したならば、主要なカテゴリーでコーディングされたテキストの該当部分を全てについて検討した上で、それまでに作成してあったサブ・カテゴリーを割り当てていく。 必要に応じて、主要なカテゴリーとサブ・カテゴリーに基づいて作成された事例要旨を修正して、それを改めてメモとして記録しておく。
2回目のコーディング・プロセス（精巧なカテゴリー・システムを使用）	この局面に達したならば、主要なカテゴリーでコーディングされたテキストの該当部分を全てについて検討した上で、それまでに作成してあったサブ・カテゴリーを割り当てていく。 必要に応じて、主要なカテゴリーとサブ・カテゴリーに基づいて作成された事例要旨を修正して、それを改めてメモとして記録しておく。
結果の分析と表示・パート1：カテゴリー・ベースの分析	検索機能によって、カテゴリーまたはサブ・カテゴリーに割り当てるテキストの該当部分をリストアップした上で、それぞれのサブ・カテゴリーの出現頻度を測定することができる。これによって、複数のカテゴリーやサブ・カテゴリーの間にどのような重複があるかがチェックできる。選択的なテキスト検索によって、データのサブグループ同士を比較することもできる。
結果の分析と表示・パート2：関係・図解・作表	視覚表示によって、テキストによって分断されたテーマ的カテゴリーの存在を示すことができる。また必要に応じて、頻度を表示することもできる。

図解は、複数のカテゴリーやサブ・カテゴリー間の近さ（ないし何らかの重複）を明らかにする。

インタビューの中でテーマがどのように展開していったかについては、「コードライン」として表示することができる。グループ・ディスカッションの場合、話者の発言や話題の順番、またそれぞれの話者の貢献の度合いなどをが表示される。

概念マップとダイアグラムはカテゴリー間の関係を視覚的に表示し、分析作業の中で構築されていった仮説や理論を提示する（例えば因果モデルの形式で）。

分析プロセスの間に、メモを調査報告の中で対応する節や章に結びつけていくことができる。

リー構築の作業段階を記録に残しておくことも簡単にできる。また、あるカテゴリーと関連があるテキストの該当部分の全てがリストにまとめてあるので、カテゴリーの意味論的なコンテクストを明らかにすることも可能である。

　もしテキストを処理する最初の段階ではまだコーディング作業には着手したくないという場合には、QDAソフトを2段階に分けて使ってみたらいいだろう。最初の段階では、重要なパラグラフにチェックを入れて、次のステップでコーディングをおこなうのである。たとえば、MAXQDAでは、テキストを電子的に様々な色の蛍光ペンの形式で色づけすることができる。紙媒体で分析する場合のように、最初に単にテキストの特定箇所にマーカーペンで色を付けていくことから始めればよいのである。その次の段階としては、コードをテキストの該当部分に割り当てて、カテゴリーを構築していけばよい。

テーマ中心のテキスト分析

　表5.3には、テーマ中心のテキスト分析でQDAソフトを使用する場合の例をあげておいた。左側の欄には、テーマ中心の分析のそれぞれの局面の名称をあげており、右側には、実際のQDAソフトの使用法が示してある。

　この表は、QDAソフトがテーマ中心のテキスト分析のあらゆる局面にとって親和性が高く、またかなり有効に機能するものであることを示している。もっとも、表5.3には、QDAソフトに盛り込まれている機能が全て網羅されているわけではない。調査報告に関して言えば、基本的な枠組みを明らかにした上で分析結果をどのような形で報告し、またどれくらいの分量のレポートにしたいのかを決めておく必要がある。たとえば、学位論文の場合には、60ページ分を研究結果について解説するセクションに割り当てるのは特に問題な

いだろう。しかし、ジャーナル論文や本の場合には、せいぜい5〜10ページ程度が適当な分量だろう。

　ストーリーラインをあらかじめ設定しておくというのも、有効なやり方である。つまり、最初に研究の土台となるリサーチ・クェスチョンから始めて、読者の関心を引きつけるようなカテゴリーを紹介することによってストーリーを展開するのである。いったん研究報告の全体的な構造について概念化できたならば、必要に応じてそれぞれのパートに割り当てるページ数を設定することになる。もっともその一方で、最初のカテゴリーに関する分析について書き始める時には、最終的に何を目指すのかを認識しておくことが重要になる。

　カテゴリー・ベースの分析法の場合には、特定のカテゴリーやサブ・カテゴリーと一致するテキストを検索してみることが、研究報告を書いていくプロセスの出発点になり得る。

　コンピュータを利用した質的分析では、「テキスト検索」というのは、同じコードでコーディングされたテキストの該当部分をリストアップするカテゴリー・ベースの処理方法である。QDA ソフトによってリストアップされるテキストの該当部分は、その出所情報、つまり、どのテキストのどの特定箇所から抜き出されたものなのかという点などについての情報を含んでいる。このリストアップされたテキストについては、画面上に表示することもできるし、それを印字したり、あるいは他のコンピュータ・プログラムでの分析にかけるために転送することもできる。

　これについて、私たちのプロジェクトに含まれていた「世界最大級の問題」というカテゴリーを例にとって考えてみよう。ここで、話し手が今日の世界における最大級の問題（私たちは、これをサブ・カテゴリーと定義した）だと考えている問題を事例にして検討してみることにしたい。どの問題が最も多く取り上げられていただろうか？　どの問題が他の問題とペアにされて取り上げられていただろうか？　参加者のグループのうち、どのグループがどの問題を最も頻繁に話題にしていただろうか？　このようにして、テーマ的カテゴリーについて深く掘り下げて検討していくことによって、追加的なサブ・カテゴリーや次元が構築されていくことがある。もっとも、複数の次元を互いに区別してテキ

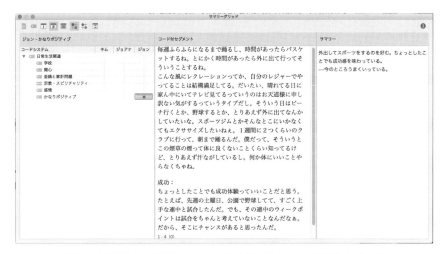

図5.4　要旨グリッドを使ってコード付きセグメントの要旨を作成する

ストの該当箇所を改めてコーディングする際には、必ずしも全てのデータセットを読み返す必要はない。もっと単純でシステマティックなやり方で答えを体系化できるものだし、それにもとづいて研究報告を書き上げることもできる。

　QDA ソフトは、特にコーディングされたテキストを要約したりまとめる作業をする際に役に立つ。そのようなテクニックについては、既に3章で詳しく解説しておいた。MAXQDA というソフトウェアのいわゆる「要旨グリッド」という機能を使えば、カテゴリー・ベースの要旨をシステマティックな形で作成できる。図 5.4 は、要旨グリッドを利用した作業の概要を示したものである。左側の画面には、3章で解説したテーマ・マトリクスが示されている。マトリクスの列にはインタビューの名称が示されており、列にはカテゴリーが配列されている。このテーマ・マトリクスの特定のセルをクリックすると、該当する人物の発言が真ん中の画面に表示される。右側の画面には、研究者がコーディングされた部分の要旨を書き込んでいくことができる。

評価を含むテキスト分析

　評価を含むテキスト分析は、テーマ中心のテキスト分析の一環としておこなわれるテーマに関するコーディングの結果を元にして、比較的容易におこなうことができる。この場合、重要なテーマに関係するテキストの該当部分の全て

については既に確認済みであるので、それらのテキストの該当箇所をもう一度読んだ上で分類し評価するという作業が残っているだけである。一方で、もしそのようなテキストの該当箇所については、まだ確認作業が終了しておらずコーディングも済んでいないというような場合は、再度テキストに立ち返ってそれらの作業をおこなっておく必要がある。その作業が完了していないと、分析内容はもともとのデータとの結びつきが稀薄になり、したがってまた、データに戻って確認することも非常に難しくなるだろう。

表5.4に示したように、QDAソフトは評価を含むテキスト分析の7つの局面において活用することができる。

事例（人、家族、組織等）を評価する際には、大きく分けて2つの方法がある。1つの方法は、最初からカテゴリーにもとづいて事例を分析するというやり方である。この方法だと、まずテキストの中で該当する箇所をリストアップしたものを読み込んで（表の局面3と5）、それぞれの評価的カテゴリーの定義にもとづいて適切な特徴を決め、特定の話し手に対してある評価変数や評価レベル（たとえば高レベルの責任感覚）を当てはめることになる。もう1つのやり方だと、最初に該当するテキストの箇所の全てについて詳細な評価をおこなうという手続きをとる。つまり、個別のテキストの箇所について責任感覚のレベルを評価するのである。この場合は、「高い」、「中程度」、「低い」、そして、「分類不能」というレベルが「責任感覚」というコードのサブ・カテゴリーとして定義され、テキストの該当箇所に対して割り当てられることになる。

QDAソフトでは、複数のコーディング担当者がそれぞれ別個に作業を進めることも可能である。データが全てコーディングされた後の段階で、コーディング担当者同士でそれぞれのコーディングの結果を照らし合わせて、互いの違いについて検討した上で、合意が得られるような方向性を見つけていくことになる。その過程においては、コーディング・ガイドラインの定義を修正したり、ブラッシュアップしていかなければならない。コーディング担当者間で合意に達することができないような場合には、いったんメモの形で反対意見と賛成意見を併記しておく。そして後の段階で、研究チームあるいはプロジェクト全体の統括責任者と協議をおこなうことになる。

局面5で全データセットが評価的カテゴリーでコーディングされてしまった後の段階でも、QDAソフトでは次にあげるような、それ以外のタイプの分析に対して利用できる様々なオプションが提供されている。

表5.4　評価を含む質的データ分析における QDA ソフトの利用法

局面		ソフトウェアの使用法
1	評価カテゴリーとして使用されるべきカテゴリー（リサーチ・クェスチョンにもとづく）の決定。	検索機能はデータ全体を概観して、それが評価を含むテキスト分析にふさわしいかどうか決定することを容易にしてくれる。
2	特定の評価カテゴリーに関連するテキストの該当部分の確認とコーディング。	QDA ソフトによって、データを迅速かつ効率よくコーディングすることができる。また、別々のコーディング担当者によっておこなわれたコーディングの結果を比較することもできる。
		コード・メモによって、カテゴリーの定義と典型的な例について記録したり修正したりすることができる。
3	同じカテゴリーでコーディングされたテキスト部分のリストアップ。	テキスト検索機能を利用してあるカテゴリーに属するテキストの該当部分の全てをリストアップすることができる。検索結果は、一覧表として表示したり印刷することができる。
4	評価カテゴリーのレベル（値）の決定とテキストの該当箇所への割り当て。必要に応じて、カテゴリーの定義とカテゴリー値の数の修正。	カテゴリーの特徴をサブ・カテゴリーとして定義することができる。特定のサブ・カテゴリーをテキストの該当部分に割り当てたい時には、一覧表の適切な箇所にドラッグ＆ドロップするだけでよい。
		メモ機能を使えば、特徴の定義とその特徴の典型例に対して加えたダイナミックな変化を記録することができる。
		レベルの数や特徴を変えることによってカテゴリー・システムが修正された場合には、いったんコーディングを済ませたテキストの該当部分のコードを付け替えたり変更したりすることができる。
5	全データセットのコーディング。コーディングの判断に迷うケースについては、その点に関する記録。	ドラッグ＆ドロップ機能を使えば、一覧表の画面上でテキストの該当部分をそれにふさわしいサブ・カテゴリーに割り当てることができる。一覧表の中では、事例が一定の順序でリストアップされている。
		テキストのある箇所についてはどのコードを割り当てればよいか判断に苦しむ場合には、その点についてメモ機能を使って記録するべきである。
6	カテゴリー・ベースの包括的な分析。	検索機能を使えば、カテゴリーやサブ・カテゴリーが割り当てられたテキストの該当部分をリストアップし、さらにそれぞれのサブ・カテゴリーの頻度を表示することができる。また、これによって、カテゴリーとサブ・カテゴリーの重複の度合いについて分析することができる。特定のコードを組み合わせた選択的なテキスト検索をおこなえば、サブグループ同士を比較することもできる。
		カテゴリーの特徴は、テーマ中心のテキスト分析の選択基準として用いることができる。
7	量的データ・質的データの概要及びクロス集計表の作成。そして、事例の詳細な解釈。	全てのデータセットに関する統計的な見取り図をつくることができる。その中には、たとえば、次のようなものが含まれる —— 個々のカテゴリーの中の特徴の絶対数と相対的な比率、カテゴリー間のクロス集計、複数のサブグループ間の統計的比較等。
		評価的なカテゴリーを変数に変えることによって、クロス集計表のような形式で統計相関関係を分析することができるようになる。
		幾つかの特徴のパターンについては、個々の事例に関する詳細な分析を行うために、話し手の言語データを改めて調べてみることができる。

- 個々のカテゴリーの範囲内で特徴の頻度について計算することができる。
- 特徴を、話し手が他の話題に言及した発言にアクセスするための選択基準として用いることができる。たとえば、かなり高いレベルの責任感覚を持っている人々が「気候変動」という話題に関してどのような媒体を通して情報を得ているかという点について明らかにすることができる。
- コード・事例マトリクス（コードと事例を組み合わせた一覧表）を使ってコーディングした場合には、その情報を統計分析プログラムのデータとして活用することができる。これによって、複数の評価的カテゴリー間の関係について調べることができる。たとえば、次のような関係である ── 「それぞれの人が持っている責任感覚は、どのような影響を及ぼしているか？」、「責任感覚は他のどのカテゴリーとの相関が高いか？」
- 評価的カテゴリーをクロス集計表や図表の構成要素として表示することができる。

　もしかなり小さな単位でコーディングをおこなっており、また評価的カテゴリーの特徴をサブ・カテゴリーとして定義してきたとするならば、それら複数のコーディング結果を事例レベルでまとめて総合的な評価をする必要が生じてくる。実際、ある参加者に関しては、幾つかの関連するテキストの箇所について異なるレベルの評価を下していたかもしれない。たとえば、幾つかのテキストの箇所については、気候変動についてかなり高い責任感覚が示されている一方で、他の箇所では中程度の責任感覚が示唆されるだけだとする。QDAソフトの中には、これら複数の評価を自動的にカテゴリカル変数に変換してくれるソフトもある。その場合、「責任感覚」という名前の変数については、それぞれの話し手について最も頻繁に割り当てられた特徴ないしレベルの変数値が自動的に割り当てられることになる。一方で、ある事例については2つ以上のサブ・カテゴリーが同じ頻度で割り当てられているので、最もしばしば割り当てられた特徴またはレベルについて決められない場合もある。その場合、変数値は「未定」と表示される。そういう時には、コーディング担当者は特定のテキストの該当部分について改めて検討した上で、ふさわしいと思われる変数値を入力しなければならない。データセットの中にある全てのテキストのコーディングが完了した段階で、以上で解説してきたような変数に関する情報を、他の

統計プログラム（たとえば Excel、SPSS、SYSTAT など）に読み込ませて更なる分析をおこなうことができる。

　コーディングの一覧表を統計プログラムに読み込ませた後で、度数分布やパーセンテージを計算することもできる。それによって、話し手のうちの何人が責任感覚について「高い」ないし「低い」で分類されたかという点に関して全体的に把握することができる。必要に応じて、グラフ（たとえば円グラフや棒グラフ）を作成することもできる。

　さらに、たとえば、責任感覚を教育レベルと組み合わせたクロス集計表を作成することもできる。QDA ソフトでは、変数値を他のカテゴリーが割り当てられたテキストの該当箇所を参照する際に使うことができる。たとえば、低い責任感覚の話し手が世界最大級の問題をどのように定義しているかという点について検討した上で、その定義を高い責任感覚の話し手によるものと比べることも可能なのである。

類型構築式テキスト分析

　類型構築式テキスト分析法と QDA ソフトの親和性は非常に高い。実際、QDA ソフトが登場したことによってはじめて、質的データ分析において類型や類型論をシステマティックな方法で構築することが可能になったのである。また、類型を造るプロセスはそれによって完全に公明正大なものとなった。表5.5には、QDA ソフトを質的テキスト分析において類型構築の際に活用できる方向性について示しておいた。

　QDA ソフトを使って、属性の組合せにもとづく類型論を構築したり理念型を構成したりすることは、非常に簡単にできる。というのも、2、3回マウスをクリックするだけで、関連のある属性と類型を選んでそれらを組み合わせることができるからである。データ・マトリクスを作成して、特定のカテゴリーが特定の話し手に対して割り当てられた頻度を明らかにすることによって、カテゴリーとサブ・カテゴリーは事例に関わる変数として変換することができる。もし既に評価を含むテキスト分析を実施していたとするならば、関連するテキストの箇所は既に事例に関わる変数として保存されているはずである。次の段階としては、個々のグループを個別に検討してそれを互いに比較する作業に入ることができる。さらに、これらの事例変数を他の統計プログラムに取り込むことによって、クロス集計表を作成することができ、これは類型数を縮減する

表5.5　類型構築式質的テキスト分析における QDA ソフトの利用法

局面		コンピュータの使用法
1	類型構築をおこなう上で適切な次元を選択し、リサーチ・クェスチョンないし理論を踏まえて属性空間を決定する。	検索機能はデータの概要を把握し、それテキスト分析法にふさわしいものであるかどうかを判断することを容易にする。
2	テーマに関するカテゴリーか評価的カテゴリーのどちらかで類型構築の際に使用するデータを選ぶ。必要に応じて、類型構築を目的とする分析に向けてデータをコーディングする。	カテゴリー、サブ・カテゴリーとコーディングに関して十分な情報が利用できるどうか、そしてまた、テーマ中心ないし評価的コードが要約可能であるかどうかを判断する。
3	データをコーディングするか再コーディングする。どの属性に対してもコーディングがおこなわれなかった場合には、最初にテーマ中心ないし評価的コーディングを実施する必要がある。	QDA ソフトのしかるべき機能を使って、コーディングをおこなうか複数のカテゴリーを要約する。
4	個々の類型と類型論の枠組みを構築するために使用する方法について決める。	場合によっては、違った方向でのグループ分けを試してみる必要がある。
	a) 同質的な属性を組み合わせることによって類型を構築する。	カテゴリーを組み合わせて類型を構築する。
	b) 縮減によって類型を構築する。	複数のカテゴリーを結合して属性空間を無理のない範囲にまで縮減することによって、適切な類型を構築する。異なる属性を組み合わせてグループを形成する。
	c) 異質な属性によって類型を構築する（多元的な類型）。	異質な属性で類型を構築する際には、以下にあげる幾つかのアプローチの内のどれかを選ぶ。a) 事例要旨を同質的なグループ毎にグルーピングする。b) 何らかの統計分析プログラムに特定の属性空間のデータを取り込んで、例えばクラスター分析または因子分析などをおこなう。その上で、個人を一人一人、クラスターにマッピングしていく。
5	研究対象となっている全ての事例を構築した幾つかの類型に振り分ける。	類型論に対してラベルまたはコード（例えば「環境に対するスタンス」）を割り当てることによって、QDA ソフトにおける新しい変数またはカテゴリーとして作ることができる。
		新たに構築した幾つかのタイプを特徴として定義する。たとえば、「環境に対するスタンス」に関わる類型論には、「修辞学者」、「無知な者」、「一貫した保護者」と「中立の保護者」という4つの類型論が含まれている。
		それぞれの話し手を4つの類型の内の1つに割り当てる。
6	類型論の枠組みとそれに含まれる類型について記述する。個々の類型について詳細に記述し、また複数の類型間にどのような関連があるかを明記する。	検索機能を使って、それぞれの類型を構築する際に用いられた属性空間に含まれているテーマ中心のカテゴリーと評価的カテゴリーによってコーディングされたテキストの該当部分をリストップする。結果として生じるテキストを個々のタイプのためのメモとして保存しておく。

| 7 | 類型間の関係と二次的な情報について分析する。 | この局面では、質的分析だけでなく統計分析をおこなう必要がある。相関関係、クロス集計表や分散分析によって、たとえば、類型と人口統計学的変数との関係について検討することができる。プロフィール・マトリクスを使えば、話し手が特定のトピックに関して発言した内容をリストアップして、その話し手の類型を念頭に置きながら相互に比較することができる。 |
| 8 | 事例に関して詳細な類型ベースの分析をおこなう。代表的な事例について解釈するか、同じ類型に属している事例に基づいて理念型を構築する。 | 類型は、どの言語的データをより詳細に解釈すべきかを決定する上での選択基準として用いられる。個々の事例を示して、比較し、解釈する。場合によっては、あなたは、特定のタイプに属する複数の話し手についての記述をリストアップすることによって、理念型を構築しなければならないかもしれない。 |

手続き（4章参照）によって類型を構築していく際の基礎となる。

類型構築をサポートするクラスター分析、因子分析やコレスポンデンス分析のような統計手法を併用すれば、類型構築分析法はさらに QDA ソフトにとって有力な分析法になる。これは特に、大量の事例や膨大な数の属性が含まれる属性空間を分析対象にしている際には有効である。類型を構築する上で使用される属性のマトリクスを統計ソフトに取り込んだ後でクラスター分析法を利用して自然な類型論を構築することができる。この方法によって話し手はそれぞれのタイプに割り振られることになるが、この情報は QDA ソフトに送り込まれた上で次の局面の分析にかけられることになる。

類型構築に際して主として事例要旨を使う場合であっても、QDA ソフトは役に立つことがある。この場合は、まず事例要旨を読み込むことから始めて、手作業でそれらを類似点によってできるだけ同質的な幾つかのグループに分類することになる。これは、コンピュータを使わなくてもできることである。しかし、その結果を表示するためにはコンピュータ・ソフトを利用することができる。たとえば、類型やそれに割り当てられた話し手を図示するためのダイアグラムを作成するような場合である。

5.3　QDA ソフトによる分析 ── 上級編

先に述べたように、質的テキスト分析は、必ずしもカテゴリー構築やコーディングあるいはカテゴリー・ベースの分析をおこなうことに限定されるわけではない。質的テキスト分析には、それらに加えて、テキストが持つ様々な側

面について検討し処理する作業が含まれている。QDA ソフトは、この探索的な分析プロセスにとっても有効である。実際、それぞれのソフトには、便利な機能が満載のツールボックスが装備されている。それらの機能は、それぞれが使用者の創意工夫次第で利用できるし他の機能と組み合わせて使用することもできる。利用可能なツールの全てについて解説することは本書の範囲を超える。したがって、ここでは、カテゴリー構築とデータのコーディングという枠を越えた機能の中でも、質的テキスト分析にとって特に有効であると思われるものを取り上げてその概要について紹介していく。

マルチメディア関連の機能を文字データの分析と組み合わせる

　最近の QDA ソフトには、質的分析に関するマルチメディア関連の機能が装備されている。それによって、音声ファイルや動画ファイルを文字起こし記録と同期させて、分析の際に活用することができる。1960 年代後半から、研究者は、インタビューの最中に特定のキーワードをメモしたり速記録をとったりするよりもむしろ録音された音声記録を利用するようになってきた。カセットテープに音声が記録されていた頃には、録音記録を文字に起こして分析することは困難をきわめる作業であった。というのも、その当時は、アナログ録音を再生中に早送りして特定の箇所をチェックする程度のことしかできなかったからである。しかし、デジタル記録装置の出現で全てが変わった。デジタル化によって、音声記録のどんな部分でもタイムラグなしで再生することができるようになったのである。それは、取りも直さず、録音と文字起こしの同期が可能になったということを意味する。

　一般に、データ分析にあたっては、音声記録よりは文字起こし記録を使って作業する方がはるかに効率的である。というのも、文字起こし記録は非常に簡単に扱えるからである。たとえば、文字起こし記録の場合には、即座にインタビュー・テキストの特定の部分を探し出すことができるが、音声記録の場合には同じ箇所を探し出してもう一度再生するのに相当程度の時間がかかる。一方で、マルチメディア関連の機能を利用することには、それ以外にもさらに多くの利点もある。その種の機能を使えば、いつでもオリジナルの音声記録にアクセスすることができるのだが、それは特に、声の高さ・遅れ・音量など言語外的な特徴を考慮に入れて分析を実施したい場合には有利である。同様の点は、ビデオ録画についても当てはまる。この場合は、調査をおこなった場の状況や

データの処理の仕方に関してさらに多くの洞察が得られる。

　理論的には、この新しい技術、つまり、オーディオ・ファイルと文字起こし記録を併用することによって、重要でないと思われた部分をとりあえず文字起こし記録から除外しておくことができるようになる。というのも、必要であれば、もう一度音声記録に戻って聞き直すことができるからである。もともとの音声記録に直接アクセスできるようにするためには、文字起こし記録にはタイムスタンプを付けておく必要がある。幾つかのプログラムでは、それとは逆方向の作業が可能になる。つまり、音声ファイルを再生する際に文字起こしが映画の字幕のように表示されるように設定することもできるのである。これは特に、文字起こしの正確さを確かめたい時には役に立つ機能である。

　マルチメディア機能を盛り込むことによって、絵、グラフあるいはそれ以外のものをテキストにリンクすることもできる。そうしておけば、文字記録を読みながら人物やグループあるいは場所情報を示すことができ、それによってフィールドワークがおこなわれた状況について明確に示すことができる。

　もっともその一方で、これらの新しい可能性に付随して、かなり深刻な問題も幾つか生じている。その1つは、匿名性に関わる問題である。これは、質的研究には常につきまとう問題であり、過小評価すべきではない事柄である。新しい技術の導入によって、この問題の深刻さは劇的に増加した。実際、音声と動画を含む質的データを匿名にすることは、ほとんど不可能に近い。音声記録とビデオ録画は、話し手のプライバシーを保護できるような形で編集するのは非常に難しい。データの二次分析もまた問題含みである。というのも、たとえ話し手が書面による同意を提供していたとしても、研究者はデータが何十年にもわたって流通することが本当に必要かどうか自分自身に問いかけなければならないからである。

ハイパーリンク、外部ファイルとのリンク、テキストにリンクを貼る

　QDA ソフトでは、ハイパーリンク機能も利用できる。これは一般的には、2つのポイントのあいだを電子的に相互参照する機能であり、ある点をクリックすれば目的のところにジャンプすることができる。この技術はインターネットで多用されており、現在ではおなじみの機能になっている。

　ハイパーリンクは、質的テキスト分析でも追加的なツールとして利用可能であり、同じテキストであろうが、研究プロジェクトに関連する別々のテキス

トであろうが、特定の箇所と他の箇所とのあいだでリンクを貼ることができる。この機能を使えば、カテゴリー構築とコーディングの作業とはまた別の形でデータについて理解することができるようになる。QDA ソフトでリンクを貼るのは、実に単純な作業である。単に、テキスト内で出発点と目的の箇所を選んでその 2 つのあいだにリンクを設定するだけである。QDA ソフトの場合のリンクは、通常のインターネット・ブラウザーのリンクと同じような働きをする。つまり、あるリンクをクリックすれば、目的地へジャンプすることができるのである。もう一度クリックすれば、元の箇所に戻ることができる。

　ハイパーリンクを使えば、カテゴリーとは関係なく、データ内部を行ったり来たりするようなネットワークを研究プロジェクトの中に作り上げることができる。さらに外部リンクを利用して、テキストの特定箇所を外部ファイル（たとえば写真、オーディオ・ファイル、ビデオ等）にリンクすることもできる。また、Google Earth のような地理的参照ツールを QDA ソフトと組み合わせて使用し、座標情報を質的テキスト分析に組み込むことによって、社会的対象について新たな観点から理解することができる。これによって、どのテキストの部分についても様々な地点情報にリンクすることが可能になり、分析の過程で検討中の地点が地球上のどこに位置しているかという点について確認できる。

　地点情報は、システマティックな質的テキスト分析にとって重要な意味を持つ背景情報を提供するものである。リスクに関する研究の中で Fielding は、洪水の危険性に関する調査対象者の評価が、どの程度その対象者が生活している場所と関係しているかという問題について検討している（J. Fielding, 2008 参照）。その研究の結果、客観的な危険性（たとえば川の近さ、アパートや家の土地の高さ等）と調査対象者の脅威に関する主観的な認識とのあいだにどのように関係しているかが明らかになった。

視覚化（図解化）

　多くの科学的分野では、視覚化は分析における標準的な構成部分であり、研究結果のプレゼンテーションだけでなく診断や分析の補助手段として使われてきた。医学や気象学の研究は画像が利用できなければ全く別物であっただろうし、グラフや因果モデルを使った図解がなければ様々な領域における統計アプローチは全く別のものになっていただろう。質的データ分析に関して図表や他の視覚的な表現を利用するというアイディアそれ自体は、特に目新しいもので

はない。1990年代初めから、グラウンデッド・セオリーの提唱者たちは、彼ら自身の概念を提示するために図を使っていた（Strauss, 1991, pp. 238-273; Strauss & Corbin, 1996, pp. 169-192 参照）。また、1995年には、Miles と Huberman が包括的なテキストブックである『質的データ分析：拡大版資料集（*Qualitative Data Analysis: An Expanded Sourcebook*）』を刊行しており、その中には図解化のテクニックに関する詳しい解説が含まれている。この本は、データの表示における多様なやり方に関して読者の注意を喚起しており、いまだに一読の価値がある（Kuckartz, 2010a, p. 178 参照）。

以下では、テキスト分析の結果を示すために QDA ソフトで利用できる様々な視覚化技術の中の3つについて解説していく。

a) インタビューにおける話題の展開を示す視覚化
b) 個々のインタビューにおけるカテゴリーの視覚化
c) 事例ベースの概念マップ

a) インタビューにおける話題の展開を示す図解表現

テーマ中心の質的分析の場合、インタビューの構造と話題の展開の様子を図解として示すことによって非常に興味深い視点が得られることが多い。特に、インタビューがオープンエンドなものである場合には、図解はさらに興味深いものになる。一方で、インタビュー・ガイドを利用しており、インタビューの中で決まり切った順番で話題が展開しているようなケースでは、図示してみてもそれほど面白いパターンは出てこない。

図5.5 に一例を示した、グループ・ディスカッションの進行状況を視覚的に表現したダイアグラムなどは特に分析上の利点が多い。これは、フォーカス・グループ・インタビューの結果について個々の話し手を単位にしてコーディングしたものである。このダイアグラムには、どの話者（A、B、C で示している）が、どの時点で、どのテーマに関する議論に参加したかという点を示している。図には、そのグループ・ディスカッションを文字に起こした記録の最初の6つのパラグラフが示されている。

このディスカッションでは、進行役が最初にかなり一般的なものとして「世界最大級の問題」という話題について話を切り出した後で、話者 C、B、続いて C という順番で議論が続けられている。話者 C は、「自然と環境」に関する

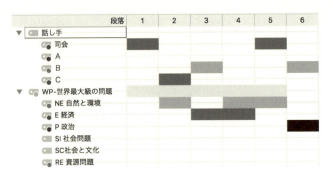

図5.5　議論の進行状態についての視覚化

幾つかの点について触れている。続いて話者Bが「自然と環境」に関連する「経済」に焦点をあてて議論して、それを、話者Cは4番目のパラグラフでフォローしている。その次に、進行役が5番目のパラグラフで「自然と環境」に言及した後に、話者Bは、それに関係する「政治」を取り上げて議論の方向が変わっている。

b) 個々のインタビューないし事例におけるカテゴリーの視覚化

4章で解説したプロフィール・マトリクス、特にテーマ関連のマトリクスという概念は、質的テキスト分析にとってきわめて重要な意味を持つものである。テーマ関連のマトリクスによって、事例とカテゴリーの関係を二次元的に表示することができる。コーディングの状態を視覚的に示すことによって、分析の可能性を増大させることができる。というのも、それによって、どのカテゴリーがどのインタビューに割り当てられたかについて一目で判断できるようになるからである。必要に応じて、それぞれのカテゴリーがどのくらいの頻度で割り当てられたかという点についても表示できる。図5.6は、そのようなタイプの図解を示している。このような形で、複数のテキストを隣り合わせに配置しながら簡単に比較することができる。テーマに関するマトリクスに含まれているノード（交点）の1つをダブルクリックすれば、テキストの中でそのカテゴリーでコーディングされた全ての箇所をリストアップすることができる。

　図中の上の数字の列は事例（インタビュー1〜5）を示しており、行はカテゴリーとサブ・カテゴリーに対応している。ソフトウェアに装備されている機能を選択すれば、シンボルの大きさによって、それぞれのカテゴリーがどれだけ

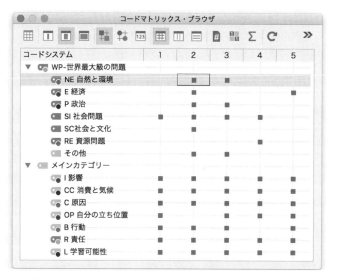

図5.6　インタビューと割り当てられたカテゴリーの視覚化

の頻度でインタビューに割り当てられたかについて知ることもできる。

c）事例ベースの概念マップ

　概念マップによって、データセットの中におけるカテゴリー、サブ・カテゴリーと事例の関係について調べることができる。そのようなマップには、特定のインタビューに割り当てられたカテゴリーの全てが表示されように設定することができる。一方で、カテゴリーについては、それに対応するテキストの箇所が表示される。これらの種類の視覚化によって、特定のインタビューに対してどのカテゴリーが割り当てられたかを一目で確認することができるようになる。さらに、テキストの該当部分を示すシンボルをクリックすることによって、そのマップの元になっているデータへジャンプすることができる。概念マップは、主に2つの理由で質的テキスト分析にとって有効である。第1に、概念マップは、たとえば個々の事例に関する詳しい解釈をおこなう上での作業の一部として背景情報を参照できるような形で結果を提示するのに向いている。第2に、概念マップは、実際のテキスト分析やテキストに直接あたって作業をする際の判定用のツールとして利用することもできる。

　概念マップには、地点情報に関するリンクを挿入することもできる。インタ

ビューのテキストを示すシンボルをクリックすれば、Google Earth またはマイクロソフトの VirtualEarth のような地理的情報プログラムが起動して、話し手が生活している場所を正確に示してくれるのである。

単語ベースの分析テクニック

　質的データ分析にとっては、単語・文章・言語一般等について詳しく検討していくことが非常に重要なポイントになる。したがって、質的テキスト分析をおこなう際に、QDA ソフトに装備されている単語ベースの分析機能を使うことには十分な意味がある。2 章で解説したように、1940 年代の古典的な量的内容分析は、その後、コンピュータを利用した様々な量的内容分析の可能性を含むものへと進化していった。それらの分析の多くは単語ベースのものであり、何らかの辞書データにもとづいて自動的にコーディングをおこなうものである。これらの単語ベースの分析技術は、質的テキスト分析に際しても探索的な形で採用することができる。特にコンピュータを利用した 2 種類の分析テクニックは、質的テキスト分析を補完する上で有効である。つまり、文脈付きキーワードの出現頻度のカウントと、辞書にもとづく単語検索およびそれによる自動コーディングのテクニックである。

a) 単語頻度と文脈付きキーワード

　テキストに登場する言葉の全てをアルファベット順にリストアップしたものを通覧するという手続きは、質的テキスト分析にとって非常に有効である。これは特に、特定のテキストないしテキストのグループを比較したい時には有効な手段になる。量的内容分析のために開発されたコンピュータ・プログラムは、あまり意味のない単語（たとえば、冠詞や接続詞）をいわゆる「停止リスト」または「除外リスト」に加えることによって分析から除外することができる。

　単語の頻度を示すリストは、テキストの中で最も多く登場してくる言葉あるいは逆にあまり口にされなかったり、特定の文脈では出現するのが意外であるような言葉について考察していく上での手がかりを提供する。質的研究では、対象者に対して彼ら自身の語で自らを表現してもらうようにするので、インタビューの言語的特徴について調べることによって非常に興味深い情報が得られることがある。特に文脈付きのキーワードについて調べて、特定の言葉がインタビューの全体ないし指定したインタビューのグループの中でどのように使わ

れているかをチェックすることによって興味深いアイディアが得られるだろう。なお、このような検索作業の結果としてできあがってくるリストには、特定の言葉とその言葉が登場する前後の文脈が表示されることになる。

b）辞書ベースの単語検索と自動コーディング

カテゴリーと検索語に関する辞書を作成して、それを自動的なコーディングの際に使用するというテクニックは、もともと、コンピュータを利用した量的内容分析にその起源がある（Krippendorff, 2004, pp. 281-289）。その際に使われる辞書データには、検索語だけでなくテキストに登場する可能性があるカテゴリーが全てが含まれる。たとえば、「職人仕事（craftsmanship）」というカテゴリーを設定して、それに対応する辞書を編纂する場合には、「靴屋（shoemaker）」、「大工（carpenter）」、「木彫家」などの職業に関する言葉を含めることになるだろう。そうしておけば、これらの検索語のうちのどれかが登場するテキストの箇所は、自動的にコーディングされて、「職人仕事」というカテゴリーが割り当てられる。このような種類の辞書ベースの分析法の場合には、曖昧な用語は正しくコーディングされないかもしれない。したがって、関連する検索語の前後の文脈について再検査することが必要になる場合がある。先にあげた例では、"Shoemaker" や "Carpenter" は、職業名というよりはむしろ話し手の名字（姓）を意味することがあり得る。このような場合、「職人仕事」というカテゴリーでコーディングすることは適切ではないということになる。検索語が現れる前後の文脈を単純にチェックするようなやり方をとる際には、そのような曖昧さについて明確にしておかなければならない。

辞書ベースのコーディングは、非常に大量のデータを確実に分析する方法だと言える。実際、それによって非常に効率的な検索ができるし、必要に応じて、対応するテキストの該当部分に直接アクセスすることもできる。この種の分析とコーディングは、その後の統計分析にとって有益な基礎づけになる。また、辞書ベースのコーディングは、質的な分析をおこなう研究者にとっては、特定の単語や単語の組合せとそれらの言葉が登場してくるテキスト内の箇所について確認していく際に探索的な方法として活用することもできる。

辞書ベースの内容分析はこの本で解説してきた他の種類のテキスト分析アプローチとは性格が異なるものである。というのは、この分析法は人ではなくコンピュータがコーディングをおこなう自動的な分析法だからである。したがっ

て、ある種のリサーチ・クェスチョンについては、このようなタイプの分析法で非常に素早く答えを出すことができる。

　たとえば、私たちは学生が授業料値上げの提案に対しておこなった発言について辞書ベースの分析を実施した。その発言というのは、長さにして1人あたり1ページの半分程度のものであった。辞書ベースの分析をおこなうことによって、私たちは、学生たちが「社会的関心」ないし「社会的平等性」という問題に言及した時や授業料値上げによって「授業の質が向上される」と考えている時などに、他にはどのような側面やテーマを挙げていたとかという点について速やかに確認することができた。同じように、彼らが「法的側面」に触れていた時、たとえば「ドイツ憲法は全ての個人の教育に対する権利を保証しているので追加的な学費の強制は違法である」という主旨の発言をしていた場合に、他にはどのようなテーマに言及していたかという点についても、辞書ベースの分析で即座に確認できた。そして、単語の出現頻度を示す表を使って、それらの言葉が辞書に登録しておいたカテゴリーに割り当てられ、発言内容は自動的にコーディングされた。その手続きを経てから、私たちが立てておいた仮説について容易に検証することができた。たとえば、「学生は、学費値上げに関わる問題を、授業の質の向上ではなく、社会的な不平等と関連づけて考える場合が多い」あるいは、「学生が社会的側面に言及している場合には、法律面の問題にも言及している」というような仮説である。

　単語ベースの分析法は1つの単語ないしフレーズに限定されるものであり、言葉の曖昧さを解読するようなことはできない。したがって、複雑なリサーチ・クェスチョンについて検討をおこなう際にはおのずから限界がある。しかしこのような技術は、場合によっては、質的テキスト分析を補完する役割を果たすことがある。その種の技術は、データについて別の角度から見ることを可能にし、個々の言葉に焦点をあてているので、データの中に存在しているもののそれまでは見えにくかった関係性について発見する上で役に立つような追加的な分析を可能にすることがある。さらにまた、特に追加的な準備なしで実施できることもあり、単語ベースの分析はそれほど時間がかかるわけでもなければ、多大の労力を要するわけでもない。

6章　質の基準、研究報告書、
　　　研究プロセスの記録

本章では、以下の点について詳しく説明していく。

- 質的研究における質の基準
- 信頼性、信憑性、真正性などの質に関する内部基準
- 他の状況への適用可能性や適応性などの質に関する外部基準
- 研究報告書の作成方法
- 引用の使用方法
- 質的テキスト分析を文書化する方法

　質（クオリティ）の高い質的テキスト分析と質の低い質的テキスト分析というのは、どのようにすれば区別できるのだろうか？　どのような基準を設定できるのだろうか？　研究報告はどのように計画し、構造化すべきだろうか？研究報告書に何を書き込み、また、報告書の付録には、どのような情報を盛り込むべきであろうか？　データからの直接引用はどのようにすべきだろうか？
　本章では、上記のような実践的な問い、特に修士論文ないし博士論文という枠組みの中で考慮すべき実践的な問いに取り組んでいく。

6.1　質的テキスト分析に関する質の基準

　質的研究における基準の重要性について検討することを抜きにして、質的テキスト分析の質に関する基準について議論することはできない。したがっ

表6.1　量的および質的研究における質基準

量的研究における質の基準	質的研究における新しい質の基準 （Miles and Huberman による）
客観性	適合性
信頼性	信頼性、信用性、監査可能性
内的妥当性	信憑性と真正性
外的妥当性	適用可能性と適応性

て、最初に問うべきなのは、以下のような点である —— 一般的には、どのような基準が質的研究に対して適用されるのか？　これらの基準は、量的研究では古くから認められてきた客観性・信頼性・妥当性という古典的基準とは異なるものなのか？　質的研究の評価基準に関する議論は、1980年代にまでさかのぼることができ、時には激しい論争の的になるものであった（Flick, 2007a, pp. 487-510; 2009; Guba & Lincoln, 1985; Kirk & Miller, 1986; Spencer, Ritchie, Lewis, & Dillon, 2003; Steinke, 2004）。1990年代に、Miles と Huberman は、古典的な質の基準を質的研究の新しい基準（1995）と比較している（表6.1参照）。

　Creswell と Plano Clark（2011）が指摘するように、質の基準の定式化というのは、最終的には、認識論的前提または世界観に関連する問題である。質的研究における基準に関する議論は複雑かつ多岐にわたるが、ここではこれ以上詳しく論ずることはしない。この点に関する Creswell（2009）、Seale（1999b）、Flick（2006）などの実践的な見解はきわめてリーズナブルなものである。というのも、彼らは、古典的な質の基準を単に盲目的に拒否したり受け入れたりするのではなく、むしろ質的研究に関する基準について設定していく新たな方法を見つけようとしているからである。彼らは、研究者に対して、研究機関にとって意味がありまた研究計画を分析するために使用できるような質の基準について再検討することを勧めているのである。

　Seale と Hammersley の「中庸のリアリズム」（Seale, 1999a, p. 469 を参照）は、以下に述べる、質的テキスト分析における質の基準という問題に関する本書における考え方の基礎となっている。彼らの見解は3つの前提にもとづいている。第1に、知識の妥当性は確定することはできない。というのも、知識の背景となる仮定については、そのもっともらしさ（plausibility）と信憑性（credibility）

でしか判断できないからである。第2に、現象は、我々が抱く仮定とは独立して存在するものである。もっとも、我々の仮定の適合度には程度の違いがあるものだが。第3に、現実は、私たちが現象について持っている幾つもの視点からアクセス可能である。研究というものは、現実をありのままに再現（reproduce）するのではなく、何らかの形で提示（present）することを目指しているのである。経験的な質的研究の場合、主な問題は、研究者の提示の仕方が実際のデータにどの程度基礎づけられているかという点にある。

　以下では、質的テキスト分析の質の基準について説明していく。ここで、質に関する内部基準と外部基準とを区別しておく方がいいだろう。つまり、すなわち真正性（authenticity）と信憑性（credibility）という意味での内部基準と、研究の結果として得られた知見をどれだけ移転し一般化することができるかという意味における外部基準との区別である。ここでは、質に関わる内部基準と外部基準という用語を、明確な意図にもとづいて、古典的な仮説演繹的研究のパラダイムに由来する内的妥当性および外的妥当性という用語に対応させている。

　これらの用語は、古典的な基準を質的研究に対して単純にそのままの形で当てはめることはできないという点を示している。むしろ、質的研究の手続き的な性格を考慮に入れるためには、それらの古典的な基準に対して修正を加え、また拡張する必要があるのである（Flick, 2009, pp.373-375 参照）。質の内部基準を定式化することは、質的データを分析する際の方法として体系的なテキスト分析を採用する際に目指していく主な目標の1つである。一方、研究の結果得られた知見の移転および一般化というのは、研究全体の構造、つまり研究デザインとサンプリングの方法に依存する部分が大きい。内的妥当性と外的妥当性という古典的な質の基準の場合と同じように、内部的な質は研究の外部的な質にとっての必要条件（前提条件）であると考えられる。

研究の内部的な質：信憑性と真正性

　質の基準としての信憑性と真正性は、質的なテキスト分析に際して使用された特定のアプローチに対して適用されるだけでなく、研究プロジェクト全体に対しても適用される。実際、データの質がそのデータを分析する作業の中で次第に明確になっていくケースも珍しくない。

　たとえば、次のような点については分析の途中で明らかになることが多い。インタビューは信憑性と深みがあるものになっているか？　特定のタイプのイ

ンタビューのために設定されたルールに従ってインタビューをおこなっているか？　インタビュー対象者の回答は一貫しており、また信用できるものであるか？　はインタビューの構造は適切なものであるか？

　以下のチェックリストには、研究自体の内部的な質を評価する際に使用される重要なポイントが含まれている。

- 音声データはどのような形で記録されたか？　たとえば、オーディオやビデオ録画を使用していたか？
- 文字起こしの規則に従っていたか？　これらの規則を開示するつもりがあるか？
- 文字起こしプロセスの結果、どのようなことが生じたか？
- 文字起こしを担当したのは誰か？　研究自身がおこなったのか、他の誰かが担当したのか？
- 専門の文字起こしソフトウェアを使用したか？
- 録音と文字起こしを同期させることは可能であったか？
- 文字起こしの規則に従っていたか？　文字起こし記録は実際の発言内容に対応しているか？

質的テキスト分析をおこなう際には、以下の点が重要になる。

- 選択したテキスト分析の方法は、リサーチ・クェスチョンに適しているか？
- どのようにしてその選択を正当化できるか？
- 選択した方法を的確に実行したか？
- テキスト分析の際にコンピュータを使用したか？
- データのコーディングに際しては複数の担当者がそれぞれ別個に実施したか？
- コーディングの一貫性はどのようにして達成されたか？　一貫していないケースについては、どのように対処したか？
- カテゴリー・システムは一貫しているか？
- カテゴリーとサブ・カテゴリーはうまく構成されているか？
- カテゴリーの定義はどれくらい正確なものであるか？
- カテゴリーの典型例をあらかじめ示しておいたか？
- 質的分析にあたって全てのデータについて検討を加えたか？

- 最終的なコーディングの方法について決定するためにはデータをどれくらいの頻度で処理したか？
- 例外的なケースや異常なケースについては検討を加えたか？　どのようにしてそれらのケースに対して注意深く分析したか？
- 分析中にメモを作成したか？　メモはいつ作成し、またどのような形式のものであったか？
- 研究報告にはデータからの直接引用が含まれているか？　それらの引用はどのようにして選んだのか？　もっともらしさという基準にもとづいてそれらを選んだのか、あるいはむしろ例外や矛盾する内容の引用も含めておいたか？
- データにもとづいて結論を正当化できるか？

結局のところ、研究者と評価者の双方にとって、テキスト分析に使用した方法を公開し、またそれについて検討を加えていくことが重要なポイントなのである。評価者の側からすれば、分析の際にQDAソフトウェアが使用されている研究の場合は、カテゴリー・システム・カテゴリーの詳細・テキストの該当部分の割り当て方法・メモ内で示された検討のレベルなどについて容易に理解できることが多い。

質の外部基準：結果を他の状況に適用したり一般化できる可能性

上記のチェックリストの全ての質問に答えることができ、内部的な質という点では優れていたとしても、研究で得られた結果を他の状況に適用したり一般化したりすることは必ずしも容易ではない。実際、分析結果が特定の研究の範囲を超えて意味があるものだ、ということはどのようにすれば保証できるのだろうか？　つまり特定の状況に妥当するだけでなく、他の状況や場所に対して適用するために「一般化」できることを確認するにはどうすればよいのだろうか？　この問題は、質的テキスト分析の質の基準とは直接関係するものではないので、ここでは、今後の参考のために幾つかの文献に関する情報を提供しておくだけにとどめたい。

Flick（2009, p.26）は、分析結果の移転と一般化が質的研究の主要な目標の1つであると考えている。彼はまた、分析結果を実際にどの範囲にまで一般化したいのかという点について具体的に決めておく必要があるとしている。量的研究の場合には、多数の回答者の無作為抽出（場合によってはクォータ・サンプリ

ング）とそれに続く統計的推論によって結果が一般化される度合いがある程度は保証される。もっとも、サーベイ・リサーチでは、回答率が一貫して低下傾向にあるため、単純な統計的推論の結果が次第に疑わしいものになっているという点については注意が必要である。質的研究で使用されるサンプルのサイズは通常より小さなものであるので、分析結果を一般化しようとする際に量的研究と同じ方法を採用するわけにはいかない。しかし、質的研究では、グラウンデッド・セオリー・アプローチで採用される理論的サンプリングの場合と同じように、対照的な特徴が最大になる事例と最小限のケースを慎重に選択するというアプローチが可能である。

　最終的には、特定のリサーチ・クェスチョンの範囲を超えて、研究で得られた知見がどれだけ移転可能であるかという点について検討していく必要がある。Flick は、研究と成果の移転可能性を判断するのに役立つステップがあるとしている（2009, p.276）。

　さらに、以下にあげるように、研究で得られた知見を一般化するための戦略には様々なものがある。

- ピア・デブリーフィング —— 研究チーム外の有能な人々との定期的なミーティングや定期的な意見交換。これらの専門家は研究で採用されたアプローチや最初の段階で得られた結果について検討し、また見過ごされた現象や事実に対して注意を喚起してくれるものである。
- 当事者によるチェック —— 研究成果に関する適切なフィードバック（コミュニケーション的な妥当性の検証）を得るために、調査対象たち自身と結果について議論していく。
- 現地における長期滞在 —— 調査現地で滞在したり現地を再訪することによって、データ分析の際に早まった判断を下したり誤った結論を出してしまうリスクを回避することができる。
- トライアンギュレーションまたは混合研究法の使用 —— トライアンギュレーションの手法を使用し、様々な研究方法を組み合わせることによって（Denzin, 1978; Flick, 2007b; Kelle, 2007b; Kuckartz, 2009）、研究テーマに関する多様な視点を得ることができる。また、研究成果を一般化する上での可能性が広がってくる。

6.2 研究報告・研究プロセスに関する記録の作成

よくある誤解の１つに、研究プロセスにおける最終段階に到達するまでは調査結果を文章としてまとめることはできない、という思い込みがある。これは、全くの誤解である。むしろ研究プロセス全体を通して、継続的に文章を書くようにするべきなのである。それは、特にデータ分析のプロセス全体について言える。そうすることで、最終的に研究報告書を作成していく際に用いることができる大量の情報を蓄積しておくことができる。研究報告というのは、この連続的な筆記プロセスの最終段階に過ぎないのである。

研究における実際の結果については、研究報告の末尾に改めて書いておく必要がある。というのも、本書の冒頭で引用した博士課程の学生による発言にもあるように、「報告したいのは結果」だからである。分析を進めていく中で浮かび上がってきた重要な情報をまとめ上げていこうとする際には、次のような点について自問するべきである ── 私にとってのリサーチ・クェスチョンは何だろうか？　研究報告は、このリサーチ・クェスチョンに対する答えを提示するものでなければならない。それによって、その答えがどの程度実践的に有用なものであるか、または今後の研究に役立つものであるかが明確に示されるからである。

分析の過程で書いたものは全て、研究報告の基礎となるものである。たとえば、以下のようなものがある。

- 分析作業の際に書き留めたメモ
- 代表的な例を含むカテゴリーに関する説明
- 事例要旨
- 文献ないし書評等からの抜粋
- 研究プロジェクトの途中で書いた論文やプレゼンテーションの記録
- 図解モデルとダイアグラム
- 視覚的な資料、たとえば、複数のコードの対応関係に関する図解
- 研究プロジェクトに関する日記ないし日誌

したがって、研究報告を書き始める際には、研究プロセスの過程で作成してきた全てのものの一覧表を用意しておく必要がある。チームで作業している場合、この一覧表の作成にはかなりの時間がかかるだろう。しかし、そのような一覧を作ってみると、今後追加の作業が必要となるデータのギャップや調査不足のポイントなどが明らかになってくるものである。研究報告を書くためのコツやルールに関しては既に多くのマニュアルや文献が出版されている。したがって、ここではそれらを列挙するようなことはしない。

多くの著者が的確に指摘しているように、必ずしも全ての研究者が同じような執筆手順や文章の構成を採用しているわけではない。ただし、次にあげるような一般的な構造にもとづくアウトラインからまず始めてみるべきである。

1. 導入
2. リサーチ・クェスチョンに関する説明とその元になっている仮説や理論の提示（仮説を立てている場合や研究が特定の理論にもとづいている場合）
3. 研究方法
4. 研究結果
5. 結論

上記の基本的な枠組み以外の面での重要な違いは、自然に出て来るものである。たとえば、研究方法を解説する章では、データ収集にあたって用いた方法、文字起こしの種類とルール、質的なテキスト分析プロセスの手順などについて紹介する。研究プロジェクトのうちのどの要素を強調するべきかは、報告書の性格によって決まってくる。つまり、学術論文を書くのか、第三者が資金を提供する研究プロジェクトの報告であるか、評価に関わる報告であるかというような点である。当然ながら、学術論文の場合には他のタイプの報告と比べて所定の形式を厳格に遵守する必要がある。また方法論のセクションでは、特定の条件をクリアしていたことを示さなければならない。一方、評価に関する報告の場合には、研究の結果と評価者がおこなった評価およびそこから導き出される結論が特に重要なポイントになる。

質的研究にもとづく研究報告を書いていく際に、研究者は Huberman と Miles が「データ過負荷（data overload）」と呼ぶ現象に遭遇することがよくある。興味深いデータが手元に大量にあると、いわば「森を見て木を見ず」とい

う状況に陥ってしまうことがあるのである。そうなってくると、分析結果とその基礎となっているデータを適切に選択することが困難になってしまう。つまり、次のような点について判断に苦しむことになるのである ―― 何を報告して、何を報告書から省略すべきか？　なぜこの事例の要旨を含めて、他の要旨は割愛するのか？　なぜ特定のカテゴリーに対して焦点をあてるのか？

　残念なことではあるが、研究者は文字起こしとコーディングに多くの時間と労力を費やしてしまうものである。分析プロセスの初期段階では、これらの手順に多くの時間がとられてしまうことは仕方のないことである。問題は、それによって複雑な分析や研究報告の作成に必要な時間とエネルギーが不足気味になりがちだということである。この点に関して推奨しておきたいのは、分析プロセス全体を念頭においた上で、分析を完了した後でその結果を書き留めて記録するのに十分な時間がとれるような時間配分を心がけることである。また既に述べたように、分析作業全体を通じて常に「自分が何を書きたいか」という点について考えていくことも必要であろう。

　執筆中には、自分が報告した内容が調査現地に対して影響を与えるかもしれないという懸念が生じてくるかもしれない。このような潜在的な影響についてあらかじめ考えておき、それをレポートに盛り込んでおくことも必要である。これは特に評価研究の場合に当てはまることである。たとえば、教育評価基準合同委員会（JCSEE; Yarbrough, Shulha, Hopson, & Caruthers, 2011 参照）が独自に開発した評価基準は、以下のように評価の公平性について強調している。

> **P4　透明性と公平性**　評価は理解可能なものであり、また、ステークホルダーのニーズと目的にとって公正なものでなければならない

　研究報告を書く際には、このような基準を念頭において作業を進めて、必要に応じてクライアントおよび重要なステークホルダーに相談することも考えるべきである。

元のデータからの引用

　量的研究者は、その分析結果を読者にとって分かりやすく示すためには、数値・比率・係数・相関などの形で表示しなければならないと考える場合が多い。同様に、質的研究者の場合も、彼らの分析の結果を話し言葉の形で「見える」

ように示す必要があると思うことが多い。たとえば、オープン・インタビューの発言の一部を引用したいと考えるのはごく自然なことである。また、研究報告にそのような引用を盛り込んではならないという特別の理由などはない。全ての引用部分については、それが引用であることが明らかに分かるようにしておく必要がある。省略した部分についてはそれを明記し、またゴシック体などを使って勝手に強調してはならない。他の情報源からの引用の場合と同様に、全ての引用については、その出所に関わる情報を、インタビューの名称や行番号ないし段落番号を示して付記する必要がある。たとえば、（R07：14）や（Stone夫人：311-315）などは、情報源が付記された引用であることを示している。最初の例には、インタビューの略称と段落番号、第2の例は話し手の仮名と行番号が含まれている。

　直接的な引用の使用は控えめにすべきである。目安としては、結果セクションの3分の1または4分の1を越えるものであってはならない。それは、博士論文の場合でも同様である。また「サウンド・バイト（sound bite）」（報道番組などで使われる発言やスピーチの引用）を使いたくなってくることがあるかもしれないが、学術論文や博士論文の場合には、非分析的な印象を与えてしまうというリスクがあるので避けるべきである。

　もう1点用心しなければならないのは、ご都合主義的な引用、つまり分析的なアイディアを正当化するためにオリジナルの発言から引用するというようなやり方である。その種の誘惑は常にあるものだが、そういう引用を目にした読者は疑念を持つことの方が多いだろう。したがって、研究報告には互いに矛盾する内容を含む複数の証言を盛り込み、引用を用いることによってむしろ多様な見解が存在していることを示すようにすべきなのである。

研究プロセスに関連のある記録

　たとえば学位論文には、何をどのような形で記録しておくべきなのだろうか？　どのような情報は秘密にしておく必要があるのだろうか？　論文の評価者にはどのような点を理解してもらい、また、必要な場合には評価者が著者の主張や解釈の裏づけを取ることができるようにしておくべきなのだろうか？

　実際の研究報告における方法論に関するセクションでは、テキスト分析において採用された方法について明確に示し、分析の上で中心的な意味を持つカテゴリーを提示しなければならない。もっともその一方で、学位論文や研究報告

の付録には、以下のような要素を収録しておかなければならない。

- 研究にとって重要な意味を持つ書類（たとえば手紙）
- 文字起こしの規則とそれと関連する基準への言及（場合によっては、これについて論文の本体に記載することもある）
- インタビュー・ガイドライン（該当する場合）
- 質問表（使用した場合）
- 個々のインタビューの長さに関する情報、または少なくともインタビューの平均期間と長さの範囲
- （評価者によって要求された場合には）収集されたデータの参考例として役に立つような1点ないし複数の文字起こし記録の実例と文字起こしの方式についての説明

さらに、場合によっては、以下のようなデータをCD-ROMなどに収録して提出する必要がある（評価者に要求された場合など）。

- 標準的なフォーマット（DOC、DOCX、RTF、またはPDF）による生データの文字起こし記録
- 分析にあたってQDAソフトを使用した場合には、最終バージョンのプロジェクト・ファイル

7章 結 語

　質的データ分析に関する他の方法と比較してみた場合、体系的な質的データ分析には以下のように多くの長所がある。

- 方法面できちんと統制されており、理解可能であり、かつ再現性のある分析が可能になる
- 科学的テクニックを組み合わせた分析であり、明快に解説することができ、また修得可能な方法である
- 広範囲にわたって様々なアプローチが提供されており、それらのアプローチは、それぞれ多様な状況や条件下での分析に対応している
- 自ら収集したデータないし二次分析用のデータの全てを分析対象にすることができる
- 有能な研究者がチームを組んで作業をおこなう上で適している
- 複数のコーディング担当者によって分析作業をおこなうことによって信頼性を高めることができる
- テキストに関する解釈学的理解を一定の規則に沿っておこなうコーディングと組み合わせることができる
- コンピュータを利用した分析が可能になる
- 必要に応じて大量のテキストを処理することができる
- この方法の場合、研究者には詳細な定義と典型的な実例を含むカテゴリー・システムを作成することが要求される
- 特定のエピソードを中心とする記述あるいは個別事例からの類推のみに依存することを回避できる体系的なアプローチである

- テーマ分析でカテゴリーが帰納的に構成されていく例のように、非常にオープンで探索的なアプローチである。その一方で、仮説と事前に設定されたカテゴリーにもとづくアプローチでもある。つまり、理論主導のアプローチとしての側面も持っているのである
- 量的内容分析とは異なり、時期尚早の定量化を回避することができる

　質的データ分析は、既に世界中の各国で、社会学、教育学、政治学、政治学、心理学、人類学、ソーシャルワーク、教育、健康研究など多様な領域において多くの研究者によって使用されている。もっとも、幾つかの点では方法としてまだ初期段階だとも言える。たとえば、コーディング担当者間の一致という問題については、つい最近になって議論が始まったばかりである。しかし、この種の分析法に対する関心の高まりを見る限り、質的データ分析が、今後、分析方法として体系的に改善されていくことはかなり確実であるように思われる。

　最後に、ここで質的データ分析は、分析プロセス全体を通してリサーチ・クェスチョンが中心的な位置を占める方法である、という点について銘記しておかなければならないだろう。実際、質的データ分析を用いることによって、実証的な分析結果を確実なものにし、また、データにもとづいて理論を検証していくことができるのである。

補論　質的データ分析の基本原理と QDA ソフトウェアの可能性 *

佐藤郁哉

　質的調査をおこなう際に直面する最も深刻な問題の1つに非数値データの分析と解釈の難しさがある。実際、質的調査にもとづく論文や報告書には、その根拠や妥当性が必ずしも明らかではない、自己流の分析や解釈が見られることが稀ではない。現在、社会科学の様々な領域では、事例研究を代表とする質的調査に関する再評価が進んでいる。また、質的・量的調査の二分法自体を乗り越えて総合的な分析を目指す「混合研究法」が注目されている。そのような状況下にあって、質的データの分析に厳密性が欠如しがちであるということは決して望ましい事態だとは言えない。本稿では、これらの問題に対する解決策の1つとして QDA（Qualitative Data Analysis）ソフトウェアの活用を提案する。QDA ソフトには、質的な情報をデータベースとして効率的に運用していくことを可能にする機能が装備されている。これらの機能は、単にデータ処理の効率化や扱うことができる事例数の増加という意味での量的な拡大だけでなく、質的調査のあり方に対して「質的転換」をもたらし得る可能性がある。もっとも、QDA ソフトは質的データ分析における最も本質的な作業をも自動化・機械化してくれる「魔法の杖」などではない。本稿では、このような認識のもとに、質的データ分析の基本原理を明らかにした上で、QDA ソフトによって「できること」だけでなく、「できないこと」についても解説していく。

＊本論は、以下の論考を再録したものである —— 佐藤郁哉 (2015).「質的データ分析の基本原理と QDA ソフトウェアの可能性」『日本労働研究雑誌』No.665, pp. 81 - 96. なお、本論考に盛り込まれている議論や解説の詳細については以下の文献を参照されたい —— 佐藤郁哉 (2008).『質的データ分析法 —— 原理・方法・実践』新曜社.

I 序 論

1 質的調査の難しさ

　質的調査法を用いて社会現象について解明していこうとする際に直面する問題の中でも最も深刻なものの1つに、質的データの扱いにくさと解釈の難しさがある。実際、質的調査では、インタビューの内容を書き起こした記録やフィールドノーツの記載内容あるいは新聞・雑誌・書籍などの文書資料など、容易に数値化できない（あるいはあえて数値化することが、ほとんど意味を持たない）様々な資料を主たる情報源として扱わざるを得ない場合が多い。

　質問紙調査によって得られるデータや既存の統計資料等の量的データについては、多くの場合、いわば「定石」的な解析手順が一種の規範として確立されている（ただし、量的調査の大多数がそれらの規範を遵守している、というわけでもない）。それに対して、質的データについては、分析法が標準化ないし規格化されているとは言い難い面がある。事実、質的データの分析は、調査者個人の直観や感性に委ねられ、また「無手勝流」としか言いようがない解釈も少なくない。中には、単なる思い込みに過ぎないものや、主観的な印象を書き記しただけの「読書感想文」に等しい解釈が「名人芸」としてもてはやされている例すらある[1]。

　一方で、情報通信技術の急速な進歩にともなって、質的調査にとって重要な内容を含む情報それ自体は、文字どおり爆発的なペースで増え続けている。これは、質的調査にとって大きな可能性を示すものであると言える。もっとも、その半面で、質的データの急増という趨勢には質的調査のあり方にとってこれまで以上の混乱を招きかねない面もある。というのも、質的調査については、もっぱら自己の主張にとって都合のよい情報だけを「つまみ食い」的に引用して済ませてしまう例が稀ではなかったからである。電子化された大量の質的情報がインターネットや各種の電子媒体等を介して入手可能になっていることによって、そのような風潮にさらに拍車がかかっていく可能性があると言えるだろう。

2 QDA ソフトウェアの可能性

本稿では、以上のような幾つかの問題に対する 1 つの解決策として「QDA（Qualitative Data Analysis）ソフトウェア」[2]（以下、「QDA ソフト」）の活用を提案する。後で解説するように、QDA ソフトには、質的な情報を一種のデータベースとしてまとめ上げることによって効率的かつ効果的な分析作業を進めていくことを可能にする各種の機能が備わっている。

QDA ソフト自体は、欧米圏の場合、既に 1980 年代中頃には、大型汎用計算機用のプログラムやパーソナル・コンピュータ向けに各種のソフトウェアが開発され広く利用されてきた（Tesch, 1990; Lecompte, Preissle, & Tesch, 1993; Weitzman & Miles, 1995）。また現在 QDA ソフトは、欧米をはじめとする海外の主要大学や研究機関においては、IT ラボ等での利用の便が提供されている他、学生・教職員に対する低料金でのインストール・サービスも一般化している。それもあって、海外の研究者にとって MAXQDA、NVivo、Atlas.ti 等の主要な QDA ソフトの名称は、ある場合には、量的調査において使用される SPSS や STATA などに匹敵するくらいに馴染みのあるものになっている。

欧米におけるこのような状況と比較して、日本の状況は著しく立ち後れている。これは 1 つには、QDA ソフトがもともと欧米系の、いわゆる 1 バイト言語（アルファベットや数字などのいわゆる半角文字）を前提として作成されていたこともあり、日本語のような 2 バイト系の言語（主要な文字の表記について 2 バイトを要する言語）については対応が不十分だったことによる。

この状況は、2005 年前後から主要なソフトがユニコード（文字コードの国際規格）対応となり日本語の処理が容易になったことによって徐々に変化が見られるようになっていった。実際、過去 10 年ほどのあいだには、日本でも QDA ソフトを応用した分析法を扱った論文や解説書あるいはその翻訳書が刊行されるようになってきた（たとえば、佐藤, 2006, 2008a, 2008b; 大谷, 2006, 2014）。しかし、日本では現在でもなお、QDA ソフトを活用した優れた研究事例が、同種のソフトウェアの本格的な普及の契機となるに足るだけの「クリティカル・マス」を形成しているとは言い難い。また、QDA ソフトや大学や研究機関単位でのプログラム・ライセンス等の導入実態も、欧米等に比較すればきわめて低いレベルにとどまっている。

近年、質的研究法についての再評価の動きが進み、また質的・量的調査の二分法を越えた統合的なアプローチを目指す「混合研究法」（Bryman, 2006;

Creswell & Plano Clark, 2007/2010 等参照）が注目を浴びている中で、質的データ分析それ自体の質（クオリティ）を高めていくことは急務であると言える。実際、本稿の後半で見ていくように、QDA ソフトは、質的データの処理に要する作業を大幅に効率化し、また質的調査のあり方に対して「質的転換」をもたらしていくツールとしての可能性を秘めているのである。

3　QDA ソフト利用上の留意点と本稿の構成

　もっとも、ここであらかじめ強調しておきたいのは、QDA ソフトは、質的データ分析における最も本質的な部分までをも自動化してくれるわけではない、という点である。実際、各種の QDA ソフトに盛り込まれている多彩な機能に目を奪われていると、一見、それらのソフトが、質的調査における最も困難な部分までも含めて機械化してくれる「魔法の杖」のように思えてしまうことがある。しかし、それは単なる幻想に過ぎない。したがって、我々は、この種の QDA ソフトに対しては、新しい解析手法を盛り込んだ統計パッケージが登場する度に抱かれてきたような過大な期待を持つべきではないのである。

　そのような点を念頭において、本稿では、かなり遠回りになってしまうが、最初に質的調査の本質的特徴とデータ分析の基本原理について解説する。その上で、QDA ソフトがデータ分析の質の向上という点で「できること」だけではなく、「できないこと」についても明確にしていく。なお、「質的データ」という場合には、通常、文字や画像、動画、音声、楽曲など実に様々な種類の情報が含まれる。本稿では、このうち、質的調査における分析にとって特に重要な意味を持つ文字テキストが主体のデータを中心にして見ていくことにする [3]。

　本稿では、まず、質的調査の魅力と質的データにもとづく論文や報告書に頻繁に見られる欠陥について、「7つのタイプの薄い記述」という観点から解説する（Ⅱ）。ついで、それらの欠陥の背景にある問題と、質的データ分析が一種の翻訳作業として持つ本質的な特徴との関連を明らかにする（Ⅲ）。本稿の後半では、この翻訳作業をよりシステマティックな形でおこなう際の基本的な手続きについて、その根幹をなす、定性的コーディング・脱文脈化・再文脈化の3つの続きを中心にして解説した上で（Ⅳ）、それらの作業を紙のカードを用いて実施する際の作業の概要について見ていく（Ⅴ）。続いて、QDA ソフトがそのカード方式のデータ分析が抱える問題点をどのような形で解決し（Ⅵ）、また、それがひいては質的調査の「質的転換」をもたらし得るものであるか、

という点について解説する（Ⅶ）。最後に、QDA ソフトだけでは対応し得ない
質的データの分析における最も本質的な手続きについて、これを調査研究にお
ける「アート」的な要素が深く関わる作業としてとらえていく（Ⅷ）。

Ⅱ　質的調査の魅力と落とし穴 ── 7 つのタイプの薄い記述

1　質的調査の魅力

　優れた質的調査の魅力は、何と言っても、その記述の迫真性と内容の豊かさ
であろう。これは、数値データの分析が中心となる量的調査の場合とはきわめ
て対照的である。古くから量的調査のメリットとして指摘されてきたように、
たしかに数値化された情報は、社会現象に関する精確な記述と分析にとっては
欠かせないものである。もっともその一方で、数値データを中心とする分析は、
ともすれば無味乾燥なものになりがちである。実際、量的調査の分析結果には、
調査対象について「高度 5 万フィートから俯瞰」（Cusumano, 2010/2012, p.435）
して解釈を下しているような印象があり、何とも言えないもどかしさを感じる
場合が少なくない[4]。

　それに対して、詳細な事例研究を代表とする質的調査にもとづく報告書や論
文は、読者に対して一種の「現場感覚」や独特の「手触り感」を与えてくれる
ことが少なくない。たとえば、かつて著者が本誌でレビューをおこなった、労
働現場に関する本格的な民族誌的研究の例に見るように（佐藤, 2002）、優れた
質的研究の報告書や論文は、第一級の小説やドキュメンタリーにも匹敵する迫
真のリアリティを持って読者に訴えかけてくる場合が少なくない（van Maanen,
1998; 金井ほか, 2010 等参照）。

2　7 つのタイプの薄い記述

　もっとも、以上のような「質的調査ならでは」とも言える魅力や特長とされ
るものは、時として、ある種の質的調査に特有の欠陥と裏腹の関係にあった。
たとえば、文学表現を思わせるような技巧を凝らした文章によって論理的な詰
めの甘さやデータの裏付けに乏しい論証不足が覆い隠されてしまうことがある。
また、なぜ論文で提示された資料だけで著者が主張する結論が導かれるのかが
一向に明らかにされていないケースも多い。

その種の欠陥を抱えた質的調査に見られる問題の多くは、以下に示す「7つのタイプの薄い記述」として整理してみることができる（佐藤, 2008a, pp. 5-11）。

1. 読書感想文型 ── 主観的な印象や感想を中心とする、私的エッセイに近い報告書や論文

2. ご都合主義的引用型 ── 自分の主張にとって都合のよい証言の断片を恣意的に引用した記述が中心のもの

3. キーワード偏重型 ── 何らかのキーワード的な用語ないし概念を中心にした平板な記述の報告書や論文

4. 要因関連図型 ── 複数の要因間の関係を示すモデルらしきものが提示されているのだが、その確実な根拠となる資料やデータがほとんど示されていないもの

5. ディテール偏重型 ── ディテールに関する記述は豊富だが、全体を貫く明確なストーリーが欠如している報告書や論文

6. 引用過多型 ── 「生」の資料に近いものを十分な解説を加えずに延々と引用したもの

7. 自己主張型 ── 著者の体験談や主観的体験が前面に出過ぎており、肝心の研究対象の姿が見えてこない報告書や論文

　以上のような問題を含む報告書や論文が作成されてしまうことの背景の1つに、「質的データ」（インタビュー記録、文書資料、現場観察記録等）が持つ基本的な性格がある。つまり、数値中心の「ハードデータ」とは対照的に、文字や画像あるいは音声などが中心の質的データについては、解釈の幅がかなり広くなってしまう場合が多いのである。実際、質的調査にたずさわる者にとっては、〈どのようにすれば非数値データにもとづいて妥当性と信頼性の高い分析をおこなうことができるか〉という点が、きわめて重要かつ深刻な問題になる場合が少なくない。

III　翻訳プロセスとしての質的調査

　以上のような質的データ分析の難しさと、「文化の翻訳」にまつわる特有の

難しさとのあいだには密接な関係がある。「文化の翻訳」という喩えは、通常、異国でおこなわれるフィールドワークの作業が持つ基本的な性格を示す際に用いられる。もっとも、異文化の地でおこなわれるフィールドワークの場合に限らず、ほとんどあらゆるタイプの質的調査には、少なくとも次の2つの点で一種の翻訳作業としての性格がある ―― 1）重層的な文脈の解明、2）現場の言葉と理論の言葉のあいだの往復。米国の人類学者 Clifford Geertz が提唱した、「分厚い記述」と「経験近接的概念」という2つのアイディアは、これら2つの点において翻訳作業としての性格を持つ質的調査の本質的特徴について理解する上で重要な鍵を提供している。

1　重層的な文脈の解明

　本稿で用いている薄い記述（thin description）は、「分厚い記述（thick description）」の対義語である。比較的よく知られているように、「分厚い記述」というのは、もともと Geertz が、優れた民族誌的記述の特徴を端的に言い表したものである（Geertz, 1973）。彼によれば、民族誌的記述においては、社会的状況や出来事を、観察者が見たまま聞いたままの姿として表面的に記録するだけでなく、その奥に幾重にも折り重なった文脈を解きほぐしていく作業がきわめて重要になるのだという。というのも、そのような作業を通してはじめて行為の「意味」を明らかにし、またその解釈を書き留めていくことができるようになるからである。

　言うまでもなく、これは単に人類学的フィールドワークの場合に限らず、質的調査一般が目指す究極の目標でもある。たとえば、インタビュー調査で得られた特定の発言の意図や意味について理解しようとする際には、単にその「語り」に含まれる個々の言葉の辞書的な定義を参照するだけでは決して十分ではない。それ以外にも、たとえば、そのインタビューという相互作用場面が持つ社会的な性格を念頭に置き、また、話し手が示すジェスチャーや表情などの非言語的行動、あるいはまた、調査対象者（話し手）が他の場面において示した言動などを考慮に入れた上で、その発言や証言の意味を読み取っていかなければならない。さらには、その対象者と関係の深い人々の言動、あるいはそれらの人々が属している集団や組織が置かれている状況という社会的文脈の情報と突き合わせてみることによってはじめて、その発言の本当の意味や「真意」について推測できる場合が少なくない。

つまり、質的調査の場合には、言葉の表面的な意味内容だけでなく、「言外の意味」を読み込んだり、「場の空気（雰囲気）」を読み取っていったりする作業が必要になるのである。

　そして、その種の作業と外国語のテキストを翻訳していく作業とのあいだには多くの共通点がある。実際、特定の文章を他の言語に翻訳していく際には、単に単語レベルの置き換えをおこなうだけでは十分ではない。それに加えて、その文章を含むテキスト全体の構成やそのテキストが置かれている社会的・時代的文脈における位置づけを踏まえた上で翻訳作業をおこなわなければならないのである。

2　日常的な言葉から抽象的な用語への置き換え

　相互に入り組んだ重層的な文脈を解きほぐしながら、人々の言動に含まれている意味を解明していくことそれ自体は、調査研究に限らず我々が日常生活においてもごく当然のようにおこなっている行為でもある。その典型的な例の1つに、上でも触れた「場の空気を読む」という行為がある。もっとも当然のことながら、質的調査の場合には、日常生活の場合と比べてはるかに意識的・意図的かつシステマティックな形で、社会生活や人々の言動を取り巻く文脈を読み取り、またそれを正確かつ詳細な記録として書き留めていかなければならない（Sanjek, 1990; Emerson, Fretz, & Shaw, 2011 参照）。それに加えて、調査研究では、単に人々の言動の意味を現場の文脈を踏まえて読み取っていくだけでなく、それを一定の分析フレームを踏まえた上で抽象的な概念に置き換えていくことが不可欠の作業となる。

　たとえば、職業経歴を主要な研究テーマとするインタビュー調査の場合には、単に調査対象となった人々の証言をその言葉どおりに書き起こし、それを記録として残すだけでは十分ではない。そのようなテーマのもとにおこなわれる調査では、通常、それらの証言を抽象的な概念を示す用語（たとえば、職業的社会化、キャリア・アンカー、弱い紐帯・強い紐帯等）に置き換えた上で解釈・分析していく。このような場合には、調査対象となる人々が用いている日常的な用語を一定の理論体系の用語に置き換えていくという意味で、一種の翻訳作業をおこなっていることになる。

3 経験近接的概念（現場の言葉）と経験遠隔的概念（理論の言葉）の相互翻訳

上述したような意味での翻訳作業の性格について理解する上では、「分厚い記述」と同じように、Geertz が、ある精神分析学者の言葉を借りて提案したアイディアとして広く知られる「経験近接的概念 対 経験遠隔的概念」という区分が重要な手がかりとなる（Geertz, 1983, pp. 57-58）。

Geertz の言う「経験近接的概念（experience-near concept）」は、調査対象となる人々（就労者、患者、地域住民等）が日常生活で見たり、感じたり、考えたりした内容をその人々自身の言葉で表現する際に使用する用語や概念を指す。一方、「経験遠隔的概念（experience-distant concept）」は、調査者や分析者が何らかの理論的枠組みを踏まえて使用する概念やそれに対応する用語を指す。もう少し分かりやすく言い換えれば、一方を「現場の言葉」、他方を「理論の言葉」と名づけることができるだろう [5]。たとえば、「キャリア展望（職業選択における）の根っこの部分」や「拠り所」は経験近接的な概念ないし現場の言葉としての性格が強い。一方、「キャリア・アンカー」は、より経験遠隔的な概念ないし理論の言葉としての性格を持っていると言える。

どのようなタイプの調査であっても、それが調査研究としての性格を持つようになるためには、調査対象となる人々の意味世界を構成する現場の言葉を、研究者コミュニティの意味世界における理論の言葉に移し替えていく作業が非常に重要な意味を持つことになる。それによって、他の事例や出来事とのより厳密な比較が可能になるだけでなく、個別具体的な出来事や事例の理解を超えて一般的なパターンや法則性を割り出していくことができるようになる。

もっとも、単に現場の言葉を理論の言葉へと移し替えていくだけでは、現実の社会生活から遊離した空理空論に終わってしまう可能性がある。質的調査においては、その一方で、理論的な解釈の妥当性について、調査現場で得られた資料に適宜立ち返って改めて確認していくプロセスが不可欠の作業となる。その点でも、質的調査と翻訳のあいだには重要な共通点があると言える。実際、優れた翻訳者や通訳になるためには、2つの言語のあいだを自在に行き来する能力が必要となる。それと同じように、質的調査をおこなう者が目指すべき究極の理想像は、現場の言葉と理論の言葉両方の言語を往復することができる「バイリンガル」的な存在なのである。

その点からすれば、先にあげた7つのタイプの「薄い記述」は、いずれの場合も、どちらか一方の意味世界に偏ることによって、結果として、一種の「誤

訳」ないし「悪訳」になってしまった例であると言える。たとえば、読書感想文型・ディテール偏重型・引用過多型の3タイプの場合は、現場の言葉に密着しすぎることによって抽象化・概念化が不十分になってしまっている。一方、ご都合主義的引用型・キーワード偏重型・要因関連図型は、抽象的な概念用語をいわば「天下り式」に質的データに対して適用しているだけに過ぎない場合が多い。つまり、この場合は、理論の言葉を現場の意味世界に対して強引に押しつけているのである（自己主張型は、どちらの意味世界に対しても無頓着な、独りよがりの解釈ということになる）。

　全ての人が優れた二言語使用者（バイリンガル）になれるわけではないように、この現場の言葉と理論の言葉の往復というのは、決して容易なわざではない。実際、現場の意味世界のリアリティを生かしながら、それを抽象的な理論の言葉に置き換えていく作業をおこなうためには、一定期間のトレーニングと実際のデータ分析の体験の積み重ねを踏まえた地道な努力が不可欠となる。そして、その作業の重要な鍵となるのが、次節で解説する「定性的（質的）コーディング（qualitative coding）」などと呼ばれる手続きである [6]。この定性的コーディングは、紙のカード等を使った伝統的な分析法の場合にせよ、あるいはQDAソフトを利用する場合にせよ、質的データ分析の根幹をなす作業であると言える。

IV　質的データ分析における脱文脈化・再文脈化と定性的コーディング [7]

1　翻訳と質的データ分析の違い

　以上で見てきたように、質的データの分析と外国語テキストの翻訳作業とのあいだには多くの共通点がある。もっともその一方で、翻訳のプロセスと質的分析の手順とのあいだには決定的な違いもある。つまり、翻訳の場合には、通常、ある言語で書かれたテキストを、ほぼ丸ごと別の言語のテキストに置き換えていく。それに対して、質的データ分析の際には、複数の資料から特定の部分を取り出して、それを報告書や論文の形に再構成していく場合が多いのである。

　たとえば、質的調査では、上で例として取り上げたインタビュー記録だけで

なく、フィールドノーツの記録や新聞・雑誌等の記事あるいは社史の記載内容など実に多様な種類の文字資料から特定の部分 ──「文書セグメント」あるいは単に「セグメント」と呼ばれる ── を抜き出して、それを報告書や論文という新しい文脈の中に組み込んでいく、という作業がよくおこなわれる。その意味では、質的研究におけるデータの分析には、異なる言語世界・意味世界のあいだを橋渡ししていく一種の翻訳という側面に加えて、「再編集」の作業としての一面があるのだと言えよう。

　先にあげた「薄い記述」では、いずれの場合も、その再編集の作業がきわめて恣意的におこなわれることになる。たとえば、ご都合主義的引用型の場合には、自説にとって都合のよい断片だけを「つまみ食い」のようにして取り上げて論文の中に引用していくことになる。それに対して、よりシステマティックな質的調査を目指す場合には、「定性的コーディング」の発想にもとづくデータ分析法が採用される場合が多い。これは、文書セグメントに対して、その内容を端的に示す「小見出し」のような語句や短文を付けていく手続きを指す。たとえば、職業キャリアに関するインタビューの記録のうちの数行に転職を決意した経緯に関する証言が見られたとしたら、その部分に対して「転職経緯」という語句をコードとして割り振るような手続きなどがこれにあたる。

2　定性的コーディングと定量的コーディング

　よく知られているように、社会調査で「コーディング」という場合、通常は、質問紙サーベイ等の量的調査で採用される手続きを指す。たとえば、個々の設問に対する回答に対して特定の数値を割り当てていくことによって、いわゆる「データ縮減（data reduction）」をはかる作業などが、その典型である（定量的コーディングと定性的コーディングの違いについて詳しくは、Richards（2005, pp.95-86）および佐藤（2008a, pp.38-41）参照）。この「定量的コーディング」の手続きと同じように、定性的コーディングの場合も、一面では、膨大な量のデータを、語句や短文形式のコードを中心とする情報という、比較的取扱いが容易な情報量にまで圧縮していくための作業としての性格がある[8]。

　もっとも一方で、定量的コーディングと定性的コーディングの場合には、大きな違いもある。つまり、定量的コーディングは一方向的かつ一度限りのものであることが多いのに対して、定性的コーディングでは、何度となくコーディングの見直しが繰り返される可能性があるのである。実際、質問紙調査など

では、いったん「回答 → 数値コード」という手順で数値に置き換えたものを、もう一度元の回答の形に復元するようなことは滅多におこなわれない。それに対して定性的コーディングでは、コードを割り当てた特定の文書セグメントあるいは文書テキスト全体の文脈に何度となく立ち返って改めて分析をおこなう場合が少なくない。

　たとえば、「転職経緯」というコードを割り当てた、複数の対象者についてのインタビュー記録の文書セグメントを相互に比較することによって、そのコードが適切なものであるか否かという点について確認してみることがある。場合によっては、そのような比較対照の作業を経てコードの名称を変更していくこともある。また、「転職経緯」というコードと他のコード（「処遇への不満」「ヘッドハンティング」等）との関係について、セグメントの内容や原文の文脈を改めて参照しながら、仮説や理論的枠組みそれ自体を練り直していくようなこともおこなわれる。質的データ分析の醍醐味の1つは、このような一連の作業を通して、いわばボトムアップ的な形で、「仮説生成」ないし「理論発見」をおこなっていくところにあると言える。

3　脱文脈化と再文脈化

　質的データ分析に関する幾つかの解説書では、以上のような手続きを経て、全体の文書を、セグメントを基本的な単位として小分けにしていく作業のことを「脱文脈化（de-contextualization）」と呼ぶ。一方、そのようにして切り分けられた文書セグメントを新たな報告書や論文の形に組み立てていく一連のプロセスについては、これを「再文脈化（re-contextualization）」と呼ぶ（Tesch, 1990; 佐藤 , 2008a, 2008b）[9]。

　この脱文脈化と再文脈化の手続きというのは、取りも直さず、調査対象者の意味世界の特定部分をそのオリジナルの文脈から切り離した上で、それを抽象的な理論概念から構成されるアカデミックな意味世界の文脈の中に再配置していく作業にほかならない。また、質的調査においては、そのようにして理論の言葉の意味世界にいったん移し替えられた現場の言葉を、もう一度現場の言葉に再翻訳して検討し直すこともよくおこなわれる。

V　紙媒体でおこなわれる質的データ分析

1　紙のカードによる分析

　先に指摘したように、日本では、QDA ソフトがまだそれほど普及していない。したがって、以上のような、「定性的コーディング」「脱文脈化」「再文脈化」などは、一般には耳慣れない用語であると思われる。特に、質的調査についてあまり馴染みがない場合には、以上のようなデータ分析法の持つ意義は、近年になって、質的調査法の持つ価値が再評価され、また QDA ソフトの使用が一般的になってきたことによってはじめて明確に認識されてきたものであるようにも思われるかもしれない。

　しかし実際には、前節までで解説してきた質的データ分析の発想や基本的な手続きそれ自体は、QDA ソフトはおろかワードプロセッサやデータベースソフトが一般に普及するはるか以前から採用されてきたものである[10]。

　たとえば、質的研究に従事してきた人々は師匠や先輩から次のように言われることがよくあった ―― 「インタビュー記録やフィールドノーツは、同じものを 3 部作っておくように」。3 部のうち 1 部は、万一の場合に備えてとっておく保存用の原本である。もう 1 部は、常に手元に置いて何度も読み返して全体の文脈について確認するためのコピーである。そして、最後の 1 部が紙形式のデータベースを作る原材料になる。つまり、原本をコピーした数百ページ（時にはそれ以上）の帳面は、特定の文書セグメントを単位にしてハサミやカッターで切り離して（脱文脈化）紙の形のデータベースを構築し、さらに報告書という新しい文脈に編集していく（再文脈化）ための基本的な素材になるのである。

　このような紙ベースのデータベースによる質的データ分析法は、欧米では、少なくとも 1930 年代前後から、インデックスカードや紙片を利用したものが知られてきた（Blau, [1955] 1963, pp.273; Faris, 1970, p.19）。日本でも、1960 年代後半からは、紙のカードを使った、いわゆる KJ 法（川喜田, 1967）や「知的生産の技術」（梅棹, 1969）などの名称で、欧米と同様の発想にもとづく分析法が広く知られるようになっていった。そして、これらの方法を採用する場合には、グラウンデッド・セオリー・アプローチと同じように、基本的にはボトムアッ

プ的に分析の枠組みを立ち上げていくことが1つの狙いになっていた。

　以上のようなカードを使った分析法は、収集した資料の量がまだそれほど多くない段階で試行的な概念モデルを作ってみる際などには有効な方法である。また、カード方式は、はじめて質的データ分析をおこなうような場合に、脱文脈化や再文脈化という作業の要点について、手作業を通して体験的に理解していく上でもきわめて効果的である。

2　カード方式の問題点

　もっとも、その一方で、このような紙媒体のデータベースには、幾つかの問題もある。

　第1にあげられる問題は、紙のカードの場合、データベースを構築する際に膨大な手間と時間がかかることが多い、という点である。実際、いわゆる「スクラップブック」の例を思い浮かべて見れば分かるように、新聞や雑誌の記事にせよあるいはフィールドノーツや聞き取り記録にせよ、それをコピーしたり、ハサミとノリを使ってカード上に切り貼りしたりする作業には相当の手間と時間がかかる。

　また、データがある一定量を越えると、カードの収納スペースや管理といった点でも深刻な問題が生じてくる。特に上の例で見たように、特定の文書セグメントについて、複数のコードを組み合わせることによって多様な角度から検討していきたい場合には、この収納スペースと管理の問題は深刻なものになってくる。というのも、それぞれのコードごとに異なるカードの束を作る必要が出てくるからである。

　このような媒体管理上の問題点は、必要な情報を含むカードを探し出す際の効率性やスピードに関わる問題とも密接な関連を持っている。カード式データベースは、本来「生データの山」の混沌を整理することによって、情報検索と情報抽出を容易にするために構築したはずのものである。しかし、分析が次第に高度で込み入ったものになっていくにつれて、今度はそれ自体が「カードの山」と化してしまい、情報の検索と抽出のスピードを鈍らせてしまうのである。

　さらに、カード方式は、定型サイズの制約という点でも問題がある。紙のカードを質的研究における情報処理に使う場合には、B6判のインデックスカード ── いわゆる「京大式カード」── などを使うことが多い。このようなサイズのカードに情報を転写する作業が持つ本来の目的の1つは、定型サイ

ズに加工することで情報の並べ替えやシャッフルなどの操作を容易にすることにある。しかし、これは他方では、本来その大きさには納まりきらないはずの情報を一定サイズの紙の中に無理に押し込むことにもなりかねない。実際、B6 サイズでは、たとえば少し長めの文書セグメントを貼り付けたい時などには複数枚のカードを使用しなければならないことも多いが、この場合は、シャッフルしたり分類したりする際の取りまわしが厄介になりがちである。

　最後に、カード方式では、そのカードに盛り込んだ情報について、それが埋め込まれていたオリジナルの資料の文脈を参照しながら分析していこうとする際にも時間と手間がかかるという点が重大な問題になることも多い。本来カードにテキストを転写する際には、その出所情報（たとえば、インタビュー記録のページや行の番号）を記載するのが基本であるが、その情報をもとしてオリジナルの資料を参照したいと思った時には、いちいち原資料のある場所（書庫、資料室、本棚等）に戻って作業をおこなわなければならない。

VI　QDA ソフトの概要と特長

1　QDA ソフトの基本的な構成

　QDA ソフトを代表とする質的データ分析用の専用ソフトウェアの多くは、上で解説した紙のカードを用いた分析手順をかなり忠実に電子的な方式に移し替えたものと考えてよい。

　図 1 には、その QDA ソフトの概要を、代表的なソフトの 1 つである MAXQDA（マックス・キューディーエー）の例を取り上げて示しておいた（図は、MAXQDA12 のものである）[11]。なお、この画面の作例の原データとして使用したのは、いわゆる「団塊の世代」に属する数百名の青森県下北半島出身者がたどってきた、職業経歴や家庭生活などの変遷を中心とする生活史の軌跡を追った「下北再訪：平成 13 年 53 歳の面接記録 ── 『金の卵』から『シルバーエッグ（銀の卵）』」（細江, 2002）のインタビュー記録である。引用にあたっては、個人情報保護の観点もあって、原著者の了承を得て原文に対して相当程度の変更を加えてある（地区名、人名は全て仮名である）。

　MAXQDA の場合に限らず多くの QDA ソフトには、最低限次のような 4 つの機能に対応するウィンドウがある（下の番号は、図中の番号に対応している）。

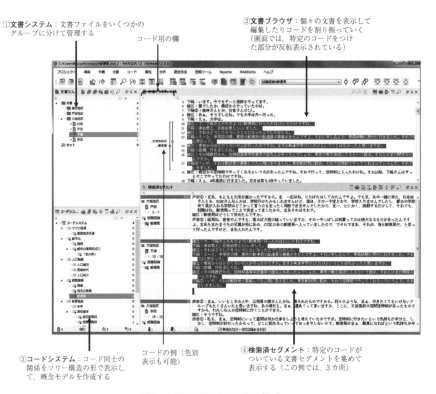

①**文書システム**：文書ファイルをいくつかの
グループに分けて管理する

コード用の欄

②**文書ブラウザ**：個々の文書を表示して
編集したりコードを割り振っていく
（画面では，特定のコードをつけ
た部分が反転表示されている）

③**コードシステム**：コード同士の
関係をツリー構造の形で表示し
て，概念モデルを作成する

コードの例（色別
表示も可能）

④**検索済セグメント**：特定のコードが
ついている文書セグメントを集めて
表示する（この例では，３カ所）

図1　MAXQDA12の画面構成

① 文書データセットの管理
② 文書データに対する編集およびコーディング
③ コード同士の関係に対応した分析モデルの構築
④ 特定のコードに対応するカードの検索・抽出

　文書データセットの管理というのは、文字通り、電子化された文字テキスト
のデータを幾つかのグループに分類して整理しておくための機能である。これ
は、紙媒体の資料で言えば、資料の種類や性格別にそれぞれ専用の箱に入れて
おいたりバインダーに綴じたりして収納する手順に該当する。
　このようにして整理された文書を１件ずつ取り出してその内容をじっくりと
読み込みながら、その特定部分をカードのように切り抜いたり、その切り抜い

た断片に対してコードを割り当てたりしていく作業の際に重要になるのが、2番目のウィンドウに割り当てられた機能である。そのコード自体は、3番目のウィンドウで概念モデルや概念モデルを構築していく際の基本的な構成要素になる。この概念モデルは、この例のように「ツリー構造」などと呼ばれる階層構造の形式をとることが多いが、これによって、書物の目次が〈部 → 章 → 節 → 項 → 目 → ……〉という階層的な構成をとるのと同じように、複数の項目同士の関係を階層的な関係として目に見えるような形にしながら整理していけるようになる。

そして、紙のカードの場合にカードを「似たもの集め」の要領でグループ分けしていくのと同様の手順で、同じ項目見出しが付けられた文書の断片を集めて一覧しながらアイディアをまとめていく際に使用するのが4番目の機能である。

2 分析事例（作例）から

図1の作例で言えば、この図では、「大崎地区」と名づけられた文書のグループ（ウィンドウ ①）に含まれる3件のインタビュー記録が分析対象となっている。ウィンドウ ② には、大崎地区の文書グループの中でも「下崎」という名前の対象者のインタビュー記録が表示されている。そして、ウィンドウ ④ には、その下崎氏を含めて、1960年代初め（昭和30年代後半）に中学校卒業を経て郵便局へ就職することになった3名（下崎、戸田、赤田の3氏）に対するインタビューの記録の中で、特に、就職の経緯について述べた3個のセグメントが示されている。

このウィンドウ ④ に表示された3個のセグメントを相互に比較することによって、3名の対象者が郵便局員としての職を得ることになった経緯に見られる共通点と相違点について検討していくことが可能になる。

たとえば、これら3つのセグメントの内容やインタビュー記録の前後の文脈からは、当時は公務員としての郵便局員が同地域では特に有利な職種として広く認知されていたことが、共通の就職動機であったことが読み取れる。一方で、3名のあいだには就職先の選択の直接的なきっかけに関する違いも幾つか見られる。たとえば、下崎氏の場合には、氏の長兄がやはり郵便局員として地元に職を得ていたことが主要な動機であったとされている。一方、戸田氏と赤田氏は、東京での採用ということが2人にとって大きな魅力になっていたとしている。

図2　MAXQDA12におけるコードシステム

　先に述べたように、このような文書セグメント同士の比較によるデータ分析それ自体は、紙のカード等を利用した質的データ分析でも頻繁におこなわれており、その手続きの根本にある発想自体は、QDAソフトでも特に変わるところはない。もっとも、コンピュータ・ソフトの利用によって、これらの作業を格段に効率化することが可能になる。

　たとえばMAXQDAでは、ウィンドウ④にこのような表示をおこなう際の手続きは、きわめて単純なものである。つまり、図2に示した、様々なコードを階層的なツリー構造の形式で表示した「コードシステム」（ウィンドウ③）で「就職経緯」のコードの下位にある「郵便局」（反転表示されている）を指定した上で、マウスを使った簡単な操作によって各種のメニューを呼び出して検索機能を選択すればよい[12]。また、同ソフトについては、図3に示したように、コード間の関係について図解で表現するためのオプションも提供されている。

　なお、ここでは、QDAソフトを使用した分析作業のエッセンスを示すため

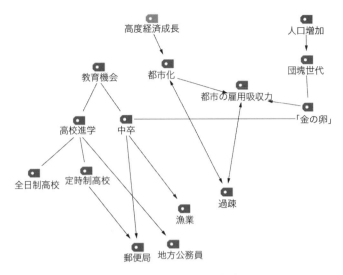

高度経済成長   人口増加

教育機会   都市化   団塊世代

都市の雇用吸収力

高校進学   中卒   「金の卵」

全日制高校   定時制高校

過疎

漁業

郵便局   地方公務員

図3 コード間の関係の図解表現

に、3 名のみの例を示している。すぐ後でも指摘するように、カード方式と比べた場合の QDA ソフトの長所の1つには、扱うべきデータが大量になった場合の取りまわしの容易さがあげられる。実際、分析すべきインタビュー記録が3 件から30 件ないし300 件に増えたとしても、基本的には、上で述べたのと同様の単純な操作によって、該当するセグメント群を一瞬のうちに呼び出して一覧的に表示することができるのである。

3　カード方式 対 QDA ソフト

　表1は、上で分析事例を取り上げて触れた点も含めて、前節で解説したカード方式の質的データ分析法と QDA ソフトの特徴とを改めて比較してみたものである。

　この表に見るように、QDA ソフトでは、紙媒体によるデータ処理に含まれる問題のうちのかなりのものを解決することができる。

　たとえば、紙のカードと違って電子化されたカードの収納スペースは、きわめて小さなものである。また、フィールドノーツやインタビュー記録が電子化されていれば、特定の文章や語句（文字列）を瞬時に探し当てることもできる。同じように、QDA ソフトに組み込まれているカット&ペースト機能は、ノリ

表1　カード方式 対 QDA ソフト

	カード方式	QDA ソフト
データベース構築の手間と時間	膨大な手間と時間	比較的容易で短時間の処理が可能
データ収納のスペースと管理	スペース大・管理が困難	スペース小・管理が容易
情報検索・抽出の効率性	非効率的	効率的
原文脈の参照	困難	比較的容易

とハサミを使っていたカードの複製作業を時間的にも労力という点でも数十分の一の程度のものにしてくれる。

　また、QDA ソフトの場合には、もともとのインタビュー記録などの文書テキストのファイルから切り離され（脱文脈化され）てデータベースの中に取り込まれたセグメント（図1では ④ の画面）と、オリジナルの文書ファイル（②の画面）とが電子的にリンクされている。したがって、必要に応じて、特定のセグメントの原文脈における位置づけを瞬時に検索・確認することができる。さらに、QDA ソフトには、文字テキストの分析作業の中で浮かんできた様々な理論的なアイディアを即座に文章としてまとめた上で、それを図解表示したり印刷したりするための機能なども盛り込まれている。

　このように、QDA ソフトを使えば、分析作業の大幅な効率化をはかることができる。特に、扱わなければならない文書データの量がかなり大きくなっている場合には、QDA ソフトなしではシステマティックな分析をおこなうことはほとんど不可能であるとさえ言える。

VII　質的調査の「質的転換」の可能性

　QDA ソフトの特長に関する以上の解説では、主としてデータ処理に関わる作業の効率性を中心にして見てきた。もっとも、QDA ソフトが質的データ分析において果たし得る役割は、それにとどまるものではない。実際には、QDA ソフトは、次の2点において質的調査のあり方に対して「質的転換」をもたらす可能性を秘めているのである —— 1）記述と分析における「広さと深

さのトレードオフ」の解消、2）データ収集とデータ分析の有機的連携。

1　広さと深さのトレードオフの解消

　質的調査については、よく、「個々の事例に関する分析のレベルは深いかもしれないが、狭い範囲の対象しかカバーできない」というようなことが言われる。たとえば、詳細な事例研究では、扱うことができる対象の数はどうしても少なくなってしまう。したがって、その少数の事例で得られた知見がどれだけの一般性を持つか、という点については疑問が残る場合が多い。これは、質問表調査などの量的調査に特有の、「広いけれども浅くなりがちな分析」とは対照的な特徴である。つまり、統計的調査では、多数のサンプル（ひいては母集団）に見られる全体的な傾向について推測することはできるのだが、その一方で個々の対象に関する分析はどうしても浅いものになりがちである。これがひいては、本稿の冒頭でふれた「高度5万フィートから俯瞰」しているような印象にもつながってくるのである。

　このように、それぞれの調査技法を用いた記述や分析の深さと広さとのあいだにトレードオフの関係があることが多い。

　そして、質的調査に関して言えば、本稿の前半で解説した質的データの扱いにくさが、記述と分析における「広さ」に関する限界の重要な背景としてある場合が多い。実際、重層的な文脈を考慮に入れた上での翻訳作業が要求される場合には、どうしても、調査対象として扱える事例の数は限られてくる。それに加えて、Ⅴで解説した、紙媒体でのデータ処理の非効率性は、その「広さを犠牲にした深さ」という問題をより深刻なものにしていく可能性がある。

　QDAソフトによる質的データ分析法は、質的調査にとってのいわば宿命とも言えるこの問題に対して1つの解決の道を示している。実際、もし質的調査の多くが単一ないしごく少数の事例研究にとどまってきた主な理由がデータ処理上の技術的な問題にあるとするならば、QDAソフトを活用することによってそれを大幅に改善していく可能性が出てくる。つまり、QDAソフトの活用は、「深くて狭い」少数事例研究が抱える制約を超えて「深くて広い」比較事例研究の可能性が広がっていく可能性があるのである。

　さらにもう1点、QDAソフトを使うことによって、個々の事例についての分析をより深いものにしていくことが可能になるという点も忘れてはならないだろう。というのも、QDAソフトによる分析作業の効率化は、Ⅴで解説した

定性的コーディング・脱文脈化・再文脈化という一連の手続きをよりシステマティックにおこなう道を開くものだからである。これによって、たとえそれぞれの事例に関するデータの総量が増えたとしても、それを「つまみ食い」的にではなく、丹念に分析していく道が開けていくのである。

2　データ収集とデータ分析の有機的連携

　QDA ソフトは、記述と分析における狭さだけでなく、質的調査につきものの、データ収集とデータ分析の作業のあいだのタイムラグという問題を解決する手段にもなり得る。

　ここで、タイムラグというのは、データ分析がともすれば「後回し」になってしまいがちな傾向を指す。これは1つには、データの収集作業に相当程度の時間と手間がかかることによる。たとえば、インタビュー調査の場合で言えば、聞き取った内容についてメモをもとして書き留めたり、録音記録から書き起こしたりするのには、聞き取りそれ自体に要した時間の数倍の時間がかかることが多い。同様の点は、現場で観察した内容を数十ページにも及ぶフィールドノーツにまとめていく作業についても指摘できる。また、インタビューにせよ現場観察にせよ、調査対象となる人々や組織あるいは集団と実際にコンタクトできる機会や時間が限定されているために、データを収集する際には、もっぱらその作業にかかりきりにならざるを得ないことも多い。

　そのような事情もあって、質的調査では、得られたデータを分析する作業は、どうしてもデータ収集作業が一段落した後の時期ということになってしまいがちである。そのようなタイムラグがある場合には、実際に出来事を観察したり発言を聞き取ったりした際のフレッシュな感覚や印象があらかた失われてしまった段階で分析をおこなってしまうことにもなる。また、その分析には、後知恵的な事後解釈が加わってしまうことも稀ではない。そして、紙のカードを使って分析をおこなっていると、このような、データ収集とデータ分析の作業のあいだに生じがちなタイムラグは、さらに拡大してしまうことになりかねない。

　それに対して、QDA ソフトの活用によって分析作業の効率の大幅な改善が望める場合には、そのタイムラグをかなりの程度縮めていくことができるようになる。また、電子化した情報の場合には収納スペースという点で大きな利点があることも、データの収集と分析という2つの作業のあいだに有機的な連携

を構築していく上で効果的である。これは特に、フィールドワークのような、現場に身を置いて調査をおこなう際のように、使用できる作業スペースが限定される場合には大きなメリットになる。

　質的調査においてデータ分析をできるだけ前倒しにすることの利点は、かなり以前から指摘されてきた（Emerson, Fretz & Shaw, 2011, pp.x-xi）。実際、それによって、データを収集しながらほぼリアルタイムでそれを分析し、さらにその分析結果を次の段階のデータ収集に生かす、というようなやり方で調査を進めていくことができるようになる [13]。QDA ソフトは、そのような柔軟かつダイナミックなやり方での調査を実際に進めていく上で大きな可能性を秘めているのである。

Ⅷ　QDA ソフトだけではできないこと
── 質的調査のアート＆サイエンス

1　QDA ソフトの可能性と限界

　以上で見てきたように、QDA ソフトは、分析作業のスピードアップや扱える対象事例の増加という意味での、いわば量的な面での効率化だけではなく、分析の広さと深さ、そしてまたデータの収集と分析の有機的連携という点において、質的調査にとっての「質的転換」をもたらす可能性を秘めている。もっとも、ここで 1 つ注意しておかなければならないことがある。それは、QDA ソフトは質的データ分析が抱える全ての問題をたちどころに解決してくれる「魔法の杖」などではない、ということである。

　実際、QDA ソフトは、たとえば、次のような問いに関わる思考プロセスをも自動化してくれるわけではない ──「インタビュー記録におけるこの文書セグメントは、他の部分の発言との関係においてどのような位置づけにあるか」、「ある現象について理解したり説明したりしていく上で最も重要なコード（概念的カテゴリー）はどのようなものか」、「複数のコード間には、どのような関連があるか」。当然のことながら、これらの問いに対する答えは、分析者が、自分自身の頭を使って見つけ出していかなければならない [14]。そのためには、これまでと同じようにフィールドノーツや聞き取り記録を何度も読み返すという、時間がかかる地道な作業は、どうしても欠かすことができない。

つまり、QDAソフトというのは、決して、質的データ分析における最も本質的な手続きである、重層的な文脈の解明および現場の言葉と理論の言葉の往復という2つの作業それ自体を自動化してくれるプログラムではないのである。QDAソフトは、むしろ、それらの手続きの効率化を支援することによって、より効果的な分析を可能にするところに特長があるのだと言える。

　QDAソフトが抱えるこのような面での制約や限界について理解する上で示唆に富むのは、自動翻訳ソフトが抱えている限界である。よく知られているように、現在の技術水準の機械翻訳では、少しでも長文になると、かなり珍妙な訳文しか提示されない。特に非定型的な文章あるいは断片的な文章になると、ほとんど意味をなさない不条理な文章しか出てこないことが多い。これは、翻訳ソフトによって自動化されるのは、基本的には語単位ないし文単位での置き換えというルーチン的な部分であるからにほかならない。

　それに対して、専門の翻訳家がたとえば外国語の作品の翻訳をおこなう場合には、単語や文章という単位だけでなく、少なくとも次にあげるような様々なレベルの文脈を考慮に入れていかなければならない —— 特定の文章が埋め込まれている前後の文章の脈絡、段落を単位にした文脈、段落と段落の関係、特定の段落が含まれる節あるいは章の関係、書物全体レベルでの文脈（全体のプロット、テーマ、文体等）。

2 「アート」としての質的データ分析

　言うまでもなく、まともな翻訳をおこなおうとする際に考慮に入れる必要がある「文脈」は、上にあげたものだけにとどまらない。たとえば、小説などの文芸作品を翻訳する場合には、その作者の作品群というコンテクスト、あるいは時代背景や執筆時の文芸ジャンルの状況なども考慮に入れた上で最もふさわしいと思われる訳語や訳文を選定していく必要がある。そして、現実にプロの翻訳家がおこなっている、このような重層的な文脈を解きほぐしていく作業は、翻訳という作業を構成する「アート」の部分であると言える。

　同様の点は、質的調査についても指摘できる。すなわち、重層的な文脈の解明と現場の言葉と理論の言葉の往復あるいはそれらのプロセスを踏まえた脱文脈化・再文脈化の作業は、質的調査の全プロセスの中でも、どうしても機械まかせにすることができない「アート」として要素を多分に含む部分なのである。よく知られているように、あらゆるタイプの調査研究には、サイエンスとして

の側面だけでなく、感性や直観あるいはひらめきという要素が重要な意味を持つ「アート」としての側面がある（佐藤, 2015a, 3 章, 8 章）。本稿の冒頭でも述べたことからも明らかなように、このアートとしての側面は質的データの読み取りの作業においては必須の要件であると言える。

　もしかしたら遠い将来には、人工知能（AI）技術の大幅な進歩によって、感性や直観が要求されるそのような部分までをも含めて QDA ソフトが代行してくれるような時代が到来するかもしれない。しかし、少なくとも現在の技術水準では、「文化の翻訳」における最も本質的な部分を機械化ないし自動化ができるはずはないのである。

　その意味で、我々は、QDA ソフトに対して過剰な期待を持つべきではないのだと言える。この点については、これまで様々な多変量解析（因子分析、数量化理論、共分散構造分析等）のルーチン的な作業を自動化してくれる解析プログラムが登場した際に、それらに対して寄せられていた過大な期待と実際の結末について思い起こしてみる必要があるだろう。それぞれの解析プログラムは、たしかに、いずれも社会現象を解明していく上で大きな可能性を秘めている。しかし、それらのソフトウェアは複雑な社会現象の成り立ちを手品のようにたちどころに解明してくれる魔法の杖などではなかったのである。

　QDA ソフトについても、同様の点が指摘できる。つまり、QDA ソフトには、質的データ分析におけるルーチン的な作業を自動化することによって、分析におけるアート的な要素を側面から支援する機能が装備されている。しかし、それは決してそのアート的な要素が関わる作業を分析者に代わっておこなうものではないのである。

質的研究を志す人々のために

- 文字起こし作業が終わったインタビュー記録が大量にある。このデータを生かして学位論文を書き上げていくためにはどうしたらよいのだろうか？
- 質問表調査をしてみたら、その自由記述欄には興味深いコメントがかなり含まれていた。しかし、今後どのようにしてそれを「データ」として分析していけばいいのだろうか？
- 現場調査のあいだに書きためたフィールドノーツが数冊分ある。重要な観察記録の証言が含まれているのだが、どうすればそれらの記録を「単なるお話」としてではなく、研究論文における議論の中に盛り込んでいけるだろうか？

　文字テキストが中心の質的データを使った研究や調査をおこなっていると、上のような疑問が次々にわいてきて今後の研究の方向性について不安にかられることが少なくない。また、学位論文や投稿論文を書きあげた後で、次のような後味の悪さをおぼえてしまうことも多い。

- 実は、大切な資料やデータを見落としてしまったのではないか？
- 最初に持っていた思いこみや仮説にとって都合のいい発言をつまみ食いをしただけではないのか？
- 集めたデータのうち、ほんの少しのものしか使っていないのではないか？

　本書には、以上にあげたような一連の疑問や不安を解消していく上での確かな方向性が示されている。この本には、質的データの意味について解釈・分析し、その分析結果にもとづいて研究報告をまとめていく際の基本的な発想が提示されているのである。また、データを実際に分析していく際の手順についても、ステップ・バイ・ステップ方式の明快な解説が提供されている。
　このような点において本書は、質的研究を志す人々にとって恰好の手引き書となっている。特に、修士課程や博士課程に在籍している大学院生にとっては、

またとない重要な価値を持つマニュアルだと言える。

質的データ分析をめぐる「いかに（how to）」と「なぜ（why）」

もっとも、本書を単なる「マニュアル」ないし「ハウツー本」と呼んでしまうと若干の語弊がある。というのも、本書では、データ分析の具体的な技法やテクニックについて紹介するだけでなく、それらのテクニックの前提となっている哲学的・理論的背景（解釈学、古典的内容分析、グラウンデッド・セオリー等）にまでさかのぼって解説をおこなっているからである。つまり、この本には、〈どのような方法で質的データ分析をおこなえばよいか〉という「ハウツー」的な説明のみならず、〈なぜ、そのような方法・技法を用いるべきなのか〉という、方法論の根底にある考え方に関する解説が含まれているのである。

実際、そのような理論的背景に関する最小限度の知識も無いままに単に特定の技法（「レシピ」）を適用するだけでは、表面的な分析に終始してしまう可能性がある。場合によっては、まったく見当違いの解釈に終わることすらある。量的研究の例で言えば、それは、統計学の基本についての学習をおろそかにして、出来合いの統計パッケージだけで分析を済ませてしまうようなものである。

もっとも、特定の方法や技法の背景となっている原理や発想について理解することがいかに大切だとはいっても、方法論をめぐる議論に深入りし過ぎてしまうのも考えものである。というのも、実際に調査経験を積み重ねていく以前の段階で、研究方法論やその前提となっている存在論・認識論について延々と論じていると「頭でっかち」になりかねないからである。調理の場合で言えば、それは、最終的にできあがる料理についての明確なビジョンも無ければ良質の食材を仕入れることもできていないのに、精魂こめてひたすら包丁を研いでいるようなものである。

入門書である本書では、実証研究の方法論の思想的・哲学的背景に関しては主として2章と3章における必要最小限度の解説にとどめられている。また、方法論についてより深く知りたい読者に対しては関連文献に関する情報が提供されている。その意味でも本書は、多くが初学者でありまた学位論文など明確な締切のある原稿を抱えている修士課程ないし博士課程の大学院生にとって恰好の手引き書になっている。

プロの研究者のために

本書には、大学院生だけでなく一定の研究実績がある研究者にとっても、それまでの調査実践について振り返って考えてみる上で非常に参考になる内容が数多く含まれている。訳者にとって特に重要だと思われたのは次の3点である —— ① 用語の定義と用法、② 事前知識と理論的前提の位置づけ、③ 研究プロセスの循環的性格。

用語の定義と用法　質的研究だけに限られた問題ではないが、社会科学の研究法に関する解説書では、用語の意味やその使用法をめぐって混乱が見られる例が少なくない。たとえば、「問題意識」や「仮説」あるいは「尺度」などをはじめとする基本的な用語の場合ですら、それぞれの言葉に含まれる多様な意味内容について十分な解説がなされているとは言い難い面がある [1]。 質的データ分析の場合で言えば、カテゴリー、概念、コードなど最も重要な用語の用法や定義が解説書によってまちまちであることは以前から深刻な問題とされてきた。本書の1章から3章では、それらの用語の多様な使用法に関する明快な解説が提供されている。これは、質的研究法の様々な「流派」のあいだの違いを見きわめ、またそれらの流派による解説書の内容を実際の研究において生かしていく上で貴重な手がかりになると思われる。

事前知識と理論的前提の位置づけ　本書全体を通して著者は、特定の理論的前提や研究対象について分析者が持っている事前知識に対して細心の注意を払うことの重要性について何度となく指摘している。この主張は、グラウンデッド・セオリー・アプローチの様々なアイディアが本書で解説されている分析法において重要な位置づけを占めているという点を考えあわせてみると、非常に興味深い。というのも、同アプローチに関しては次のような誤解がつきものだからである —— 〈何らかの事前知識や理論的前提は、現場に根ざしたデータの解釈と理論生成にとって妨げになる。むしろデータに対して虚心坦懐に向き合い「データ自身に語らせる」ことこそが重要なのである〉。本書では、質的データ分析に関するその種の発想に含まれる根本的な誤解や問題点が明らかにされている。これは、無理論的で「現場至上主義」的なアプローチが陥りがちな落とし穴を避けていく上で重要な示唆となっている。また、日本について

言えば、この点に関する著者の指摘は、いわゆる「KJ法」を採用する際に注意しなければならない点について認識しておく上でも示唆に富むものだと言える[2]。

研究プロセスの循環的性格　先に述べたように、本書で著者はステップ・バイ・ステップ方式で質的テキストの分析における様々な手順について解説している。もっとも、その一方で、本書の3章と4章では、質的研究が本来持っている循環的な性格が繰り返し強調されている。実際、量的研究では多くの場合、「リサーチ・クェスチョンの設定 → 仮説の構築 → データ収集・データ分析 → 最終的な結果の報告」という一連の手順を、その順番通りにたどっていくことが想定されている。それに対して、質的研究では何度となくそれ以前の段階の手順に立ち返ることによってより深いレベルの分析を目指す場合が珍しくない。質的データが中心となる研究において顕著に見られるこの循環的な側面について理解する上で、本書は恰好の手引き書だと言える[3]。

質的テキスト分析のアート&サイエンス

以上で述べてきたように、本書は質的テキスト分析の手法に関する優れた解説書であるととともに、単なるマニュアル本の範囲を越える内容を含むものである。この点に関連して特に注意しておきたいのは、質的テキストの分析プロセスには、一定のルールを遵守し統一された手順で作業を進めていく「サイエンス」としての側面と、創意工夫やひらめきが不可欠の要素となる「アート」としての側面の両方が必然的に含まれている、という点である。

質的テキスト分析のサイエンスとしての側面について著者が本書で繰り返し強調しているのは、「体系的な分析」の重要性である。実際、著者は、本書で解説されているような質的テキスト分析は、決して「余人には容易にマネできない名人芸」などではなく、むしろ適切なトレーニングと実践を通して多くの人々が習得できる技術であるという点を強調する（4章）。さらに、量的研究の場合と同じように質的研究についても分析結果の質（クォリティ）の判定に際して使用できる明確な基準が存在するはずだとしている（6章）。

もっともその一方で著者は、本書の様々な箇所でデータ分析の作業に含まれる技（アート）としての側面についてふれている。たとえば、先にふれた、リ

サーチ・クェスチョンの設定やデータ分析に際して重要な意味を持つ前提知識には、分析者が日常生活における実際の体験を通して身につけていくものが含まれている。また、循環的な性格を持つ分析プロセスにおけるどの時点で以前の手順に立ち戻って作業をおこなうかという点に関する判断は、決して画一的な基準を適用すればそれで済むというようなものではない。さらに、たとえばインタビューにおける人々の発言の意図やその背景について読み取っていく作業には、分析者の知識や世界観、あるいは生活経験が反映されていくことになる。これら全ての作業においては当然のことながら、経験に裏付けられた直観や洞察、つまり広い意味での「アート」の要素が不可欠になる。

　このように、著者が提唱する「体系的な質的テキスト分析」には、本来、サイエンスだけでなくアートとして要素が必然的に含まれている。この点を見落としてしまうと、本書で紹介されている様々なアイディアが持つ本質的な価値を見誤ってしまうことにもなりかねない。

　たとえば、本書で主に取り上げられている研究例では録音されたインタビュー記録が主なデータソースとして想定されている。また、その音声記録については、発話内容を言葉どおりに文字に起こすことが想定されている（5章）。しかし、そのような手続きは、録音機器が実質上使えない（あるいは使うべきではない）場合が多いエスノグラフィー的な研究や参与観察的研究の場合は、明らかに現実的な選択ではない。そのようなタイプの調査をおこなう際には、本書に盛り込まれた手順やルールの中でも自分のリサーチ・クェスチョンや調査現場の状況に適していると思われる部分だけを選んで採用していく方が賢明であろう[4]。実際また、本書における解説内容の全てを鵜呑みにしたり、本書で紹介されているテクニックを一種の「お作法」としてとらえることほど著者の意図から遠いものはないだろう[5]。

　ほとんどあらゆる種類の研究法について指摘できることではあるが、マニュアルで解説されている定型的な手順を機械的に適用していくだけで社会生活の機微をとらえることなどできるはずはない。特に質的研究の場合には、マニュアルに書かれた内容を念頭において試行錯誤を重ねていく中で初めて実践的な分析の技を身につけていくことができるものである。またある場合には、マニュアルに書かれていた内容はいったん忘れる、時にはマニュアル自体を捨て去ってしまうことさえ必要になることがある。実際、優れた研究というのは、マニュアル本などでは語り得ない側面、時にはマニュアルにおける解説内容の

枠をはるかに越える部分を必然的に含むものなのである [6]。

書を捨てよ、町へ出よう

Herbert Gans は『アーバン・ヴィレジャーズ』や『レヴィット・タウナーズ』などの優れた民族誌的研究で知られる米国の社会学者である。彼は、あるところで、「エスノグラフィー」という言葉が一種の流行り言葉になってしまったことによって現場観察研究が持つ本来の意義が見失われがちになっていると指摘している。その上で、Gans は次のように述べる。

> 今日では、エスノグラフィー関連の文献には実証的なものとそうでないものが含まれている。実証研究のプロセスそのものとはあまり関係の無いエスノグラフィー関係の文献の中には、次から次へと出版される参与観察関連のマニュアル本が含まれている。いまやその数は、参与観察にもとづいて書かれた調査報告書の数を超えるほどである [7]。

この指摘には、エスノグラフィーだけでなく「質的研究」一般についても当てはまる内容が含まれている。また日本でも、Gans が 1990 年代の米国の状況について指摘したのと同じような事態が生じている。実際、この四半世紀ほどのあいだに日本で刊行されてきた研究法関連のマニュアルやハウツー本の点数は驚くほど多い。書店の棚を眺めていて、その内のどれを選べばよいか判断に迷うほどである。しかしその一方で、それらの文献で解説されている方法を実際に適用しておこなわれた優れた研究の数となると、それほど多くはない。

これは一見かなり不思議な状況であるように思われる。実際、演劇の場合で言えば、それは、作劇法や演技法に関するハウツー本が盛んに刊行されている一方で実際の演劇公演にはほとんど見るべきものがない、という事態に喩えることができる。あるいは医療の例で言えば、画期的な術式に関する報告や解説書は盛んに発表されているのに、目覚ましい治療実績をあげた手術の成功例がほとんど見られない、というような状況に該当するだろう。

訳者が大学院生であった 1980 年代当時は、日本語で読める方法論の教科書や解説書は非常に少なかった。特に、質的方法に関するマニュアルが皆無に近いという点が悩みの種であった。仕方がないので、欧米で刊行されていた解説

書を苦心算段して手に入れて、何とかして調査研究をおこなう中で直面していた数々の疑問に対する答えを見つけようとしていたものであった[8]。

　その当時からすれば、現在は事態が飛躍的に改善されている。実際、今では、訳者がかつて院生時代に読んだ欧米の解説書の多くを日本語で読むことができる。また、その後海外で刊行された優れた解説書についても続々とその邦訳が刊行されている。だからこそ、調査関係の論文や報告書の中に「これは是非読んでみたい」と思えるものがあまり見られないという点が不思議に思えてならないのである。

　もっともよく考えてみれば、これはとりたてて不思議なことではないのかもしれない。実際、ある技能に関するマニュアル本の数はその技能の進歩の度合いを示す指標というよりは、むしろその技能や技術を習得することの難しさを示す指標となっていることも多いに違いない。また、マニュアル本の多さは、本を読むだけで技能を身につけることがほとんど不可能であることを示している場合もあると思われる。

　この点については、たとえば、第二次大戦後現在までのあいだに続々と刊行されてきた英会話の「秘訣」やコツに関する解説書の数と日本人の平均的な語学力との関係が典型的な例であると思われる。当然ではあるが、何十冊あるいは何百冊の会話マニュアルを読破したとしても、それだけで実践的な語学能力が身につくはずもない。語学力を磨いていくためには、むしろ、それらのマニュアルをいったん机の上において、あるいは捨て去ってしまって、実際に英語による会話をおこなってみるしかないのである。

　同様の点が、本書で解説されているような種類の研究法についても指摘できるだろう。実際、社会現象が対象となる研究の場合には、事前に文献や資料（当然ウェブ上の資料も含まれる）にあたって下調べをすることや分析法に関する解説書に目を通しておくことには、確かに非常に重要な意味がある。しかしその一方で、ある時点になったら、むしろ「書を捨てて町へ出て行く」こと、つまり社会生活の現場に飛び込んでいくことこそが、どうしても必要になってくる。実際、そのような現場での実践を通してはじめて社会的行為の意味について深いレベルで解釈していくことができるようになるに違いない。

　2018年1月

　　　　　　　　　　　　　　　　　　　　　佐藤郁哉

注

1章

[1] この表は、Bryman（1988）がそれ以前に、質的データと量的データの区別ではなく、質的研究と量的研究を区別した際の議論にもとづいている。Bryman は、セル B と C を「不適合な組合せ」と呼んでいた。

[2] Tashakkori と Teddlie の『混合研究法ハンドブック（*SAGE Handbook of Mixed Methods*）』（2010）は、混合研究法の多様な側面に関する優れた概説書である。

[3] ウェブサイト：www.berliner-methodentreffen.de

[4] この学会は Norman Denzin の主催のもとに米国イリノイ州アーバナ市で毎年開催されている。www.icqui.org 参照。

[5] 以前は質的データ分析を専門に扱った文献はごく稀であり、Dey（1993）や Miles & Huberman（1995）などがある程度だった。この状況もこの数年は変化しつつある。たとえば、Gibbs（2009）と Bernard & Ryan（2010）は多様な分析法について紹介している。

[6] 米国の哲学者 Paul Feyerabend（1975）の「エニシング・ゴーズ」は、研究者が方法に関してどんなことをおこなってもよいという許可を意味していたわけではない。研究法において創造性を発揮することを推奨していたのである。

[7] John Creswell の業績は、混合研究法における様々なリサーチ・デザインを概観した好例である。

2章

[1] Kinyarwanda はバントゥー語群に属し、東アフリカのルワンダや東コンゴで用いられている。

[2] Gadamer は、哲学的解釈学の概念を洗練させていった。彼は、『真理と方法（*Truth and Method*）』（2004）において人間の理解の性質について扱っている。

[3] この部分は、Jochen Vogt による講演にもとづいている。この講演録は、以下のサイトから入手可能である。www.uni-duisburg-essen.de/literaturwissenschaft-aktiv/Vorlesungen/hermeneutik/main.html（2011年1月9日にアクセス）なお、Vogt は、その著書『文芸研究への招待（*Invitation to the Study of Literature*）』において、解釈学について詳しく論じている。

[4] 一般的に言って、解釈学的相違については、以下の3つのものを区別できる —— 言語的、歴史的、修辞的。本文であげた例は、言語的相違に関わるものである。歴史的相違は、事実あるいは言語に関する相違として現れることもある。たとえば、時代遅れの概念や格言ないし未知の人物、事実、状況などがその例としてあげられる。

[5] これは比較文化的な研究の場合に該当する。もっとも、研究者にとって馴染みのある環境でおこなわれる研究についても同じような点について配慮する必要がある。Sprenger（1989）は、終末期ケアの際に使用される医療技術に関する社会科学的研究プロジェクトの例を取り上げて、その研究で調査チームのメンバーが、現場で観察した内容の解釈する際に、どのような形で医療の専門家のサポートを得ていたかという点について指摘している。そのサポートによって、

科学的な分析が可能になったのである。

[6] グラウンデッド・セオリーの基本的なアイディアについては、以下の文献が参考になる。
　a) Glaser and Strauss（1967）『グラウンデッド・セオリーの発見（*The Discovery of Grounded Theory*）』。この本はグラウンデッド・セオリーに関する最初の総合的な解説であり、1967年に刊行されている。また、この本には、当時、社会科学における「理論」の性格をめぐって持たれていた誤解に関する解説が含まれている。b) Strauss（1987）『社会科学者のための質的分析（*Qualitative Analysis for Social Scientists*）』。このテキストは、講義形式をとることによって Strauss のアプローチを理解可能で実践可能なものにしている。もっとも、この本には概念の明確化という点で難がある。c) Strauss and Corbin（1998）『質的研究の基礎 —— グラウンデッド・セオリー開発の技法と手順（*Basics of Qualitative Research: Techniques and Procedures for Developing Grounded Theory*）』。この本は前著を補うものであり、Strauss は共著者の Juliet Corbin とともに、グラウンデッド・セオリーで使用できる様々なツールと技法に対して明確な定義を与えるとともに体系的な解説を加えている。

3章

[1] 以下を参照 www.wikipedia.org（2011年5月2日アクセス）。
[2] 各種の定義の概要については、Schnell ほか（2008, pp.50-53）参照。
[3] Barney Glaser と Anselm Strauss は1967年に刊行した書籍においてグラウンデッド・セオリー・アプローチの伝統の土台を築いた（Glaser & Strauss, 1967）。同アプローチは、単に1つの研究方法ないし評価テクニックにとどまるものではない。Strauss は後になって、グラウンデッド・セオリーは本質的に1つの研究スタイルないし方法論なのであり、彼と Glaser は、その当時主流であった行動科学的な研究パラダイムに対して意図的かつ挑発的にアンチテーゼを提示するような認識論的・政治学的アプローチを構築したいと思っていた、と語っている（Strauss のインタビュー記録参照（Legewie & Schervier-Legewie, 2004）。Kelle は、Glaser と Strauss がグラウンデッド・セオリーの初期に「自分たちのアプローチに関する帰納的な誤解」（実際には相当程度の前提知識を持っていたにもかかわらず、自分たちが純粋に帰納的なアプローチを採用していたと考えてしまうこと）を抱いていた、としている（Kelle, 2007b, p.32）。また、Creswell（2011）は、同アプローチはその後次の3つの方向に展開していったとしている —— a) Strauss & Corbin、b) Glaser、c) Charmaz（彼女は、グラウンデッド・セオリーに対して社会構築主義的な意味合いを加えている）。
[4] Kelle（2007c）参照。

補論

[1] この点については、佐藤（2015b：13章）参照。
[2] CAQDAS（Computer Assisted Qualitative Data Analysis Software）とも言う。
[3] この点については、本訳書参照。
[4] これについては、たとえば、Cusumano（2010/2012, p.435）および Mintzberg（1973/2011, pp.272-279）参照。
[5] Geertz が指摘するように、両者の概念の区別は相対的なものである。実際、現場の言葉、理論の言葉という用語自体が、調査をおこなう者たちにとっての「調査現場」の実感に近い意味

合いを持っていると言えるだろう。

[6] 量的調査の場合にも、qualitative coding という用語を使用する例がある。もっとも、この場合は、内容分析の際や自由回答欄の記述のデータ処理の際に文字テキストの内容を幾つかのカテゴリーに分類して、名義尺度である数値コードを割り当てる際の作業（つまり、「質的変数」への変換作業）を指す用語としての使用が想定されている。これは明らかに、本稿で解説している定性的コーディングとは性格の異なる作業である。この点については、佐藤（2008a, pp.53-58）参照。また、質的調査における定性的コーディングは Glaser and Strauss（1967, ch.5）によってはじめて明確に定式化されたものである。

[7] 以下、本稿の解説のかなりの部分は、佐藤（2008a）の4章および9章の内容を下敷きにしている。

[8] もっとも定性的コーディングの場合には、単に情報量を圧縮するというよりは、むしろコーディングを通してデータ同士の関係をより豊かなものにしていく data enrichment ないし data retention と言うべき側面もある。これについては、Tesch（1990, pp.138-139）および Richards（2005, p.86）参照。

[9] 紙幅の制約からここでは解説を省略しているが、実際には、再文脈化の手続きは、脱文脈化したセグメントを分類・配列して相互の関係を明確にしていく「データベース化」と、それらのセグメントを論文や報告書の文脈に配置していく「ストーリー化」という2つの手続きに分けて考えることができる。これについて詳しくは、佐藤（2008a, 4章 ; 2008b, 2章）参照。

[10] 定性的コーディングの比較的明確な定式化は少なくとも Glaser and Strauss（1967, ch.5）にまでさかのぼることができる。

[11] 過去のバージョンに対応するものになってしまうが、MAXQDA については、次のウェブサイトに比較的詳細な使用法を掲載しておいた —— http://www.shin-yo-sha.co.jp/sato_data.htm。また、MAXQDA、NVivo、Atlas.ti については、それぞれ期間限定の無料体験版が次のサイトで提供されている —— http://www.maxqda.com/downloads/demo、http://www.nvivo.jp/?gclid=CKSOv4LCpMUCFVgjvQodfw EA1Q、http://atlasti.com/free-trial-version/

[12] 作例であるために、コードシステムはかなり単純なものになっている。言うまでもなく、実際の分析においては、コード体系はかなり複雑なものになることが多いだろう。

[13] 著者は、そのような研究方法を「漸次構造化アプローチ」と呼んでいる。これについては、佐藤（2015a, 4章）参照。

[14] 実際、そこまで自動化できるのならば、多くの調査者は失業してしまうか、あるいは機械がおこなう作業の一部を請け負うだけの存在になってしまうに違いない。

訳者あとがき

[1] この点については、佐藤郁哉 (2015).『社会調査の考え方［上］［下］』東京大学出版会. 参照。

[2] KJ 法および同様の発想にもとづく「要因関連図」の特徴と問題点については、以下を参照 —— 川喜田二郎 (1967).『発想法』岩波書店；立花隆 (1984).『知のソフトウェア』講談社現代新書, pp.150-154；佐藤郁哉 (2008).『質的データ分析法』新曜社, pp.55-56；佐藤郁哉 (2015).『社会調査の考え方［下］』東京大学出版会, pp.97-99.

[3] 実際には、循環的な性格は量的研究も含めてほとんどあらゆるタイプの優れた研究に見られるものである。この点については、『社会調査の考え方』における「漸次構造化アプローチ」

に関する解説を参照されたい。

[4] 同じように、グラウンデッド・セオリーに関しては、同アプローチがもともと主として対面的な相互作用（相互行為）の分析枠組みとして提唱されてきたことを考慮に入れる必要がある。たとえば、本書の2章で紹介されている「コーディング・パラダイム」（p.39）は、そのようなミクロ・レベルの社会的な場面に関する分析枠組みとしての特徴を如実に示している。したがって、このアプローチに盛り込まれている様々なアイディアを別のレベルの社会現象の解明に生かしていこうとする際には、かなり柔軟な解釈と創意工夫が必要とされるだろう。

[5] いわゆるジャーナル駆動型リサーチ（journal-driven research）が主流になることによって、実質的な研究内容よりも特定の学術誌に掲載されることを念頭においてひたすら方法的な厳密性のみを目指す「方法論フェティシズム」の傾向が生じていると思われる。これについては、以下を参照 —— Ramasarma, T. (2014). "Trendy science research communications." *Current Science, 106*(4): 506-508; Willmott, H. (2011). "Journal list fetishism and the perversion of scholarship." *Organization, 18*(4): 429-442; Alvesson, M., Gabriel, Y., & Paulsen, R. (2017). *Return to Meaning*. Oxford University Press, p.30.

[6] この点に関しては、佐藤郁哉 (2016).「物語に規律を与え、数字に血を通わせる」『社会と調査』, *17*: 118-119 参照。

[7] Gans, H. (1999). "Participant observation in an age of 'ethnography'." *Journal of Contemporary Ethnography, 28*: 541.

[8] 当然のことながら当時はアマゾンのようなオンライン書店は存在していなかった。また、洋書の取次店に注文すると実際に入手できるまでに2、3ヶ月程度かかることはざらであった。さらに本来の為替レートからすれば信じられないような価格設定がなされていることが珍しくなかった。

引用文献

Bailey, K. D. (1973). Monothetic and polythetic typologies and their relation to conceptualization, measurement and scaling. *American Sociological Review, 38*(1), 18-33.

Bailey, K. D. (1994). *Typology and Taxonomies: An introduction to classification techniques*. Thousand Oaks, CA: Sage Publications.

Barton, A. H. (1955). The concept of property-space in social research. In P. F. Lazarsfeld & M. Rosenberg (Eds.), *The Language of Social Research* (pp.40-53). New York: Free Press.

Bazeley, P. (2007). *Qualitative Data Analysis with NVivo*. Thousand Oaks, CA: Sage Publications.

Berelson, B. (1952). *Content Analysis in Communication Research*. Glencoe: Free Press.

Berelson, B., & Lazarsfeld, P. F. (1948). *The Analysis of Communication Content*. Chicago.

Bernard, H. R., & Ryan, G. W. (2010). *Analyzing Qualitative Data: Systematic approaches*. Thousand Oaks, CA: Sage Publications.

Boyatzis, R. E. (1998). *Transforming Qualitative Information: Thematic analysis and code development*. Thousand Oaks, CA: Sage Publications.

Bryman, A. (1988). *Quantity and Quality in Social Research*. London: Routledge.

Charmaz, K. (2006). *Constructing Grounded Theory: A practical guide through qualitative analysis*. Thousand Oaks, CA: Sage Publications.〔キャシー・シャーマズ／抱井尚子・末田清子（監訳）(2008).『グラウンデッド・セオリーの構築 —— 社会構成主義からの挑戦』ナカニシヤ出版.〕

Charmaz, K. (2011). Grounded theory methods in social justice research. In N. K. Denzin & Y. Lincoln (Eds.), *The SAGE Handbook of Qualitative Research* (4th ed., pp.359-380). Thousand Oaks, CA: Sage Publications.

Charmaz, K., & Bryant, A. (Eds.). (2007). *The SAGE Handbook of Grounded Theory*. Thousand Oaks, CA: Sage Publications.

Cisneros-Puebla, C. A. (2004). "To Learn to Think Conceptually." Juliet Corbin in Conversation With Cesar A. Cisneros-Puebla [53 paragraphs]. *Forum Qualitative Sozialforschung / Forum: Qualitative Social Research, 5*(3), Art. 32. Retrieved 28.03., 2013, from http://nbn-resolving.de/urn:nbn:de:0114-fqs0403325

Clarke, A. (2005). *Situational Analysis: Grounded theory after the postmodern turn*. Thousand Oaks, CA: Sage Publications.

Corbin, J., & Strauss, A. L. (2008). Basics of Qualitative Research: Grounded Theory Procedures and Techniques (3rd ed.). Thousand Oaks, CA: Sage Publications.〔アンセルム・ストラウス, ジュリエット・コービン／操華子・森岡崇（訳)(2012).『質的研究の基礎 —— グラウンデッド・セオリー開発の技法と手順』医学書院.〕

Creswell, J. W. (2003). *Research Design: Qualitative, quantitative, and mixed methods approaches*. Thousand Oaks, CA: Sage Publications.〔John W. Creswell／操華子・森岡崇（訳)(2007).『研究デザイン —— 質的・量的・そしてミックス法』日本看護協会出版会.〕

Creswell, J. W. (2007). *Qualitative Inquiry and Research Design: Choosing among five approaches*. Thousand Oaks, CA: Sage Publications.

Creswell, J. W. (2009). *Research Design: Qualitative, quantitative, and mixed methods approaches* (3rd ed.). Thousand Oaks, CA: Sage Publications.

Creswell, J. W., & Plano Clark, V. L. (2011). Designing and Conducting Mixed Methods Research (2nd ed.). Thousand Oaks, CA: Sage Publications.〔J. W. クレスウェル, V. L. プラノ クラーク／大谷順子（訳）(2010).『人間科学のための混合研究法 ── 質的・量的アプローチをつなぐ研究デザイン』北大路書房.（初版の訳）〕

Danner, H. (2006). *Methoden geisteswissenschaftlicher Pädagogik* (5th ed.).München: Utb.

Denzin, N. K. (1978). *The Research Act: A theoretical introduction to sociological methods* (2nd ed.). New York: McGraw Hill.

Denzin, N. K., & Lincoln, Y. (2011). Preface. In N. Denzin & Y. Lincoln (Eds.), *The SAGE Handbook of Qualitative Research* (4th ed., pp.IX‑XVI). Thousand Oaks, CA: Sage Publications.

Dey, I. (1993). *Qualitative Data Analysis: A user‑friendly guide for social scientists*. London: Routledge.

Diekmann, A. (2007). *Empirische Sozialforschung: Grundlagen, Methoden, Anwendungen* (18th ed.). Reinbek bei Hamburg: Rowohlt.

Dresing, T., Pehl, T., & Schmieder, C. (2013). Manual (on) Transcription. Transcription Conventions, Software Guides and Practical Hints for Qualitative Researchers 2nd English. Retrieved 10.04., 2013, from http://www.audiotranskription.de/english/transcription‑practicalguide.htm

Fielding, J. (2008). "Double whammy? Are the most at risk the least aware?" Astudy of environmental justice and awareness of flood risk in England and Wales. In W. Allsop, P. Samuels, J. Harrop & S. Huntington (Eds.), *Flood Risk Management: Research and practice*. London: Taylor and Frances.

Fielding, N., & Lee, R. (1998). *Computer Analysis and Qualitative Research*. Thousand Oaks, CA: Sage Publications.

Flick, U. (2006). *An Introduction to Qualitative Research* (3rd ed.). London: SAGE Publications.〔ウヴェ・フリック／小田博志ほか（訳）(2011).『質的研究入門 ── 「人間の科学」のための方法論』春秋社, 新版.〕

Flick, U. (2007a). *Qualitative Sozialforschung. Eine Einführung*. Reinbek bei Hamburg: Rowohlt.

Flick, U. (2007b). *Triangulation. Eine Einführung* (2nd ed.). Wiesbaden: VS Verlag.

Flick, U. (2009). *Sozialforschung: Methoden und Anwendungen. Ein Überblick für die BA‑Studiengänge*. Reinbek bei Hamburg: Rowohlt.

Flick, U., von Kardorff, E., & Steinke, I. (Eds.). (2004). *A Companion to Qualitative Research*. London: Sage.

Frueh, W. (2004). *Inhaltsanalyse: Theorie und Praxis* (5th ed.). Konstanz: UVK.

Gadamer, H.‑G. (1972). *Wahrheit und Methode. Grundzüge einer philosophischen Hermeneutik*. Tübingen: J.C.B. Mohr Verlag.

Gibbs, G. R. (2009). *Analysing Qualitative Data*. Thousand Oaks, CA: Sage Publications.〔G・R・ギブズ／砂上史子・一柳智紀・一柳梢（訳）(2017).『質的データの分析』（SAGE 質的研究キット6）新曜社.（第2版の訳）〕

Glaeser, J., & Laudel, G. (2010). *Experteninterviews und qualitative Inhaltsanalyse: Als Instrumente rekonstruierender Untersuchungen* (4th ed.). Wiesbaden: VSVerlag.

Glaser, B. G., & Strauss, A. L. (1967). *The Discovery of Grounded Theory*. Chicago: Aldine.〔B. G. グレイザー, A. L. ストラウス／後藤隆・大出春江・水野節夫（訳）(1996).『データ対話型理論の発見 ── 調

査からいかに理論をうみだすか』新曜社.]

Glaser, B. G., & Strauss, A. L. (1998). *Grounded Theory: Strategien qualitativer Forschung*. Bern: Huber.

Guba, E., & Lincoln, Y. S. (1985). *Naturalistic Inquiry*. Thousand Oaks, CA: Sage Publications.

Guest, G., MaxQueen, K., & Namey, E. (2012). *Applied Thematic Analysis*. Thousand Oaks, CA: Sage Publications.

Hammersley, M. (1992). *What's Wrong with Ethnography? Methodological explorations*. London: Routledge.

Hempel, C. G., & Oppenheim, P. (1936). *Der Typusbegriff im Lichte der neuen Logik. Wissenschaftstheoretische Untersuchungen zur Konstitutionsforschung und Psychologie*. Leiden: Sijthoff Verlag.

Hopf, C., Rieker, P., Sanden‐Marcus, M., & Schmidt, C. (1995). *Familie und Rechtsextremismus: Familiale Sozialisation und rechtsextreme Orientierungen junger Männer*. Weinheim: Juventa.

Hopf, C., & Schmidt, C. (1993). *Zum Verhältnis von innerfamilialen sozialen Erfahrungen, Persönlichkeitsentwicklung und politischen Orientierungen*. Hildesheim: Institut für Sozialwissenschaften der Universität Hildesheim.

Huberman, A. M., & Miles, M. B. (1994). *Qualitative Data Analysis: An expanded sourcebook* (2nd ed.). Thousand Oaks, CA: Sage Publications.

Jahoda, M., Lazarsfeld, P. F., & Zeisel, H. (1975). *Die Arbeitslosen von Marienthal. Ein soziographischer Versuch* (1st ed.). Frankfurt/M.: Suhrkamp.

Jahoda, M., Lazarsfeld, P. F., & Zeisel, H. (2002). *Marienthal: The sociography of an unemployed community*. With a new introduction by Christian Fleck, New Brunswick, N.J.‐London: Transaction Publishers.

Jefferson, G. (1984). Transcription notation. In J. Atkinson & J. Heritags (Eds.), *Structures of Social Interaction*. New York: Cambridge University Press.

Kelle, U. (2007a). The development of categories: Different approaches in grounded theory. In A. Bryant & K. Charmaz (Eds.), *The Sage Handbook of Grounded Theory* (pp.191‐213). London: Sage.

Kelle, U. (2007b). *Die Integration qualitativer und quantitativer Methoden in der empirischen Sozialforschung. Theoretische Grundlagen und methodologische Konzepte*. Wiesbaden: VS Verlag.

Kelle, U. (2007c). "Emergence" vs. "Forcing" of empirical data? A crucial problem of "Grounded Theory" reconsidered. In G. Mey & K. Mruck (Eds.), *Grounded Theory Reader* (pp.133‐155). Köln: Zentrum für Historische Sozialforschung.

Kelle, U., & Kluge, S. (Eds.). (2010). *Vom Einzelfall zum Typus. Fallvergleich und Fallkontrastierung in der qualitativen Sozialforschung* (2nd ed.). Wiesbaden: VS Verlag.

Kelle, U., Prein, G., & Bird, K. (1995). *Computer‐Aided Qualitative Data Analysis: Theory, methods an practice*. Thousand Oaks, CA: Sage Publications.

Kirk, J., & Miller, M. L. (1986). *Reliability and Validity in Qualitative Research*. Thousand Oaks, CA: Sage Publications.

Klafki, W. (2001) [1971]. Hermeneutische Verfahren in der Erziehungswissenschaft. In C. Rittelmeyer & M. Parmentier (Eds.), *Einführung in die pädagogische Hermeneutik. Mit einem Beitrag von Wolfgang Klafki*. (pp.125‐148). Darmstadt: Wissenschaftliche Buchgesellschaft.

Kluge, S. (1999). *Empirisch begründete Typenbildung: Zur Konstruktion von Typen und Typologien in der qualitativen Sozialforschung*. Opladen: Leske & Budrich.

Kluge, S. (2000). Empirically Grounded Construction of Types and Typologies in Qualitative Social Research

[14 paragraphs]. *Forum Qualitative Sozialforschung / Forum: Qualitative Social Research, 1*(1), Art. 14. Retrieved 10.04., 2013, from http://nbn-resolving.de/urn:nbn:de:0114-fqs0001145

Kowal, S., & O'Connell, D. C. (2004). The transcription of conversations. In U. Flick, E. von Kardorff & I. Steinke (Eds.), *A Companion to Qualitative Research* (pp.248-252). London: Sage.

Kracauer, S. (1952). The challenge of qualitative content analysis. *Public Opinion Quarterly, 16*, 631-642.

Krippendorff, K. (2004). *Content Analysis. An Introduction to Its Methodology* (2nd ed.). Thousand Oaks, CA: Sage Publications.〔クラウス・クリッペンドルフ／三上俊治・椎野信雄・橋元良明（訳）(1989).『メッセージ分析の技法 ── 「内容分析」への招待』（Keiso コミュニケーション）勁草書房.〕

Kriz, J., & Lisch, R. (1988). *Methoden-Lexikon*. Weinheim/München: PVU.

Kuckartz, U. (1991). Ideal types or empirical types: The case of Max Weber's empirical research. *Bulletin de Méthodologie Sociologique, 32*(1), 44-53.

Kuckartz, U. (2009). Methodenkombination. In B. Westle (Ed.), *Methoden der Politikwissenschaft* (pp.352-362). Baden-Baden: Nomos.

Kuckartz, U. (2010a). *Einführung in die computergestützte Analyse qualitativer Daten* (3rd ed.). Wiesbaden: VS Verlag.

Kuckartz, U. (2010b). Nicht hier, nicht jetzt, nicht ich: Über die symbolische Bearbeitung eines ernsthaften Problems. In H. W. u.a. (Ed.), *Klimakulturen. Soziale Wirklichkeiten im Klimawandel* (pp.144-160). Frankfurt: Campus.

Kuckartz, U. (2010c). Typenbildung. In G. Mey & K. Mruck (Eds.), *Handbuch Qualitative Forschung in der Psychologie* (pp.553-568). Wiesbaden: VS Verlag.

Kuckartz, U., Dresing, T., Raediker, S., & Stefer, C. (2008). *Qualitative Evaluation. Der Einstieg in die Praxis* (2nd ed.). Wiesbaden: VS Verlag.

Lamnek, S. (1993). *Methoden und Techniken*. Weinheim: PVU.

Lamnek, S. (2005). *Qualitative Sozialforschung*. Lehrbuch (4th ed.). Weinheim: Beltz.

Lazarsfeld, P. F. (1972). Qualitative Analysis. Historical and critical essays. Boston: Allyn and Bacon.〔P.F. ラザーズフェルド／西田春彦・高坂健次・奥川櫻豊彦（訳）(1984).『質的分析法 ── 社会学論集』岩波書店.〕

Legewie, H., & Schervier-Legewie, B. (2004). "Research is hard work, it's always a bit suffering. Therefore on the other side it should be fun." Anselm Strauss in conversation with Heiner Legewie and Barbara Schervier-Legewie. *Forum Qualitative Sozialforschung / Forum: Qualitative Social Research, 5*(3), Art. 22. Retrieved 28.03., 2013, from http://nbn-resolving.de/urn:nbn:de:0114-fqs0403222

Lewins, A., & Silver, C. (2007). *Using Software in Qualitative Research: A step-by-step guide*. Thousand Oaks, CA: Sage Publications.

Mackie, J. L. (1974). *The Cement of the Universe: A study of causation*. Oxford: Clarendon Press.

Marshall, C., & Rossman, G. B. (2006). *Designing Qualitative Research* (4th ed.). Thousand Oaks, CA: Sage Publications.

Mayring, P. (2000). Qualitative Content Analysis [28 paragraphs]. *Forum Qualitative Sozialforschung / Forum: Qualitative Social Research, 1*(2), Art. 20. Retrieved 28.03., 2013, from http://nbn-resolving.de/urn:nbn:de:0114-fqs0002204

Mayring, P. (2010). *Qualitative Inhaltsanalyse: Grundlagen und Techniken* (1st ed.). Weinheim: Beltz.

Mayring, P., & Glaeser-Zikuda, M. (2005). *Die Praxis der qualitativen Inhaltsanalyse*. Weinheim: Beltz.

Merten, K. (1995). *Inhaltsanalyse. Einführung in Theorie, Methode und Praxis* (2nd ed.). Opladen: Westdeutscher Verlag.

Miles, M. B., & Huberman, A. M. (1995). *Qualitative Data Analysis: An expanded sourcebook* (2nd ed.). Thousand Oaks, CA: Sage Publications.

Miller, D. C., & Salkind, N. J. (2002). *Handbook of Research Design and Social Measurement* (6th ed.). Thousand Oaks, CA: Sage Publications.

Mollenhauer, K., & Uhlendorff, U. (1992). Zur Methode der hermeneutisch-diagnostischen Interpretation. *S ozialpädagogische Diagnosen* (pp.28-35). Weinheim: Beltz.

Oswald, H. (2010). Was heißt qualitativ forschen? Warnungen, Fehlerquellen, Möglichkeiten. In B. Friebertshaeuser, A. Langer & A. Prengel (Eds.), *Handbuch qualitative Forschungsmethoden in der Erziehungswissenschaft* (3rd ed., pp.183-201). Weinheim: Juventa.

Preisendoerfer, P. (1999). *Umwelteinstellungen und Umweltverhalten in Deutschland. Empirische Befunde und Analysen auf der Grundlage der Bevölkerungsumfragen "Umweltbewußtsein in Deutschland 1991-1998"*. Opladen: Leske & Budrich.

Rasmussen, E. S., Østergaard, P., & Beckmann, S. C. (2006). *Essentials of Social Science Research Methodology*. Odense: University Press of Southern Denmark.

Richards, L., & Richards, T. (1994). Using computers in qualitative research. In N. K. Denzin & Y. S. Lincoln (Eds.), *Handbook Qualitative Research* (pp.445-462). Thousand Oaks, CA: Sage Publications.

Ritchie, J., & Spencer, L. (1994). Qualitative data analysis for applied policy research. In A. Bryman & R. Burgess (Eds.), *Analyzing Qualitative Data* (pp.173-194). London: Routledge.

Ritchie, J., Spencer, L., & O'Connor, W. (2003). Carrying out qualitative analysis. In J. Ritchie & J. Lewis (Eds.), *Qualitative Research Practice: A Guide for Social Science Students and Researchers* (pp.219-261). Thousand Oaks, CA: Sage Publications.

Roessler, P. (2005). *Inhaltsanalyse*. Konstanz: UVK.

Schmidt, C. (2000). Analyse von Leitfadeninterviews. In U. Flick, E. v. Kardoff & I. Steinke (Eds.), *Qualitative Forschung. Ein Handbuch* (pp.447-455). Reinbek bei Hamburg: Rowohlt.

Schmidt, C. (2010). Auswertungstechniken für Leitfadeninterviews. In B. Friebertshaeuser, A. Langer & A. Prengel (Eds.), *Handbuch qualitative Forschungsmethoden in der Erziehungswissenschaft* (3rd ed., pp.473-486). Weinheim: Juventa.

Schnell, R., Hill, P. B., & Esser, E. (2008). *Methoden der empirischen Sozialforschung* (8th ed.). München: Oldenbourg.

Schreier, M. (2012). *Qualitative Content Analysis in Practice*. London: SAGE Publications.

Schuetz, A. (1972). *Gesammelte Aufsätze*. Den Haag: Nijhoff.

Schutz, A. (1972). *Collected Papers I: The Problem of Social Reality*. Edited by M. A. Natanson and H. L. van Breda. Dordrecht, The Netherlands: Martinus Nijhoff Publishers.

Seale, C. (1999a). Quality in qualitative research. *Qualitative Inquiry, 5*(4), 465-478.

Seale, C. (1999b). *The quality of qualitative research*. Thousand Oaks, CA: Sage Publications.

Seale, C., & Silverman, D. (1997). Ensuring rigour in qualitative research. *European Journal of Public Health, H.7*, 379-384.

Spencer, L., Ritchie, J., Lewis, J., & Dillon, L. (2003). *Quality in Qualitative Evaluation: A framework for assessing research evidence*. London: Government Chief Social Researcher's Office, The Cabinet Office.

Sprenger, A. (1989). Teilnehmende Beobachtung in prekären Handlungssituationen. Das Beispiel Intensivstation. In R. Aster, H. Merkens & M. Repp (Eds.), *Teilnehmende Beobachtung. Werkstattberichte und methodologische Reflexionen* (pp.35-57). Frankfurt/Main: Campus.

Steinke, I. (2004). Quality criteria in qualitative research. In U. Flick, E. Von Kardorff & I. Steinke (Eds.), *A Companion to Qualitative Research* (pp.184-190). London: Sage.

Strauss, A. L. (1987). *Qualitative Analysis for Social Scientists*. Cambridge, England: Cambridge University Press.

Strauss, A. L. (1991). *Grundlagen qualitativer Sozialforschung: Datenanalyse und Theoriebildung in der empirischen soziologischen Forschung*. Munchen: Fink.

Strauss, A. L., & Corbin, J. (1990). *Basics of Qualitative Research: Techniques and procedures for developing grounded theory*. Newbury Park, CA: Sage Publications.〔アンセルム・ストラウス, ジュリエット・コービン／操華子ほか（訳）(1999).『質的研究の基礎 —— グラウンデッド・セオリーの技法と手順』医学書院.（2012年に第3版が出ている）〕

Strauss, A. L., & Corbin, J. (1998). *Basics of Qualitative Research: Techniques and procedures for developing grounded theory* (2nd ed.). Thousand Oaks, CA: Sage Publications.〔アンセルム・ストラウス, ジュリエット・コービン／操華子・森岡崇（訳）(2004).『質的研究の基礎 —— グラウンデッド・セオリー開発の技法と手順 第2版』医学書院.（2012年に第3版が出ている）〕

Strauss, A. L., & Corbin, J. M. (1996). *Grounded Theory. Grundlagen qualitativer Sozialforschung*. Weinheim: Beltz.

Teddlie, C., & Tashakkori, A. (2009). *Foundations of Mixed Methods Research: Integrating quantitative and qualitative approaches in the social and behavioral sciences*. Thousand Oaks, CA: Sage Publications.〔チャールズ・テッドリー, アッバス・タシャコリ／土屋敦・八田太一・藤田みさお（監訳）(2017).『混合研究法の基礎 —— 社会・行動科学の量的・質的アプローチの統合』西村書店.〕

Tesch, R. (1992). *Qualitative Research: Analysis types and software tools*. New York: Palmer Press.

Vogt, J. (2008). Vorlesung zur Hermeneutik. *Buch: Einladung zur Literaturwissenschaft, Vertiefung im Internet*. Retrieved from http://www.uni-duisburg-essen.de/literaturwissenschaft-aktiv/ Vorlesungen/hermeneutik/main.html

Weber, M. (1911). Geschäftsbericht auf dem 1. Deutschen Soziologentag vom 19.-22.10.1910 in Frankfurt/Main. *Verhandlungen der Deutschen Soziologentage, Tübingen. Stuttgart: Enke*, 39-52.

Weber, M. (1978). *Economy and Society: An outline of interpretative sociology* (2 volume set). Edited by G. Roth & C. Wittich. Berkeley & Los Angeles: University California Press.

Weitzman, E. A., & Miles, M. B. (1995). *Computer Programs for Qualitative Data Analysis: A software sourcebook*. Thousand Oaks, CA: Sage Publications.

Wenzler-Cremer, H. (2005). Bikulturelle Sozialisation als Herausforderung und Chance. Eine qualitative Studie über Identitätskonstruktionen und Lebensentwürfe am Beispiel junger deutsch-indonesischer Frauen. Retrieved from http://www.freidok.unifreiburg.de/volltexte/2267/pdf/Bikulturelle_Sozialisation.pdf

Witzel, A. (2000). The problem-centered interview [26 paragraphs]. *Forum Qualitative Sozialforschung / Forum: Qualitative Social Research, 1*(1), Art. 22. Retrieved 18.10., 2011, from http://nbnresolving.de/

urn:nbn:de:0114-fqs0001228

Yarbrough, D. B., Shulha, L. M., Hopson, R. K., & Caruthers, F. A. (2011). *The program Evaluation Standards: A guide for evaluators and evaluation users* (3rd ed.). Thousand Oaks, CA: Sage Publications.

Zuell, C., & Mohler, P. P. (Eds.). (1992). *Textanalyse: Anwendungen der computergestützten Inhaltsanalyse*. Opladen: Westdeutscher Verlag.

補論

Bazeley, P. (2007). *Qualitative Data Analysis with NVivo*. Thousand Oaks, CA: Sage Publications.

Blau, Peter ([1955] 1963). *The Dynamics of Bureaucracy*, Chicago, IL: University of Chicago Press.

Bryman, Alan (Ed.) (2006). *Mixed Methods Vol. I -IV*, Los Angeles, CA: SAGE Publications.

Creswell, J. W. & Plano Clark, V, L (2007). *Designing and Conducting Mixed Methods Research*. Thousand Oaks, Calif., Sage Publications. 〔ジョン・クレスウェル, ヴィッキ・プラノクラーク／大谷順子 (訳)(2010). 『人間科学のための混合研究法 —— 質的・量的アプローチをつなぐ研究デザイン』 北大路書房.〕

Cusumano, M. (2010). *Staying Power: Six Enduring Principles for Managing Strategy and Innovation in an Uncertain World*. Oxford, Oxford University Press. 〔マイケル・クスマノ／鬼澤忍 (訳)(2012). 『君臨する企業の「6つの法則」』日本経済新聞出版社.〕

Emerson, Robert, Rachel Fretz, & Linda Shaw (2011). *Writing Ethnographic Fieldnotes* (2nd ed.), University of Chicago Press. 〔R. M. エマーソン, R. I. フレッツ, L. L. ショウ／佐藤郁哉・好井裕明・山田富秋 (訳)(1998). 『方法としてのフィールドノート —— 現地取材から物語（ストーリー）作成まで』 新曜社. (第1版の訳)〕

Faris, Robert (1970). *Chicago Sociology, 1920-1932*, Chicago, IL: University of Chicago Press.

Geertz, Clifford (1973). *The Interpretation of Cultures*, New York, NY: Basic Books. (C. ギアーツ／吉田禎吾・柳川啓一・中牧弘允・板橋作美 (訳)(1987). 『文化の解釈学 I, II』岩波書店.〕

Geertz, Clifford (1983). *Local Knowledge*, New York, NY: Basic Books.

Glaser, Barney and Anselm Strauss (1967). *The Discovery of Grounded Theory*, Chicago, IL: Aldine. 〔B. G. グレイザー, A. L. ストラウス／後藤隆・大出春江・水野節夫 (訳)(1996). 『データ対話型理論の発見 —— 調査からいかに理論をうみだすか』新曜社.〕

細江達郎 (2002). 「下北再訪：平成13年53歳の面接記録 —— 『金の卵』から『シルバーエッグ（銀の卵）』」『岩手フィールドワークモノグラフ』No.4, 14-32, 岩手県立大学岩田フィールドワーク研究会.

金井壽宏・佐藤郁哉・クンダ, ギデオン・ヴァン-マーネン, ジョン (2010). 『組織エスノグラフィー』有斐閣.

川喜田二郎 (1967). 『発想法』中公新書.

Kuckartz, Udo (2014). *Qualitative Text Analysis*, Los Angeles, CA: SAGE Publications.

Lecompte, Margaret, Judith Preissle, and Renata Tesch (1993). *Ethnography and Qualitative Design in Educational Research*, San Diego, CA: Academic Press.

Mintzberg, H. (1973). *The Nature of Managerial Work*. New York, Harper Collins. 〔ヘンリー・ミンツバーグ／池村千秋 (訳)(2011). 『マネジャーの実像 —— 「管理職」はなぜ仕事に追われているのか』 日経BP.〕

大谷順子 (2006).『事例研究の革新的方法 —— 阪神大震災被災高齢者の五年と高齢化社会の未来像』九州大学出版会.

大谷順子 (2014).「質的アプローチを用いた研究手法 —— 健康教育分野への適用」『日本健康教育学会誌』No.22(2), pp.177-184.

Richards, Lyn (2005). *Handling Qualitative Data*, Los Angeles, CA: SAGE Publications.〔L. リチャーズ／大谷順子（訳）(2009).『質的データの取り扱い』北大路書房.〕

Sanjek, Roger (Ed.) (1990). *Fieldnotes*, Ithaca, NY: Cornell University Press.

佐藤郁哉 (2002).「労働現場の民族誌」『日本労働研究雑誌』No.500, pp.56-71.

佐藤郁哉 (2006).『定性データ分析入門 —— QDA ソフトウェア・マニュアル』新曜社.

佐藤郁哉 (2008a).『質的データ分析法 —— 原理・方法・実践』新曜社.

佐藤郁哉 (2008b).『QDA ソフトを活用する実践質的データ分析入門』新曜社.

佐藤郁哉 (2015a).『社会調査の考え方（上）』東京大学出版会.

佐藤郁哉 (2015b).『社会調査の考え方（下）』東京大学出版会.

Tesch, Renata (1990). *Qualitative Research*, New York, NY: Falmer Press.

梅棹忠夫 (1969).『知的生産の技術』岩波新書.

van Maanen, John (Ed.) (1998). *Qualitative Studies of Organizations*, Thousand Oaks, CA: SAGE Publications.

Weitzman, Eben, & Matthew Miles (1995). *Computer Programs for Qualitative Data Analysis*, Thousand Oaks, CA: SAGE Publications.

人名索引

事項索引

著者紹介

Udo Kuckartz（ウド・クカーツ）

フィリップ大学マールブルク（ドイツ）教授。これまでに質的評価に関する教科書、オンラインによる評価やコンピュータによる質的データ分析に関する解説書、統計学の入門書など17点の書籍を刊行してきた。現在は18点目の著書である混合研究法に関する書籍の執筆に取り組んでいる。また、ジャーナル論文や書籍の章の数は200点以上にのぼる。コンピュータを利用した質的なデータ分析の手法の先駆者であり、MAXQDAとして世界中で知られているQDAソフトウェアの開発者でもある。

訳者紹介

佐藤郁哉（さとう　いくや）

シカゴ大学大学院社会学部博士課程修了（Ph.D.）現在同志社大学商学部教授。主な著書に『暴走族のエスノグラフィー』（新曜社）、『フィールドワーク』（新曜社）、*Kamikaze Biker* (University of Chicago Press)、『現代演劇のフィールドワーク』（東京大学出版会）『社会調査の考え方［上］［下］』（東京大学出版会）、『質的データ分析法』（新曜社）などがある。

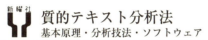

質的テキスト分析法
基本原理・分析技法・ソフトウェア

初版第1刷発行　2018年3月5日
初版第4刷発行　2023年9月25日

著　者　ウド・クカーツ

訳　者　佐藤郁哉

発行者　塩浦　暲

発行所　株式会社　新曜社
　　　　101-0051　東京都千代田区神田神保町 3-9
　　　　電話　(03) 3264-4973 (代)・FAX　(03) 3239-2958
　　　　e-mail：info@shin-yo-sha.co.jp
　　　　URL：https://www.shin-yo-sha.co.jp/

組　版　Katzen House
印　刷　新日本印刷
製　本　積信堂

佐藤郁哉の本

フィールドワークの技法	問いを育てる、仮説をきたえる	A5判400頁 本体2900円
QDAソフトを活用する **実践 質的データ分析入門**		A5判176頁 本体1800円
質的データ分析法	原理・方法・実践	A5判224頁 本体2100円
ワードマップ **フィールドワーク【増訂版】**	書を持って街へ出よう	四六判320頁 本体2200円
暴走族のエスノグラフィー	モードの叛乱と文化の呪縛	四六判330頁 本体2400円
佐藤郁哉・芳賀学・山田真茂留 著 **本を生みだす力**	学術出版の組織アイデンティティ	A5判584頁 本体4800円
エマーソン, R. M.・フレッツ, R. I.・ショウ, L. L. 著／佐藤郁哉・好井裕明・山田富秋 共訳 **方法としてのフィールドノート**	現地取材から物語作成まで	四六判544頁 本体3800円
ハンス・ザイゼル 著／佐藤郁哉 訳 **数字で語る**	社会統計学入門	A5判320頁 本体2500円

SAGE 質的研究キット 全8巻

フリック, U. 著／鈴木聡志 訳 **質的研究のデザイン**	A5判196頁 本体2100円
クヴァール, S. 著／能智正博・徳田治子 訳 **質的研究のための「インター・ビュー」**	A5判272頁 本体2700円
アングロシーノ, M. 著／柴山真琴 訳 **質的研究のためのエスノグラフィーと観察**	A5判168頁 本体1800円
バンクス, M. 著／石黒広昭 監訳 **質的研究におけるビジュアルデータの使用**	A5判224頁 本体2400円
ギブズ, G. R. 著／砂上史子・一柳智紀・一柳梢 訳 **質的データの分析**	A5判280頁 本体2900円
フリック, U. 著／上淵寿 訳 **質的研究の「質」管理**	A5判224頁 本体2400円
ラプリー, T. 著／大橋靖史・中坪太久郎・綾城初穂 訳 **会話分析・ディスコース分析・ドキュメント分析**	A5判224頁 本体2400円

以下続巻
バーバー, R. 著／大橋靖史他 訳　**フォーカスグループの実践**

＊表示価格は消費税を含みません。